大学生社交礼仪实用教程

鞠荣丽　编著

中国华侨出版社
·北京·

图书在版编目（CIP）数据

大学生社交礼仪实用教程 / 鞠荣丽编著. —北京: 中国华侨出版社, 2021.9
ISBN 978-7-5113-8585-7

Ⅰ.①大… Ⅱ.①鞠… Ⅲ.①大学生—社交礼仪—高等学校—教材 Ⅳ.①G645.5

中国版本图书馆CIP数据核字(2021)第167003号

大学生社交礼仪实用教程

编　　著/ 鞠荣丽
策划编辑/ 李新承
责任编辑/ 姜　婷
封面设计/ 盟诺文化
经　　销/ 新华书店
开　　本/ 710毫米×1000毫米　1/16　印张/15　字数/200千字
印　　刷/ 天津格美印务有限公司
版　　次/ 2021年9月第1版　2021年9月第1次印刷
书　　号/ ISBN 978-7-5113-8585-7
定　　价/ 58.00元

中国华侨出版社　北京市朝阳区西坝河东里 77 号楼底商 5 号　邮编：100028
编辑部：（010）64443056　　传　真：（010）64439708
发行部：（010）64443051
网　址：www.oveaschin.com　　E-mail：oveaschin@sina.com

如发现印装质量问题，影响阅读，请与印刷厂联系调换。

前　言

　　我国是一个历史悠久的文明古国，礼仪文化源远流长。在中华民族的历史长河中，礼仪不仅是普通老百姓修身养性、持家立业的基本需要，也是管理阶层治理国家、掌管天下的必备条件。随着全球经济的发展，人与人之间、群体与群体之间以及世界各国之间的交往越来越频繁，人们社会活动的范围、规模都在日益扩大。礼仪不仅是个人的素质表现，也是国家综合实力的展现。特别是在当今时代国家倡导构建和谐社会，继承发扬中华民族流传百世的礼仪精华，掌握符合时代发展潮流的礼仪知识，是个人成功、群体发展、民族兴旺、国家繁荣的迫切需要。

　　大学生社交礼仪是提高学生人文修养最为重要的培养路径，对培养学生的综合素质有积极的影响，也为大学生能顺利进入职场打下良好的基础，它在塑造大学生良好自我形象、传授日常交际技巧和社交礼仪等方面有着重要作用，是引领大学生更好地沟通、交流、求职和成长的向导，是素质教育必不可少的重要内容。

　　本书立足于大学生社交礼仪的基础理论，通过对社交礼仪概述、形体礼仪、日常交往礼仪、家庭礼仪、学校礼仪、商务礼仪、求职面试礼仪、中国传统礼仪、涉外礼仪等进行理论分析，以期为大学生社交礼仪课程的发展提供有益的参考。

　　在本书的撰写过程中，参考、借鉴了国内外许多专家学者的专著、论文和研究报告，在此对这些学者表示衷心的感谢。同时，对于本书中未列出的引用文献和论著，我们深表歉意，并同样表示感谢。另外，由于时间及编者水平所限，本书难免存在不足之处，在本书出版之际，我们真诚地欢迎各位专家、读者对本书提出宝贵的意见和建议。

目　　录

第一章　社交、礼仪与文化 …………………………………………… 1
　　第一节　礼仪与礼仪文化基础 ……………………………………… 1
　　第二节　中国礼仪文化源流 ………………………………………… 12
　　第三节　社交礼仪 …………………………………………………… 15
第二章　社交礼仪与个人形象 ………………………………………… 22
　　第一节　形体礼仪基础 ……………………………………………… 22
　　第二节　仪容礼仪 …………………………………………………… 26
　　第三节　仪态礼仪 …………………………………………………… 38
　　第四节　言谈礼仪 …………………………………………………… 45
　　第五节　服饰礼仪 …………………………………………………… 50
　　第六节　交往空间礼仪 ……………………………………………… 56
第三章　社交礼仪与日常交往 ………………………………………… 61
　　第一节　问候礼仪 …………………………………………………… 61
　　第二节　鞠躬礼仪 …………………………………………………… 64
　　第三节　握手礼仪 …………………………………………………… 65
　　第四节　名片礼仪 …………………………………………………… 68
　　第五节　新媒体社交礼仪 …………………………………………… 72
第四章　社交礼仪与家庭礼仪 ………………………………………… 82
　　第一节　家庭礼仪概述 ……………………………………………… 82
　　第二节　家庭成员礼仪 ……………………………………………… 84
　　第三节　宴请礼仪 …………………………………………………… 88
　　第四节　中西餐礼仪 ………………………………………………… 95
第五章　社交礼仪与学校礼仪 ………………………………………… 104
　　第一节　学校礼仪概述 ……………………………………………… 104
　　第二节　教师礼仪 …………………………………………………… 107
　　第三节　学生礼仪 …………………………………………………… 111
　　第四节　课堂礼仪 …………………………………………………… 114

第五节 集会礼仪 …………………………………………………… 118

第六节 宿舍礼仪 …………………………………………………… 121

第六章　社交礼仪与商务社交 ……………………………………… **125**

第一节 商务礼仪概述 ……………………………………………… 125

第二节 拜访礼仪 …………………………………………………… 128

第三节 介绍礼仪 …………………………………………………… 129

第四节 谈判礼仪 …………………………………………………… 133

第五节 座次礼仪 …………………………………………………… 140

第七章　社交礼仪与求职面试 ……………………………………… **144**

第一节 求职面试礼仪概述 ………………………………………… 144

第二节 面试前的准备 ……………………………………………… 150

第三节 面试礼仪 …………………………………………………… 153

第四节 职场沟通技巧 ……………………………………………… 157

第五节 办公礼仪 …………………………………………………… 161

第八章　社交礼仪与中国传统文化 ………………………………… **167**

第一节 寿诞礼仪 …………………………………………………… 167

第二节 乔迁礼仪 …………………………………………………… 168

第三节 交往礼仪 …………………………………………………… 170

第四节 传统节日礼仪 ……………………………………………… 183

第九章　社交礼仪与涉外往来 ……………………………………… **196**

第一节 涉外礼仪概述 ……………………………………………… 196

第二节 出访礼仪 …………………………………………………… 200

第三节 会面礼仪 …………………………………………………… 203

第十章　社交礼仪的跨文化传播 …………………………………… **208**

第一节 跨文化交际能力与文化习俗 ……………………………… 208

第二节 对外交往中跨文化交际能力的培养 ……………………… 211

第三节 社交礼仪规范与跨文化传播路径 ………………………… 220

第一章

社交、礼仪与文化

第一节　礼仪与礼仪文化基础

一、礼仪的含义

"礼仪"是"礼"和"仪"的合成词。这两个词最早在我国是表示两个虽有联系却不尽相同的概念。在古代典籍中,"礼"主要有三层意思:一是政治制度,二是礼貌,三是礼物。"仪"也有三层意思:一是指容貌和外表,二是指仪式和礼节,三是指准则和法度。而将"礼"和"仪"连用,则始于《诗经·小雅·楚茨》:"为宾为客,献酬交错,礼仪卒度。"礼的含义比较丰富,其跨度和差异也比较大,既有古今意义的区别,又有广义和狭义的区别。礼的最初含义是指敬神的仪式,后来逐步引申为表示敬意的通称。它既可指为表示敬意或隆重而举行的仪式,也可泛指社会交往中的礼貌,还可特指奴隶社会或封建社会中,贵族等级制的社会规范和道德规范。由此可以看出"礼"来源的深远和广大,最初的礼的形成是人们自觉自发的行为,是约定俗成的通过相互之间行为的约束来调节关系的行为规范,而不是强迫执行的规章制度。在现代社会,礼仪是指人们在日常生活和社会交往中所形成的互相之间表示友好、尊重并展示文明的行为规范与准则。从以上对"礼仪"含义的分析来看,可以总结出它有以下三个方面的基本内涵。

(一)礼仪是一种行为规范或行为模式(习惯)

所谓行为规范就是人们的行为标准、行为模式(习惯),是人们行动的惯用形式。这种行为规范或模式（习惯）是社会共同认知的，是人们共同践行的，它的基础是以自觉地遵守为前提，本身不具有强制性。但是，我们必须认识到它在人际交往中对人们有制约作用。例如，见了面要主动问候、握手，临走时要自觉地说声"再见"，这是人们在交往中习以为常的行为规范。没有人强制要求这样做，可是你不这么做就会被人认为没有礼貌。

（二）礼仪是社会共识的大家共同遵守的行为方式

礼仪准则或规范是社会中人们约定俗成、共同认可、共同遵守的。在社会实践中，礼仪往往首先表现为一些不成文的规矩、习惯，然后才逐渐上升为大家认可的，可以用语言、文字、动作进行准确描述和规定的行为准则，并成为社会共识、人们有章可循、可以自觉学习和遵守的行为规范。礼仪渗透社会的各种关系之中，只要有人和人的关系的存在，就有作为人的行为准则和规范的礼仪存在。

（三）礼仪是人们文明交往的必要条件

礼仪是人们在交往中，待人接物时必须遵守的一些行为规范。这种规范不仅约束着人们在交际场合的言谈举止，使之合乎礼仪规范，也是人们在交际场合中必须采用的一种"通用语言"，是衡量他人、判断自己是否自律、敬人的一种尺度。因而，礼仪的存在是合乎人际关系调节需要的，有利于规范人们的行为，创造文明的交往环境。自从人类产生，礼仪也就伴随着人与人之间的复杂关系的产生而出现，并且越来越完善。也就是说，礼仪是随着人类的产生而产生的，并随着人类社会的发展而不断地发展，在人类进入文明社会的过程中起了很重要的促进作用。

从含义上可以看出，礼仪是指人们在社会交往中共同遵守的表示尊重、友好的行为规范和准则。礼仪作为一种行为规范，体现着对他人的敬意与尊重，要求人们自觉遵守社会公共道德，自觉尊重他人和尊重自己，自觉平等待人，自觉真诚守信，自觉注重仪表、谈吐等。礼仪主要是应用于人际交往，也就是说没有人与人之间的相互关系和交往，也就没有礼仪可谈。所以，只要人需要生存，就需要和别人打交道，就需要礼仪。虽然礼仪不具有强制性，但它本身与人们的生活和工作有着紧密的联系，对人们的行为有外在的约束作用。如果不注意礼仪，就显得不懂礼貌，就会与社会文明和进步格格不入。

二、礼仪的本质

本质是事物的内在规律性，是某类事物区别于其他事物的基本特质。礼仪的本质是可以通过考察礼仪的起源、发展与演变过程及其本身的属性来揭示。不同历史时期，礼仪的本质各有不同表现。

1. 原始社会礼仪的本质

原始人对大自然的崇拜、对鬼神和祖先敬畏的祭祀活动，是原始礼仪文化的起源之一。在祈福、祭祀的过程中，原始人的"礼"便产生了。据考古发现，武夷山九曲溪两岸存在着距今已有 3800 年之久的悬棺，这是古闽人留下的独特"闽葬文化"——悬棺葬。悬棺葬礼俗表现的是孝敬、祖先崇拜和灵魂不灭的观念。整个丧葬仪式体现对已故先人的崇敬，其"礼"是如此的天然和虔诚。以此可以完全诠释古闽人丧葬礼俗体现的孝道、对祖先崇拜、先人死后灵魂不灭的"敬"的思想内涵。因此，原始礼仪"敬"的本质，是源于"敬天地、畏鬼神、尊祖宗"的祭祀活动。

综上所述，原始礼仪最初的"根"是原始人在与大自然抗争中为了生存与发展，也为了处理好人与人、部落与部落的关系而形成的"德"的属性；也就在原始人敬自然、敬神鬼、敬祖先的祭祀与崇拜过程中，奠定了礼的"敬"的本质。所以原始礼仪的属性是"德"，本质是"敬"。当然，由于对自然和自身的无知，"敬"中带有"畏"，自然也带有宗教迷信成分。

2. 传统社会礼仪的本质

在原始社会是"风俗的统治"，作为风俗习惯的"礼"，是约束和规范人们行为的工具。当人类社会跨入农耕文明的门槛以后，伴随着阶级和国家的产生，原始礼的约束功能也就逐渐演变成为社会行为规范。

"礼"在后来的发展，并非直接继承了祭祀仪式意义上的礼，更重要的是原始社会中祭祀乃是团体的活动，而团体的祭祀活动具有一定的团体秩序，包含着种种行为的规定。礼一方面继承了这种社群团体内部秩序规定的传统，另一方面发展为各种具体的行为规范和各种人际关系的行为礼节。也就是说，当礼从神事扩展到人事，被统治阶级运用于政治统治时，礼的本质就脱离了原始的朴素的敬天敬神，演化为体现和维护人与人之间的"分"和"别"。即维护不同的社会等级、体现不同的社会分工等。在古代的阶级社会，礼的本质在于"分"，在于维护宗法等级制，这在社会生活中表现得很明显。卫国大夫北宫文子曾说：礼为政之本，就在于区分"君臣、上下、父子、兄弟、内外、大小"。荀子说："人何以能群？曰：分。分何以能行？曰：义。故义以分则和，和则一，一则多力，多力则强，强则胜物。"（《荀子·王制篇》）《礼记》也说："夫礼，坊民所淫，章民之别，使民无嫌，以为民纪者也。"在古代，"分"和"别"表现在社会生活的方方面面，政治、经济、社会等的不平等，导致了君臣上下尊卑的不等，导致了财产权利的不等，也导致了衣食住行器用的不等。不等本身就表明人有"分"有"别"。"分"与"别"的根源当然是私有制，而强化这种"分"和"别"的目的，则是要维护这种私有制和等级制度。礼在这里就充当了确认和维护等级制的角色。因此，在古代，礼的本质就在于"分"。

礼的本质在于"分"，然而只强调"分"，则势必激发不同等级间的对立，于是儒家又提出"仁""和"来补充。"仁"就是爱人，"和"就是和谐、协调，它们对于"分"起到了缓和、制约、补充的作用，预防"分"走向极端和破裂。

要想求得"和"，就要"制中"，即"执其两端，用其中于民"。"中"就是要求君臣要尊卑、大小、内外，双方都要向对方靠拢，以求对立双方的平衡和协调。只要把握住了"中"，就把握住了维护"分"的稳定的关键。万一制中不能，对立双方无法靠拢、平衡和协调，即"分"走向极端，将引起双方关系的破裂和对抗。这时，最有效的办法就是"让"，"让，礼之主也"，"让，德之主也"。总之，"分"是礼的主体和主旨，"仁""和""中""让"都是对"分"的补充和协调。做到这些，君臣、父子、兄弟、士农工商，就会各在其位、各司其职，社会就会有条不紊、安然有序，就会把国家建成既有明确等级（即"尊卑"）秩序，又协调和谐（即"亲疏"）的社会共同体。

三、礼仪的作用

礼仪是人们日常生活、职业活动、公共领域活动必须遵循的行为规范，是社会进步和文明的表现。无论对于个人还是群体，抑或是民族和国家的发展，都有重要作用。

（一）促进理想人格的完善

人格是一个人在社会中的地位、尊严和作用的统一体，是做人的资格和权利。它是一定文化在人身上的烙印和凝结，是人自我完善程度的表现。人们通过人格来判断分析个体的社会角色和个性特征，其中礼仪对人格的自我完善起着重要作用。

人格的形成和发展主要指人格结构的形成和构建。人格结构既包括行为模式的表层结构，也包括对社会环境的倾向性、心理特征、自我意识等深层结构。礼仪正是通过人的行为模式的外界层面，在社会生活中展示自己，以感性的、外观的、在不同境况下的行为模式来表现自己独特的人格特征。人们正是根据一个人的外在的礼仪行为来评价、判定他的人格，也正是在外在的社会舆论的评价中，督促人们重视礼仪、践行礼仪，规范自己的行为模式，并逐渐培养文明，从而形成个体人格完善的外在约束即对社会环境的倾向性、心理特征、自我意识等因素互相制约和作用。表现于行为模式中的礼仪，发源于人们的心理、自我意识等深层结构，同时又对它们有重要影响。礼仪通过行为规范的外在约束力来制约人们的动机和兴趣，影响人们的性格、气质、理想、信念等心理特征和对社会环境的倾向性，提高人们的自我认识、自我评价、自我控制等，使人们的自我意识越来越趋向理性。人的理性越强，自我调节能力越强，必然影响和支配着人们的行为规范，使人们更自觉地严于律己，养成良好的道德习惯，崇尚文明，遵守礼仪。由此可见，社会礼仪在人格结构因素的相互制约中，促进着人格的完善和升华。

（二）构建良好的人际关系

良好的人际关系是个人全面发展和事业成功的必备条件。礼仪以它的文明内涵在人们的交往中起着协调作用，促进着良好的人际关系的形成和完善。

人们在交往之初，由于双方之间不是十分了解，必然令彼此产生一些戒备心理或距离感。此刻如果交往双方都能做到施之以礼，以尊重、平等、真诚、守信的文明精神和行为，给对方以人格的尊重。必然赢得对方的好感和信任，消除互相之间的心理隔阂，拉近双方的情感距离，为进一步交往建立良好开端。

社会礼仪不仅为人际交往打下良好基础，还能化解矛盾，增进友谊，促进人际关系的进一步发展。在日常的人际交往中，由于利益的关系会产生一些矛盾和纷争，在这种情况下，双方应采取宽容待人、通情达理的态度，以"礼让"的美德，互相理解，互相谦让，就会平息事态、化解矛盾，平衡利害关系。不仅不伤和气，还会成为朋友，成为更加亲密的合作伙伴关系。因此，社会礼仪是人际关系的"纽带"和"调节器"，使人与人、集体与集体、个人与集体之间建立起互相理解、信任、友爱、互助的良好气氛和融洽、和谐的人际关系。

（三）塑造高雅的公众形象

形象就是一个人的外观、形体，是在社会交往中、众人心目中形成的综合性、系统性的印象，它是影响交往能否进行和能否成功的重要因素。

由于人的自尊的需要以及人际关系和谐、融洽的需要，人们都希望自己在公众面前树立良好的形象，以受到别人的尊重和信任。那么，一个人以何种形象呈现给公众，归根到底是由他在公众场合的具体作为决定的，是由于他的行为是否讲文明、懂礼貌决定的。因此，社会礼仪是塑造公众形象的非常重要的手段。在人际交往中，言谈讲究礼仪，给人以文明形象；举止讲究礼仪，给人以端庄形象；穿着讲究礼仪，给人以高雅形象；行为讲究礼仪，给人以高尚形象；处世讲究礼仪，给人以诚信形象等。

总之，一个人讲究礼仪，就会使自己的形象大方美好，就会变得充满魅力。一个单位、一个企业讲究礼仪，可以展现这个单位或企业的先进文化的内容，在公众心目中树立团结向上、文明和谐的社会形象。在激烈的市场竞争中，取得信誉，赢得群众，占领市场，产生良好的社会效益和经济效益。

在社会交往和公关活动中，个人形象和所代表的单位、组织是密不可分的。

个人形象往往代表单位或组织的形象，人们通过个体礼仪的美好印象而产生对所在单位或组织的好感和敬佩。同时，单位或组织的形象也影响个人，人们常常通过对单位或组织的礼仪水平评价个人，如果单位的公共形象在群众中是美好的，人们对其中的个人也会产生羡慕和尊敬之情。因此，用礼仪来塑造文明的社会形象，无论对于个人的素质提高还是对于企事业单位的发展都是必备条件。

（四）升华社会文明水平

社会礼仪是人的社会化的重要内容之一，是社会进步和发展的必然结果。礼仪内容的丰富和文明，是人类先进文化的延续，也是社会进步和文明的重要标志。

社会文明是指人类社会的进步状态，它体现在人类创造的一切积极成果之中。社会文明分为物质文明、精神文明，它们是社会进步程度在物质上和精神上的结晶和标志。物质文明是人类改造自然的物质成果的总和，精神文明是指社会精神生产和精神生活的进步状态，它包括文化、思想两个方面。社会礼仪属人类社会的精神文明，是精神文明的重要内容。它的发展受物质文明的制约，是物质文明和社会制度的反映。但是社会礼仪在形成和发展过程中，一直反作用于物质文明，它以社会生活中人们行为规范的形式，以优美的举止、端庄的气质、高雅的形象、深刻的文化内涵，展示着个人和时代的精神文明，反映着人类物质生活条件的进步状态。同时正是文明的社会礼仪促进了人们的道德风貌，形成良好的社会风尚，促进社会生产、科技及经济等迅速发展，总之，社会礼仪进步的过程就是社会文明发展的过程，它是人类社会历史发展的结果，又是衡量社会进步的标志，展现着社会文明，升华着社会文明水平。

四、礼仪的原则

1. 自律原则

所谓自律原则就是自我约束，按照礼仪规范严格要求自己，知道自己该做什么、不该做什么。通过礼仪知识的学习和礼仪训练，使我们在心中树立起高尚的道德信念和行为准则，从而使我们获得内在的力量。

2. 遵守原则

在人际交往中，每一个人都必须自觉、自愿地遵守礼仪，用礼仪规范自己在交往活动中的言行举止。遵守原则是对行为主体提出的基本要求，更是人格素质的基本体现。遵守礼仪规范，才能赢得他人的尊重，确保交际活动达到预期的目标。

3. 尊重原则

尊重原则是礼仪的基本原则。所谓尊重原则，首先是在自尊、自爱的同时，尊重他人的人格、劳动和价值，以平等的身份同他人交往；其次是尊重他人的爱好和情感，不强求他人按自己的爱好和志趣来生活、行事。古语云："敬人者，人恒敬之。"（《孟子·离娄章句下》）它所表达的含义是：尊重应该是相互的。你尊重别人，别人自然会尊重你；你不尊重别人，你也就不会被别人尊重。

4. 平等原则

平等是人与人交往时建立情感的基础，即尊重交往对象，以礼相待，对任何交往对象都一视同仁，给予同等程度的礼遇。在人际交往中不能傲视一切、目中无人，更不能以貌取人，或以职业、地位、权势压人，而是应该时时处处平等谦虚待人，唯有如此，才能结交更多的朋友。

5. 真诚原则

真诚是对人对事的一种实事求是的态度，是待人真心实意的友善表现。在交往过程中必须做到诚实守信、不虚情假意、不做作。

在社交场合中并非每个人都能具有优美的姿态、潇洒的风度、不凡的谈吐，但只要以真诚为原则，就能够得到他人的信任，赢得友谊。相反，如果一个人在与他人交往时口是心非、表里不一，即使其在礼仪方面做得无可挑剔，最终也不会得到别人的信任。

6. 宽容原则

宽容即容许别人有行动和判断的自由，对不同于自己或传统观点的见解的耐心、公正的容忍。宽容是一种较高的境界。一个宽容他人、理解他人、体谅他人的人，更容易博得他人的爱戴和敬重。

五、礼仪文化的基础研究

（一）礼仪文化的民族传承基础研究

传承是指文化在时间上传衍的连续性，也就是历史的纵向延续性、历史的继承性，有的学者干脆称之为传统。"民族"在《现代汉语词典》中的解释，是指"具有共同语言、共同地域、共同经济生活以及表现于共同文化上的共同心理素质的人的共同体"。各民族的人们在长期共同生活中而逐步形成共同的文化形态、文化心理。这是该民族区别于其他民族的一个独特的标志。礼仪是在一定民族文化的背景下产生的，并在历史的发展中和其他文化因素融为一体，共同构成了一个民族文化的特色。因而，礼仪也是一种传统，随着时间的流逝、历史的前进，礼仪文化也会代代相传下去。虽然在发展过程中不断融合全民族的文化，但其主流文化价值观念，即与本民族存亡相关的共同的、稳定的基本价值观念，都会因因相陈、世世相袭。孙子说："殷因于夏礼，所损益可知也。周因于殷礼，所损益可知也。"（《论语·为政》）也就是说，殷礼由夏礼发展而来，而周礼又由殷礼发展而来，其中只是有些增加减少而已。中华民族的传统礼仪已绵延了三千多年，许多传统礼仪已发展成为习俗。习俗是具有顽强的生命力的，人们可以不断改变自身文化其他方面的一些东西，但习俗礼仪作为一种文化象征往往不易变更。

一方面，礼仪文化的传承性的形成，是由于支配行为方式的文化心理往往是相对稳定的。在这方面，瑞士心理学家荣格的集体无意识说能给我们以很好的解释。荣格认为：产生于史前的原始神话中的种种原始意象是不需要经过文化的教育就可以深深地烙印在群体心灵深处，而且在不知不觉中对人的心理发生着作用。这种心理现象被荣格称为"集体无意识"。中国也有类似的说法，那就是"积淀"说，就是指那些反复作用于人们大脑的长期社会生活实践经验，会在潜移默化中使群体的心理形成一种定式，这种定式（包括观念定式、思维定式、价值判断定式等）就会成为一种传统而世代相传。另一方面，人们往往有意通过文化教育的方式将民族传统发扬光大。教育可分为两类，一是人文教育，二是科学知识教育。如中国传统文化的精髓是礼仪文化，因此在中国古代的教育观念中，教育就是教人如何做人。

总之，礼仪作为文化，它具有文化的传承性。某种礼仪一经形成之后，它就会作为一种文化传统沿袭下来，其主流或核心内容能以自己特有的方式积极地影响着交际活动和人类社会其他方面文化的发展。

（二）礼仪文化的时间变异基础研究

时间变异是指在礼仪文化的精神实质和总体格局不易变动的前提下，礼仪的具体做法总是会随着时代的推进而变化。礼仪的传承过程其实是一个礼仪扬弃的过程。所谓俗随时变，就是说随着社会发展和现代文明的进程，礼仪也在流传中演变。有些礼仪被继承、完善流传至今；有些阻碍时代进步的繁文缛节则被废弃，逐渐消亡；有些虽保留着形式，却更换成新的内容，表达了新的情感。事实上，就我们中国而言，礼仪文化在传承过程中，不仅自觉地摒弃一些已经丧失生命力的、保守落后的礼仪形式，而且主动地汲取国际上较为通行的并能为我们民族心理所接受的礼仪形式，使之融入并成为我们所遵行的礼仪。

礼仪变异的原因很多，概括来说，一是礼仪本身的原因，二是时代变化的原因。礼仪作为一种行为规范，总是要人们付诸实践的。不同时代，人们实践的内容不同。人们在实践中发现礼仪的哪一部分不适合实际情况，或有不妥之处，或根本无法做到，那就只有改变了。如《礼记·曲礼下》有这样一段记载："岁凶，年谷不登，君膳不祭肺，马不食谷，驰道不除，祭事不具；大夫不食粱，士饮酒不乐。"这就是说，在灾荒年代，国君、大夫、士的礼仪规格都得降下来，本来要杀牲的不杀了，本来要奏乐的不奏了。《周礼·秋官·司寇》也有一段记载："凡礼宾客，国新杀礼，凶荒杀礼，札丧杀礼，祸灾杀礼，在野在外杀礼。"这就是说，国家奠基典礼，如果遇到灾荒，或是王者在外等情况，庆礼标准也是可以降低的。古代尚且如此，更何况今天，我们处在这样一个思想、文化空前开放的年代。

随时代变迁，礼仪的社会基础会发生变化，社会基础发生变化了，人们的心理也随之发生变化，从而礼仪规范就必定发生变化。比如说中国人在见面时，无论是什么时间，第一句问候语就是"你吃过饭没有"，这说明中国人曾经把吃饭看作头等大事。而随着物质生活的丰富，吃饭不再成为问题，人们见面时就慢慢地改口了。再比如说中国民间的礼俗也在不断变化中。礼仪经典中记载的那么多的古代礼仪，现在基本上已成为历史，在生活中不再出现。

社会、文化的交流是使礼仪变异的另一个原因。众所周知，礼仪一旦形成，便受到民族心理、地域观念等延续性因素的影响或制约，会在本民族内得以延续传承和发扬光大。但礼仪作为一种文化，它还会随着社会的发展，政治、经济、科技、宗教等各方面交流的逐步增多，超越时空的界限，向外传播和吸收兼容。在这种传播和兼容的过程中，各民族的民俗文化礼仪便在相互冲突中得以交融。在不同民族混合居住地区的人们往往容易互相仿效、互相学习。如在历史上，就存在一些殖民主义者或移民与当地居民之间在习俗礼节上互相渗透、互相融合而逐渐同化的现象。在现代，国际交往的频繁也促进了人们在习俗礼节方面的相互了解与交流，使先进文明习俗礼节在更大的范围内传播，也加速了习俗礼节的同化现象。

总之，任何事物的发展都是辩证的。不变是相对的，变化是绝对的。在诸多影响因素不断变化的传承过程中，礼仪总是处于一种动态的发展变化之中。普遍存在于每个民族、每种文化之中的礼仪，既是原始的、传统的，又是文明的、现代的；既有传统的丰厚的积淀，又有全新的发展创造，它被人们经年重复却又有所更迭。其不变是相对的，随着传承，随着历史的发展，礼仪总要或多或少地发生种种变化，并不存在僵死不变的永恒模式。礼仪的传承与变异是一种辩证的关系，一切从实际出发，是我们处理问题时必须遵循的规律。一个国家、一个民族在现代文明的大潮中，不论其如何企图保持自己的传统，礼仪却总会随着时代的进步而进步。那些烦琐的、铺张的、不讲效益的以及一切与现代文明观念相背离的礼仪形式会在传承过程中被淘汰。大多数的礼仪都在不断变异中完善发展，同时，又不断地萌生和演绎出新的礼仪。礼仪的变异性也是社会进步的体现。反过来说，不论礼仪文化如何变化，其精神实质是不会改变的。就说"礼尚往来"这种中国传统礼仪吧，送什么礼、怎样送、送礼时有些什么行为规范，不同的时代可能会有不同的讲究，但无论怎么讲究，"礼尚往来"的传统精神却存在着。也就是说，不管你怎么送，以什么方式送，总得要送。走亲访友也好，参加礼仪活动也好，人们一般要携带一份适当的礼物，空手去总有一种不好意思的感觉，就是这个道理。

（三）礼仪文化的空间差异基础研究

就一个民族来说，由于所处的地域空间不同，礼仪文化存在这样或那样的差别，但从整体来看，各地区文化在很大程度上体现出民族文化的共同性，并由此显示出这个国家、民族礼仪的相似特点。

不同的地方，有不同的风俗习惯，不同的风俗习惯的形成有不同渊源关系。比如说中国温柔敦厚的君子风格的形成，就与中国儒家传统文化精神息息相关；而西方所提倡的绅士风度则与英国的君主制度有关。

礼仪的空间差异性决定了我们每到一个地方，都要了解当地的礼俗。《礼记》曰："入境而问禁，入国而问俗，入门而问讳。"这句话就告诉我们：每个地方都有不同的礼仪规范，每到一个地方，先要问问这个地方有什么禁忌；每到一个国家，先要问问他们有什么风俗习惯；每到一户人家，先要问问有什么避讳。尊重别人的风俗习惯，尊重别人的好恶，是尊重别人的表现，也是一种礼仪道德的修养。

第二节　中国礼仪文化源流

一、中国礼仪的起源

关于礼的起源，历来说法不统一，不同的学者有着不同的观点。在此归纳了五种起源说：一是天神生礼仪；二是礼为天地人的统一体；三是礼产生于人的自然本性；四是礼为人性和环境矛盾的产物；五是礼生于理，起源于俗。下面从理论与实际产生形式两大方面来做具体的概括。

1. 从理论上说，礼的应运而生，是出于人类协调一些矛盾的需要

首先，礼的产生是为了满足维护自然的"人伦秩序"的需要。远古时期，各种地质灾害、各种野兽严重威胁着人类的生存，人类为了能够生存下去并且不断发展，就必须与大自然做斗争，不得不以群居的形式相互依存，人类的群居性使

得人与人之间相互依赖又相互制约。在群体生活中，男女有别，老少有异，人类必须妥善处理内部关系，因此，人们逐步积累和自然约定出一系列的"人伦秩序"，这就是最初的"礼"。

其次，"礼"的起源是为了满足人类平衡野心、欲望与现实条件的需要。追求与满足自身的欲望是人类的本性与天性，人们在追求欲望的过程中，难免会发生矛盾和冲突，有些人甚至为达目的不择手段，这就常常引起动乱。为了避免这种人与人之间的矛盾和冲突，就需要一种"规范"来制约，于是"礼"也就应运而生了。

2. 从其产生的具体形式来看，礼是从远古的宗教祭祀活动中产生的

在上古时期，祭祀活动就是最早也是最简单的"礼"，其中以祭天、敬神为主要内容。这些祭祀活动在历史的发展中不断地被完善，渐渐地正式成为祭祀礼仪。随着人类社会的发展以及对自然与社会各种关系认识的逐步深入，仅仅以祭祀天地、鬼神、祖先为礼，已经不能满足人类日益发展的精神文明需要和调节日益复杂的社会现实关系了。因此，人们便将事神致福活动中的一系列行为举止规范，无论是从内容上还是从形式上扩展到了各种人际交往活动，从最初的祭祀之礼扩展到社会各个领域的各种礼仪。

二、中国礼仪的发展

礼仪在其传承沿袭的过程中是不断发生着变革的，从其历史的角度来看，礼仪的演变过程可以分为五个大的阶段。

1. 礼仪的起源时期：即夏朝以前（公元前 21 世纪以前）

礼仪起源于史前的原始社会，在原始社会的中、晚期出现了早期礼仪的萌芽。整个原始社会是礼仪的萌芽时期，当时礼仪还较为简单和虔诚，尚不具有阶级性。其具体内容有：制定了明确血缘关系的婚嫁礼仪，区别部族内部尊卑等级的礼制，为祭天敬神而确定的一些祭典仪式，一些在人们的相互交往中表示礼节和表示恭敬的动作等方面的相关礼仪。

2. 礼仪的形成时期：夏、商、西周三代（公元前 21 世纪至公元前 771 年）

人类随着自身的发展，进入奴隶社会时，统治阶级、统治者为了巩固自己的统治将原始祭祀活动中的礼仪变为其巩固自身统治的工具，从此礼被打上了阶级的烙印。在这个历史阶段，中国首次形成了比较完整的国家礼仪与制度。如"五礼"就是一整套涉及社会生活各方面的礼仪规范和行为标准。许多礼制典籍亦多撰修于这一时期，如周代的《周礼》《仪礼》《礼记》就是我国最早的礼仪学专著。在汉以后两千多年的历史中，它们一直被认为是国家制定的礼仪制度的经典之作，被称为"礼经"。

3.礼仪的变革时期：春秋战国时期（公元前 771—前 221 年）

在这一历史时期，社会动荡，各国之间争斗不休，国家疆土分裂，人们在思想上却是开放的，在学术界形成了百家争鸣的局面，以孔子、老子、墨子为代表的诸子百家对"礼"进行了研究和发展，对礼仪的起源、本质和功能进行了思考，并对其进行了系统的阐述。

孔子对礼仪非常重视，他把"礼"看成修身、齐家、治国、平天下的基础。"不学礼，无以立""质胜文则野，文胜质则史。文质彬彬，然后君子"等观点皆出于孔子。他要求人们用礼的规范来约束自己的行为，要做到"非礼勿视，非礼勿听，非礼勿言，非礼勿动"。并倡导"仁者爱人"，强调人与人之间的相处要有仁爱之心，要相互关心，彼此尊重。孔子也希望统治者用"仁德"来治理天下。

孟子把"礼"解释为对尊长和宾客严肃而有礼貌，所谓"恭敬之心，礼也"，并把"礼"看作人善性的发端之一。

荀子把"礼"看作人生哲学思想的核心，是做人的根本目的和最高理想，正所谓"礼者，人道之极也"。他认为"礼"既是目标、理想，又是人一生的行为过程，主张"人无礼则不生，事无礼则不成，国无礼则不宁"。

管仲则把"礼"看作人生的指导思想和维持国家的第一支柱，认为礼关系到国家的生死存亡。

4.礼仪的强化时期：秦汉到清末（公元前 221—1911 年）

在我国长达两千多年的封建社会里，礼仪在不同的朝代具有不同的社会特征，但一直为统治阶级所利用，成为维护封建社会的等级秩序的重要工具之一，其具体特点为：尊君抑臣、尊夫抑妇、尊父抑子、尊神抑人。纵观中国两千多年的封建社会的礼仪，内容大致有涉及国家政治的礼制和家庭伦理两类。这一时期的礼仪构成中华传统礼仪的主体。但在礼仪漫长的历史演变过程中，尤其是到了清代中、后期，它逐渐变成妨碍人类个性发展、人类平等交往、窒息人类思想自由的精神枷锁

5.现代礼仪的发展

自辛亥革命后，受到西方资产阶级"自由、平等、民主、博爱"等思想的影响，中国的传统礼仪规范制度，受到了强烈的冲击。之后的五四新文化运动，对符合时代要求的礼仪进行肯定、继承、完善、流传，那些繁文缛节的"礼教糟粕"则逐渐被抛弃。同时也接受了一些国际上通用的礼仪形式。新的礼仪标准、价值观念逐渐被人民群众所知晓，并得到了推广和传播。中华人民共和国成立后，逐渐确立以平等相处、友好往来、相互帮助、团结友爱为主要原则的具有中国特色的新型社会关系和人际关系。改革开放以来，随着我国与世界的交往日趋频繁，西方一些先进的礼仪、礼节陆续传入我国，同我国的传统礼仪融入社会生活的各个方面，构成了社会主义社会礼仪的基本框架。许多礼仪从内容到形式都在不断进行着变革，现代礼仪进入了全新的发展时期。大量的礼仪书籍相继出版各行各业的礼仪规范纷纷出台，礼仪讲座、礼仪培训日趋火红。人们学习礼仪知识的热情空前高涨。讲文明、讲礼貌蔚然成风。今后，随着社会的进步、科技的发展和国际交往的日益密切，礼仪必将得到新的完善和发展。

第三节　社交礼仪

一、社交礼仪的概念

社交礼仪是指人们在人际交往活动中，用于表示尊重、友善的行为规范和准则。由于人际关系是通过人与人之间的交往和联系表现出来的，这些交往和联系得以正常进行，就需要用一定的行为规范来调节。社交礼仪正是在这种情况下产生的。随着社会的发展，社会成员的文明程度不断提高，讲究礼仪、注重礼貌，更是成为人们日常生活中必不可少的内容。

二、社交礼仪的特征

社交礼仪具有规范性、传承性、共同性、差异性、针对性和发展性的特点。

1. 规范性

社交礼仪是一种约定俗成的行为规范，是人们衡量他人是否敬人、判断自己是否自律的尺度，它约束着人们在各种交际场合的言谈举止，使人们的行为合乎成规。

2. 传承性

社交礼仪是人们在长期的生活和交往中，不断地弃旧扬新，传播、继承下来的，它保留了民族传统文化的本质内容，具有相对的稳定性。例如，尊老敬贤、婚嫁回门、婴儿抓周等都是我国传统礼仪习俗，至今仍深深影响着人们的思想和行为。

3. 共同性

社交礼仪是在人们共同生活的基础上形成的，集中反映了一定范围内人们共同的文化理和生活习惯，因而能在一定范围内得到人们的共同认可和普遍遵守。

4. 差异性

礼仪是以一定的社会文化为基础的，因而不同文化背景孕育出的社交礼仪在内容和形式上均具有一定的差异。例如，不同民族的人们行见面礼的形式多种多样，有的拥抱，有的握手，有的双手合十，有的手抚胸口等。

5. 针对性

针对性是指根据不同的社交对象、场合和时间，运用相应的礼仪规范。例如，同样是握手，握手的方式却男女有别。男士与男士行握手礼，双方都可主动一些；但如果一方是女士，则应等女士先伸出手，男士才能伸手与之相握，而不能过于主动，否则会显得唐突。

6. 发展性

社交礼仪会随着时代的进步而不断发展和完善。例如，随着手机和 E-mail 的广泛使用人们逐渐采用短信、电子贺卡等形式来发送节日的问候与祝福，因而产生了通信礼仪，这就是社交礼仪不断发展的具体表现。

三、社交礼仪的内容

社交礼仪的内容主要包括个人礼仪、日常交往礼仪、公共礼仪、校园礼仪、会议与仪式礼仪、宴请礼仪、职场礼仪和婚丧寿庆礼仪八个方面。

1. 个人礼仪

个人礼仪是指人们塑造外在形象和提升内在气质的礼仪规范，主要包括仪容礼仪（如头发、面容的修饰等）、着装礼仪（如西装或套裙的选择与搭配、佩饰的选用等）和仪态礼仪（如站姿、坐姿、走姿、蹲姿、表情、手势等）。

2. 日常交往礼仪

日常交往礼仪是指人们在日常生活中与他人沟通、交往时应遵守的礼仪规范，主要包括见面礼仪（如称呼、介绍、交换名片、握手方面的礼仪）、交谈礼仪（如交谈的原则、话题、态度、语言、技巧等）、电话礼仪（如拨打、接听电话的礼仪，使用手机的礼仪等）、拜访礼仪（如拜访的准备和过程等）、接待礼仪（如接待准备、迎候、乘车、引导、待客座次、奉茶等方面的礼仪）以及馈赠予受赠礼仪。

3. 公共礼仪

公共礼仪是指人们置身于公共场合时应遵守的礼仪规范，主要包括出行礼仪（如行路、乘坐公共交通工具、驾车方面的礼仪）和公共场所礼仪（如舞会礼仪、观赛礼仪、医院礼仪、公园广场礼仪等）。

4. 校园礼仪

校园礼仪是指学生在校园内与他人进行交往时应遵守的礼仪规范，主要包括与教师交往的礼仪、与同学交往的礼仪以及校园公共场所礼仪（如图书馆礼仪、食堂礼仪、大会或典礼礼仪等）。

5. 会议与仪式礼仪

会议是指人们为了解决某个共同的问题或出于不同的目的聚集在一起进行讨论、交流的活动。会议礼仪是指人们在主办、主持或参加会议时应当遵守的礼仪规范，主要包括主办方礼仪、主持人礼仪、发言者礼仪。仪式礼仪是指各方人员在举行各种仪式的活动中应遵循的礼仪规范。常见的仪式礼仪包括签字仪式礼仪、开业仪式礼仪和剪彩仪式礼仪。

6. 宴请礼仪

宴请礼仪是指人们在置办或参加各种宴会（如中餐、西餐、自助餐等）时应当遵守的礼仪规范，主要包括宴请的准备与程序礼仪、中式宴请礼仪（如桌次与座次礼仪、上菜礼仪、餐具使用礼仪、就餐礼仪、饮酒礼仪等）、西式宴请礼仪（如桌次与座次礼仪、上菜次序与酒水搭配礼仪、餐具摆放与使用礼仪、就餐礼仪等）和自助餐会礼仪（如安排自助餐会的礼仪和享用自助餐的礼仪）。

7. 职场礼仪

职场礼仪是指人们在职业场所中应当遵守的一系列礼仪规范，主要包括求职与面试礼仪（如求职准备、面试礼仪等）和办公室礼仪（如办公室环境礼仪、办公室言谈礼仪、同事关系礼仪等）。

8. 婚丧寿庆礼仪

婚丧寿庆礼仪是指人们在举办或参加婚礼、丧礼和寿宴时应遵循的基本礼仪规范，包括婚礼礼仪（如婚前准备、婚礼仪式流程礼仪、参加婚礼礼仪等）、祝寿礼仪（如祝寿准备、祝寿仪式礼仪、参加祝寿的礼仪等）和丧葬礼仪（如丧葬的成因、丧葬的程序等）。

四、社交礼仪的原则

社交礼仪的原则是指人们在进行交往活动时应当遵从的指导思想，是保证社交活动顺利进行的基本条件。社交礼仪的原则主要包括尊重原则、真诚原则、平等原则和适度原则。

1. 尊重原则

尊重原则包含尊重自己和尊重他人两个方面。尊重自己是指一个人应注意自身的修养，保持自己的人格尊严。因为只有先尊重自己，才能赢得他人的尊重。尊重他人是指在社交活动中，人们必须尊重交往对象的人格、职业、习惯、情感、爱好、社会价值等。在实际交往活动中，尊重他人应做到以下三点：①要热情、真诚地对待他人，使其产生受尊重、受重视的感觉；②要给他人充分的表现机会；③要给他人留面子，切勿伤害其自尊心。

2.真诚原则

真诚原则是指交往者在社交活动中不能弄虚作假、口是心非，而应以诚待人、表里如一，发自内心地表达对交往对象的尊重与友好。

3.平等原则

平等原则是指在社交活动中，交往者不能因交往对象的年龄、性别、种族、文化、职业、身份、地位、财富及其与自己的亲疏远近关系而厚此薄彼、区别对待，而应对所有交往对象一视同仁，给予同等的礼遇。这一原则是人与人交往时建立情感的基础，也是保持良好人际关系的诀窍。

4.适度原则

适度原则是指在社交活动中，交往者应把握分寸，根据具体情况或情景做到恰如其分。例如，在与他人交往时，做到既彬彬有礼又不低三下四，既热情大方又不轻浮，既坦诚又不粗鲁，既老练稳重又不圆滑世故等。

五、社交礼仪的功能

社交礼仪之所以被提倡，并受到社会各界的普遍重视，是因为它具有塑造形象、沟通信息、协调关系等方面的重要功能。

1.塑造形象

社交礼仪能够帮助人们从仪容、仪表、举止、谈吐等各个方面塑造个人形象，使人们衣着整洁、谈吐得体，展现出良好的教养和优雅的风度，进而给交往对象留下好印象。

2.沟通信息

社交礼仪能够帮助人们在社交活动中通过服饰、言语、行动、表情等形式，更好地向交往对象表达自己尊重、敬佩、友好、善意等情感信息，打开人际沟通的心理通道，增进彼此之间的了解和信任。例如，人们通过递送名片来介绍自己，通过馈赠礼品来沟通感情等。

3.协调关系

社交礼仪倡导人们按照礼仪规范行事，让人们在以礼待人的前提下相互了解、相互合作，有助于协调人际关系，创造和谐、温馨的人际环境。

六、社交礼仪的习成

个人要想成为一名成功的社交者，就必须学习社交礼仪知识，并将其内化为自身素质。而实现此目标通常需要从以下几个方面入手。

1. 培养良好气质

气质是一种相对稳定的个性特点和风格气度，它从一个人的生活态度、言谈举止、待人接物等方面表现出来。良好的气质能美化容貌，让人赏心悦目。没有良好的气质，礼仪也就无从谈起。良好的气质可以通过长期的磨炼和多方面的积累培养出来。通常，人们可通过以下方式培养自身的良好气质。

（1）加强道德修养：加强道德修养是个人自觉地将一定的社会道德转变为个人道德品质的过程，是展现气质的一个重要方面。只有具有内在的"真、善、美"，才能够自然地流露出良好的气质。因此，要培养良好气质，首先应加强内在的道德修养。

（2）提高文化素养：古语说："腹有诗书气自华"，良好的文化素养能够悄然改变人的气质。在社交活动中，交往者必须广泛地涉猎各种文化知识，提高自身的文化修养，进而获得良好气质，美化自己的仪表风度。例如，加强自身在音乐、绘画等方面的修养，能够陶冶情操、净化心灵，进而获得一种高雅气质。

2. 塑造健康性格

性格是一个人较为稳定的心理特征，能对人与人之间的相互关系产生重大影响。在社交活动中，要做到待人接物大方得体、礼仪有加，必须拥有健康的性格。这种性格通常应具备以下特征。

（1）开朗、耐心、宽容：开朗的人一般表现得热情、乐观，容易被交往对象接受；耐心的人一般表现得心平气和，善于营造融洽的氛围；宽容的人一般善解人意，能够容忍他人的缺点、过失或错误。这些特性都是人们进行广泛社交所需要的。相反，性格过于内敛、孤僻、暴躁，心胸过于狭窄的人，往往无法在社交活动中表现得彬彬有礼，难以与交往对象相处。

（2）沉稳、自信、顽强：沉稳的人一般遇事沉着冷静，分析问题有条不紊；自信的人一般处事果断，敢于承担责任；顽强的人一般做事有韧性并坚持原则。

具有这些性格特征的人能够较快适应复杂多变的社交环境，并能在多种情况下保持礼仪风范。相反，性格鲁莽、浮躁，容易自卑或自负的人，在社交活动中往往表现得有失礼仪，不易被交往对象接受。

（3）富有幽默感：幽默是人际关系的润滑剂，它能够淡化人们的消极情绪，迅速拉近人与人之间的距离，能够缓和紧张气氛或矛盾冲突，避免尴尬场面。富有幽默感的人能轻松自如地处理社交活动中的烦恼与矛盾，使社交对象感到轻松、愉悦并产生亲切感。人们都喜欢与有幽默感的人交往、相处。相反，没有幽默感的人则不具有这种魅力，不易迅速被社交对象接受。

3. 打造社交能力

能力是个人顺利完成某种活动，并直接影响活动效果的心理特征。一个人的社交能力会直接影响其社交活动的效果。因而，一名成功的社交者除了应具备良好的气质和健康的性格外，还应具备以下社交能力。

（1）应变能力：应变能力是指应对突发情况的能力。在社交活动中，意想不到的事情或尴尬局面常有发生，社交者要想在这种情况下不失礼，就必须练就较强的应变能力，以便果断巧妙、轻松自如地处理突发情况。

（2）自控能力：自控能力是指控制自己情绪的能力。在社交活动中，意想不到的冷遇或无缘无故的指责常在所难免，因而，社交者必须能够有效地调节和控制自己的情绪，以便在面对这种情况时做到豁达大度、文明礼让，不失态、不失礼。

（3）表达能力：表达能力是指用语言、文字或动作等方式将自己的观点、意见明确地传递给他人的能力。社交活动的效果如何，在很大程度上取决于人的表达能力。因而，社交者必须打造良好的表达能力，学会用符合礼仪规范的表达方式传递信息，使社交对象充分感受到尊重与友好，以便取得良好的社交效果。

第二章

社交礼仪与个人形象

第一节　形体礼仪基础

　　形体指人体形态体质，是身体各部分器官相互协调的整体表现。良好的形体给人以视觉上美的享受；不良的形体给人留下不好的印象，进而影响个人及其个人所代表的组织的形象。

一、健康的形体与礼仪

　　随着人类文明的提高，人们对自身行为的认识也日益加深。温文尔雅、从容大方、彬彬有礼已成为现代人的一种文明、标志。举止礼仪，是人们为了克己、自律、自尊、自爱，为了维护道德、秩序，在人际交往中相互表示友好、敬意以及为了便于使自己为对方所接受而对自己的日常举止提出的要求和规范。

　　体姿的改变比语言的叙述简洁、迅速且真实。体姿语言、表情比有声语言的抽象层次要低，比有声语言要形象、生动。例如：婴幼儿总是最先，也最容易看懂母亲的体语、表情，对母亲的有声语言往往反应迟钝。即使是成年人，也有类似的情况。当一个人心情好、很兴奋的时候，如果他只是用语言表达兴奋，就往往不如他用笑得合不拢嘴、乐不可支的表情给人的知觉生动、形象、准确。像断线的珠子掉下的泪水一定比他说"我无限悲哀，痛苦极了"而又毫无表情更让人感动。站有站相、坐有坐相的人，比那些自称"我是最有教养的"，可是体态上却东倒西歪、不成体统的人更能引起人们的尊重。另外，经理性加工后表达出来的语言往往不能率直地表露出一个人的真实意向，而人的动作比理性更能表现出人的情感和欲望。

　　人的面部表情、手势及其他体姿与有声语言相比，更是内心冲突的直接表现。由于有声语言是经过理性处理过的，有时缺乏真实性，而体态语言则多数是不由自主的，主要受潜意识的支配，因此，从体姿语言去判读对方，其结论会有更高的可靠性。

　　优美的肢体语言是配合了礼节时尚、场合和年龄、身份等穿着打扮所展露出来的自然、流畅的肢体美感。要想拥有仪态美之中最重要的肢体美感，必须有赖于平时的勤练与培养。坦然面对现实，深刻分析自己外表的优点、缺点与特色，并能虚心矫正，严格自我训练与自我要求，直到思想、个性与仪容、体态全然融为一体，并把美姿视为身体的一部分，与生命和生活紧紧地联合在一起，假以时日，相信终有一天，在举手投足之间，自然流露出自信、平和、智慧、优雅。

健康的形体与仪态

　　一个人的仪容、仪表、仪态往往是与他的生活情调、思想修养、道德品质和文明程度密切相关的。每个人总是以一定的仪态出现在别人面前，一个人的仪态包括他的所有行为举止：一举一动、一颦一笑、站立的姿势、走路的步态、说话的声调、对人的态度、面部的表情等。而这些外部的表现又是他内在品质、知识、能力等的真实流露。在与人交往中，我们可以通过一个人的仪态来判断他的品格、学识、能力以及其他方面的修养程度。仪态的美是一种综合的美、完善的美，是仪态礼仪所要求的。这种美应是身体各部分器官相互协调的整体表现，同时也包括了一个人内在素质与仪表特点的和谐。容貌秀美、身材婀娜是仪态美的基础条件，但有了这些条件并不等于就是仪态美。与容貌和身材的美相比，仪态美是一种深层次的美。容貌的美只属于那些幸运的人，而仪态美的人往往是一些出色的人。因而仪态的美更富有永久的魅力。

　　为了达到美丽的仪态，我们可以练习平衡、稳重、优雅、自信的行为动作，使内心的心理状况得到改善，由颓废变为积极，由拘谨变为大方，由退缩变为进取，由嚣张变为谦和、有礼。一个人的仪态，除了与心理有关之外，对生理也有很大的影响。当然，形体的美感必须先具有健全的形体。倘若一个人四肢健全就应该讲究健康、优雅的姿态。如果一个人长久站立姿势不良，会因此得到生理上的疾病如：消化不良、中年后腰背酸痛等。所以，不论一个人的年龄有多大，要想拥有健康、年轻的身材，就要在生活中注意自己的姿势与体态。最重要的先决条件是，必须拥有一副强健而有力的脊椎骨。

美国南加利福尼亚大学医学教授雷纳博士（Dr.Rene Caiffit）说："最容易使人显老的因素就是佝偻脊背的姿势，造成身体骨骼、肌肉机能的恶性循环。"因为姿势的不正确、肌肉失去弹性，致使身体很容易产生疲劳。身体一旦疲劳，就不容易坐立及站立得很好，不良的坐立及站立姿态，将致使连接骨骼的韧带过分地伸张和摩擦，渐渐失去应有的连接效果，造成背脊的支持力减弱和松塌，产生弯腰驼背的现象。雷纳博士提出："为了要使自己有一个健康优美的体态，就必须经常做有规律的运动，使身体机能保持应有的柔软度。"他提出以下几个很重要的建议。

（1）维持良好的姿势习惯，成为生活的一部分。每天如果只做少许几个背部运动，但大部分时间仍用错误的姿势行走（如垂头、驼背走路）、坐立（如随意歪坐或陷在沙发里的姿势），不仅使运动效果大打折扣，还会对脊椎骨的结构有不良影响。

（2）弯腰驼背的后果是，致使腹部肌肉松弛而失去弹性。纠正：每隔20分钟，对自己做一次重点检查，看自己身体各部分的姿势是否正确。这样可使各部分的肌肉感应到良好姿态应有的舒适感。

优雅的举止不是天生就有的，每个人应积极主动进行形体训练，掌握正确的举止仪态，矫正不良习惯，达到自然美与修饰美的最佳结合。

二、形体与礼仪学习的思想准备

树立形体与礼仪课程对于大学生综合素质提升的重要性，做好学习的思想准备。

（一）有利于发展学生的身体素质

形体课是通过形体训练向学生进行素质教育、培养综合能力和塑造优美体态的一门基础课。形体训练以人体科学理论为基础，通过徒手或利用各种器械，运用专门的动作方式和方法，以改变人的形体的原始状态、提高灵活性、增加可塑性为目的的形体素质基本练习；是以培养良好站姿、走姿，从而达到提高形体外表现力为目的的身体素质训练。形体美和服务姿态美对未来从事管理服务工作的学生尤为重要，学生通过形体课有助于养成正确的身体姿势，塑造健美的形态，获得适应未来职业的良好的劳动身体素质，毕业后可以很快地适应职业劳动要求，并为将来在劳动岗位上干出成绩打下良好的身体基础。

（二）有利于学生树立正确的审美观和提高艺术修养

形体训练不仅仅是身体素质的训练，也是一项审美价值很高的运动项目。首先，它上课环境很美，这有助于培养和提高学生身体姿态美的表现力和高雅的气质。其次，它的内容选择非常讲究，形体训练是以舞蹈和体操动作为素材的身体形态练习，通过练习可以培养和提高学生对身体美、运动美、姿势美、神情美、音乐美、心灵美的感受与表现力，培养学生正确的审美观和塑造健美优雅的形态与气质。使学生获得未来从事管理服务工作的职业审美素质。

（三）有利于提高学生的心理健康水平

从事管理工作就要善于与人交际，主动积极，善解人意，如果性格内向，不善言谈，就难以与服务对象沟通，满足不了服务对象的需求。形体训练能让学生感受这项运动的力度感、美感和韵律感，优美的音乐相伴，给学生带来精神上的愉悦，课堂中融合和谐、高雅、艺术的气氛亦能增强人们沟通和交往的意识和欲望，从而陶冶情操、开阔心胸、激发生活的自信心和进取心，形成豁达、乐观、开朗的良好心境。

（四）有利于学生与他人建立良好的人际关系，形成和谐的心理氛围，促进大学生的身心健康

任何社会的交际活动都离不开礼仪，礼仪是人际交往的前提条件，是交际生活的钥匙。当代大学生随着年龄的增长和生活环境的变化，自我意识有了新的发展，他们十分渴望获得真正的友谊，进行更多的情感交流。通过人际交往活动，并在交往过程中获得友谊，是适应新的生活环境的需要，是从"依赖于人"的人

发展成"独立"的人的需要，也是大学生成功地走向社会的需要。在大学期间，能否与他人建立良好的人际关系，对一个人的成长和学习有着十分重要的影响。

（五）有利于对学生进行思想道德教育，提高思想道德素质

目前，在不少高校中存在着这样的现象，学生学的是高层次的道德规范，实际行为上却往往达不到基础道德的水平。这与社交礼仪教育的缺乏是分不开的。因为，礼仪是一种社会规范，是调整社会生活成员在社会中相互关系的行为准则。社会规范主要包括法律规范和非法律规范两大类别。礼仪是一种非法律规范，它主要包括道德规范、宗教规范、习俗和共同生活准则等。其中，道德规范具有特殊的地位和作用，因为，它是从社会生活中概括提炼出来的一种自觉的社会意识形态，它是依靠社会舆论、传统习惯和个人的内心信念来维持的。社会礼仪反映了人们在共同生活、彼此交往中最普遍的道德关系，是保证交往活动顺利进行和社会生活正常秩序的重要因素。

（六）有利于强化大学生文明行为，提高文明素质，促进社会主义精神文明建设

讲文明、讲礼貌是人们精神文明程度的实际体现。普及和应用礼仪知识，是加强社会主义精神文明建设的需要。通过礼仪教育，让大学生明确言谈、举止、仪表和服饰能反映出一个人的思想修养、文明程度和精神面貌。然而每个人的文明程度不仅关系到自己的形象，同时也影响到整个学校的精神面貌乃至整个社会的精神文明。通过礼仪教育进一步提高大学生的社交礼仪修养，培养大学生应对酬答的实际能力，养成良好的礼仪习惯，具备基本的社交礼仪尤其重要。

第二节　仪容礼仪

仪容，指人的容貌，由发式、面容以及人体所有未被服饰遮掩的肌肤构成，是个人仪表的基本内容。就个人的整体形象而言，它反映着一个人的精神面貌、

朝气和活力，是传达给接触对象感官最直接、最生动的第一信息，是整个仪表的一个至关重要的环节。

仪容美通常是指一个人的容貌美（头发、面部）和形体美（四肢、身材等），它在个体形象中居于显著地位，是个人仪表问题中的重中之重。俗话说："三分长相，七分扮相。"仪容一方面取决于天生丽质，但更在于后天的修饰和保养。如果说先天的相貌是无法选择的，而仪容、仪态和着装美却是可以潜心培养、训练和完善的。真正意义上的仪容美，应当是自然美、修饰美和内在美三个方面的高度统一。忽略其中任何一个方面，都会使仪容美失之偏颇。在这三者之中，仪容的自然美是人们的理想与追求，而仪容的修饰美则是仪容礼仪关注的重点，仪容的内在美是最高境界。当然，一个人的内在美是不能脱离外在美而存在的，它总要通过一定的形式表现出来。"美是理念的感性显现。"这是黑格尔的一个著名的美学命题，也就是说，美是具体的、形象的，离开了一定的感性形式，美也就成了无所依托的东西了。

一、仪容的基本要求

（一）头发

头发的打理是仪容的重要组成部分，一个人的风貌呈现在别人眼前时，头部首先被人注意到，直接影响到你留给别人的印象。整洁、得体、大方的发型容易给人留下神清气爽的美感，而蓬头垢面难免使人产生反感。头发整洁、发型得体是基本要求。因此，无论男女老少，都要重视头发的护理，根据自己的形体、气质、身份来选择适当的发型。

1.头发护理

头发要保持整洁、健康、无异味。同时要经常地洗护、梳理和修剪。

（1）及时洗护。洗发宜用40℃左右的温水，太热的水伤害发丝，太冷的水洗不净油脂。洗发时，要用手指肚轻轻揉搓，不能用指甲抓搔头皮。洗发水在头发上停留的时间越短越好，快速清洗是洗头窍门，湿发最好自然风干。就像皮肤一样，头发和头皮在清洁之后，需要补充营养，使其拥有照人的光泽。护发的作用就是使头发充分吸收营养，并同时在头发外部形成保护层，使其免受损伤，保持头发柔软、亮泽、富有弹性。我们可在洗发之后根据头发受损程度的不同选择不同的护发产品，但使用不能太过频繁，一周 1 ~ 2 次比较合适，否则可能会营养过剩，使头皮黏腻。

（2）认真梳理。经常梳头相当于按摩，可有效地促进头部血液循环。梳头首先要选一把好梳子，以牛角梳、玉梳、木梳为佳，牛角梳本身有清热凉血作用，玉梳可以平肝、安神、镇惊，都有治疗功效。尽量不要使用塑料梳子，因为这种梳子梳理头发时容易起静电，破坏头发组织。梳头时不要用力过猛，避免损伤、拉断头发。梳头次数太多，会过分刺激头皮，如果用了品质差的梳子，更会严重损害到头皮。新的研究发现，发丝不宜受到过分的摩擦，因此梳头每次不要超过50 下。

（3）经常修剪。除了洗护之外，头发应该常常修剪，尤其是短发，每月应修剪 1 ~ 2 次。留长发的女士应将枯黄、开叉的发梢剪掉，保持头发的美观。

（4）谨慎烫发、染发。近年来，男女青年流行烫、染发，有的烫染出了自己的个性，又有时代气息，增色不少；有的则不土不洋，不伦不类，黯然失色。烫发、染发都会对头发造成一定的伤害，因此要慎重、把握好分寸，同时要重视烫、染后的护理，否则既损伤头发，又损害自己。

2. 发型的选择

发型的选择要考虑自身发质、年龄、职业、身型、脸型、时尚等因素，还要尽可能做到自然、大方、美观。

从发质上来讲，直而硬的头发容易修剪整齐，应以修剪为主，避免花样复杂；细而软的头发容易整理成型，适合小卷曲的波浪式发型。

从年龄来看，少年以自然美为主，不宜烫发、吹风；青年人长、中、短发均可；中年人宜选择整洁简单、线条柔和的发型；老年人应选择庄重、朴实大方的发型。

从身型上看，高瘦的人宜留长发、直发或大波浪卷发；高大的人宜留短直发、大波浪卷或盘发等；矮小的人宜留超短式、盘发；矮胖的人宜留运动式短发、盘发等。

从脸型来看，圆形脸额前头发高梳，两边遮住两颊；方形脸刘海可遮额，两边遮两颊；长形脸刘海遮额，两边蓬松外翻为宜；三角形脸可刘海遮额，双耳之上头发厚，双耳之下头发薄；倒三角形脸露出前额，双耳之下头发厚，以不对称式发式为佳。

（二）面容

面容是仪容里最引人注目之处，是构成个人基本特征的主要因素，我们一般通过面容来认识、区分不同的人。脸面对人的自尊心具有无与伦比的重要性，所谓"丢脸"羞耻、"丢面子"要紧，都说明了这个道理。热爱生活的人无不重视面容的美化。

1. 保持清洁

保持清洁是最基本、最简单、最普遍的美容。男士要养成每日剃须修面的好习惯。从前，男士蓄须较为普遍，曾是身份和个性的体现。现在，留长须的人很少了，喜欢蓄须的人要考虑工作是否允许，有的行业、岗位明文规定不能蓄须。已蓄须者，无论胡子长短，都要经常修剪，保持整洁卫生。未蓄须的成年人，切忌未修面即参加各种社交动，因为这是很失礼的表现。女士更注重美容，在保洁方面应更为讲究

（1）洁肤。适度地洁肤有助于面容的洁净，用温水湿面，让毛孔张开，选择适合自己的洗面奶适量挤在掌心，用一点水揉开起沫。均匀地将洗面奶揉在脸部、颈部，用手指肚轻柔按摩，在额头、脸颊等处轻柔打圈，鼻头、下巴、额头这些容易生成黑头的地方多按摩一会儿。不要忽略颈部的清洁，清洁时注意要从下往上按摩，这样有助于防止颈部皮肤松弛而呈现老化。按摩完毕后尽量使用流水清洗，用手捧水冲洗泡沫，一边冲洗一边用指肚顺着皮肤纹理清洗会更干净。用干松毛巾轻轻擦干水珠，下万不要用粗糙的毛巾使劲搓揉面部，那样会划伤皮肤表层，造成细菌入侵，破坏脸部酸碱值。最后用冷水拍扣面部，长期坚持能增加皮肤的抵抗能力。除了每日 1～2 次的日常洁肤外，有条件的每周还可以用面膜进行一次深层清洁，可彻底清除污垢。

（2）爽肤。爽肤是洗完脸之后的重要步骤，爽肤也是使用保养品、化妆品之

前必要的一步，因为爽肤水的作用在于再次清洁以恢复肌肤表面的酸碱值，并调理角质层，为肌肤更好地吸收保养品做准备。此外应注意，在选择爽肤水时摇一摇瓶身，如果出现很多很细的泡泡但很快就消失了，说明其中含有酒精。这类的爽肤水偶尔使用可以起到消炎的作用，但是不要长期使用，因为酒精挥发时，会带走皮肤中的水分，从而破坏皮肤中的蛋白质，加速皮肤老化。

（3）润肤。爽肤后还应为肌肤补充营养，白天用日霜，夜间用晚霜。日霜可形成一层保护膜，防止灰尘附着在皮肤上和免受紫外线的侵害，并为肌肤提供所必需的养分。一般来说，润肤油和润肤霜比较适合冬天使用，润肤露则比较适合全年使用。夏天应使用防晒霜来阻挡强烈日晒。临睡前使用晚霜，能使养分充分吸收，达到养颜的目的。

2. 适当化妆

得体的妆容是一个人气质、修养的体现，也是对交际对象的充分尊重。我们应当根据自己的身份地位、职业特点、个性气质、特定场合来选择不同的妆型，使装扮适宜。

化妆总的原则是少而精，具体表现在适度、协调、富有个性等方面。比如，风华正茂的学生，青春靓丽，一般不必化妆。为参加社交活动而化妆，也未尝不可，但要化淡妆，切忌浓妆艳抹。职业女性，尤其是经常出席社交场合的女士，就应化妆。

（1）适度。除特殊场合外，一般的生活妆和工作妆均以淡妆为宜。淡妆突出了女性的天生丽质，做到扬长避短。要做到自然而不明显地修饰，力求略施粉黛，淡淡几笔，恰到好处。

（2）协调。在设计面部化妆的色彩时，应该和服装一起进行整体考虑。要根据服装的颜色和类别配以相应颜色的妆容。服装的颜色往往是两种以上的多种色彩的组合，与之相配合的唇膏色，应取其主要色调。在众多的色彩中，而积大的色块可以作为主色调，唇膏的颜色要与之一致，可以加强色彩的整体感和感染力。如果上衣与裙子、裤子是两种颜色，唇膏的色彩应与面部接近的上衣颜色协调。

（3）个性。化妆虽然有许多共性的规律，但要因人而异，因形不同。化妆如果仅仅停留在描眉、涂眼、抹口红上，那只能算停留在初级阶段，只是掌握了化妆的技术而已。而通过化妆对自我形象进行塑造，扬长避短，从外部形式上能够充分体现内在气质和性格，才是化妆的精髓，才是表现个性魅力的最高境界。这就需要具备高层次的审美能力与分析、判断能力。

为了使自己脸上不符合一般审美标准的部位具有个性美，在化妆时应注意要仔细分析脸型及五官的特点，先找出哪些是理想的，哪些是不理想的，哪些是应该强调的，哪些是应该遮盖的。只有明确了自身的条件，才能确定正确的化妆修饰方法。此外，在强调优点时也不要太过分，避免画蛇添足；掩饰不足时也不要太勉强，要看一看是否可行，如果无法用化妆来掩饰，就要想方设法创造出独特的个性美。

可以通过化妆来表现不同的风格，如现代型、聪慧型、知识型等；也可以通过化妆来突出自己的性格，如娟秀文静型、理智成熟型、艳丽妩媚型等。

仪容礼仪除要求对头发、面容的修饰外，还包括个人卫生，做到身上无异物、无异味；不留长指甲，保持指甲的清洁；鼻毛不能过长，体毛必须修整等。

（三）面部表情礼仪

在社交活动的过程中，脸直接反映人们的生理和情感状况，给他人留下深刻的印象，因此在仪容礼仪中，我们除了要保持干净、卫生，还要注意一个动作、一个眼神、一个表情所传递给别人的信息。能够巧妙使用自己面部表情的人，才是善于塑造个人形象的人。

1. 眼神

眼睛是心灵的窗户，面部表情中起主导作用的往往是眼睛，在人际交往中，目光交流不仅可以表示对他人正在述说的事情的重视，也可以表达对他人的兴趣和喜爱。

（1）注视的时间。视线的接触是人们交流过程中最传神的非语言交流，应注意在交流过程中把握注视对方的时间。目光游离、注视时间过短，表示对对方的一种轻视；不断地把目光投向对方，占全部相处时间的 1/3 以上，表示友好、重视；目光始终盯在对方身上，或者注视时间占全部相处时间的 2/3 以上，可以视为有敌意或者也可以表示对对方十分感兴趣。

（2）注视的角度。注视的角度，可以分为平视、俯视、仰视、斜视。平视常常被使用在普通场合与身份、地位平等的人进行交流的过程中；俯视和仰视只适用于地位差距较大的晚辈和长辈之间，或者上级和下级之间，一般商务活动场合较少使用；当位于对方侧面时，切忌斜视，会让人觉得十分失礼。

（3）眼睛里的情感。我们可以通过眼睛来传递情感，喜欢、欣赏、喜悦、愤怒、惊愕、调皮、疑惑等均可以通过眼睛来进行传递。

2. 面部表情

面部表情也是一种非语言交往方式，表情有时候可以发挥语言难以表达的作用。眼睛、眉毛、嘴巴、鼻子以及面部肌肉的变化，构成了千变万化的面部表情。

既能缩短人与人之间的距离，又能创造良好的沟通氛围的，莫过于亲切、温馨、发自内心的微笑，微笑是人类最为美丽的表情。发自心底的微笑就像扑面的春风，能温暖人心，消除冷漠，获得理解和支持。一个人如果不会微笑，他就会遇到许多困难，失去本该获得的机遇和财富。微笑是一门学问、一种艺术，非苦练不能成功。

二、仪容的内在美

仪容内在美是指主体通过努力学习，不断提高个人的文化艺术素养和思想道德水准，培养出自己高雅的气质与美好的心灵，使自己秀外慧中、表里如一。现实生活中，漂亮与魅力并不总是完全一致的，尽管有的人着装简朴，其貌不扬，但文雅知性，气度不凡。有的人披金戴银，却依然给人的感觉是虚有其表。优雅的风度、高贵的气质实际上是人格外化的表征，是形象化了的精神风貌，它不但来自良好的生活习惯，而且来自长期的内在修养。在仪容的自然美、修饰美和内在美这三者之间，仪容的内在美是最高的境界。仪容的内在美包括人格美、气质美和涵养美。

（一）人格美

人格是一个人区别于他人的稳定而统一的心理品质和行为模式。在生活中对人格的理解有多种含义：道德上的人格，是指个人的品德和操守；法律上的人格，是指人的法律地位；文学上的人格，是指人物的独特性和典型性。而礼仪学上所说的人格主要是道德意义上的人格，是指构成一个人的思想、情感及行为的独特而稳定的心理品质、思维方式和行为风格。比如，一个人对待他人总是彬彬有礼，遇事首先为他人着想，甚至舍己为人，我们就可以说他的人格高尚。

人有不同的魅力，人的魅力大小主要取决于人格的高低，因此也叫作人格魅力。人格魅力是指一个人在性格、气质、能力、道德品质等方面具有的很能吸引人的力量。有一种人，无论他的相貌是否英俊，即使与他们偶尔相识，或只有一面之交，也能引起我们的注意，他的目光，他的微笑，他的举止言谈，会产生令人尊敬、爱戴的凝聚力，使我们充满喜悦。可以这样说，这些令我们喜爱的"人格"特征，就是他人身上放射的一种人格魅力。因此，世间凡是智者贤人，常把人格魅力极力地表现出来，我们会在不知不觉中乐于接近他们并成为朋友，在这个过程中，我们的人格也得到了发展。在今天的社会里一个人能受到别人的欢迎、容纳，实际上就是具备了一定的人格魅力。

1. 人格魅力的特征

人格魅力的特征主要表现在四个方面，即理智、情绪、意志以及对待现实的态度与社会关系处理之上。有研究显示，男性和女性"人缘型"人格魅力的表现各有不同。男性魅力的特征：一是沉着、自信心强、喜欢求知、做事干脆；二是帅气、成熟、做事积极且专心；三是喜欢社交、热情、豪迈、精力充沛；四是健康、有活力、开朗、率直、诚实；五是和蔼可亲、体贴别人、宽宏大量。女性魅力的特征：一是聪明、安静、认真、有点神秘；二是喜欢社交、态度积极、热情、性感；三是活泼可爱、亲切、体贴人、直率、开朗；四是喜欢听人说话、自制力强、诚实。

2. 人格魅力的培养

人格魅力的养成需要丰富的知识内涵和广泛的兴趣爱好，还需要掌握一定的人格魅力培养的方法。心理学家提供的几种人格魅力培养方法值得我们参考。

（1）不论在任何场合，要以礼待人，举止温文尔雅。

（2）注意培养自己幽默开朗的性格，塑造和蔼可亲的形象，特别是培养自己具有接受批评的雅量和自嘲的勇气。

（3）学会对别人显示浓厚的兴趣和关心。大多数人都喜欢谈自己，因此在与人交际时应该懂得如何引发对方表露自己，并恰当地表达自己对对方的关注和关怀。

（4）谨记在与人交往时，要经常和他们进行目光接触，表情友善，常带微笑，使对方产生知己之感。

（5）平时要博览群书，关心时事，不断充实自己，使自己博学多才，不致言谈无味。

（6）为人要慷慨大度，不斤斤计较，这样更能获得别人的欣赏。

人格魅力并不是什么神秘、迷惑人的东西，所谓旁观者清，每个人都生活在别人的眼睛里，而眼睛是心灵的窗户，也就是别人时刻都在用心衡量着你，你心中有了阳光，别人自然会沐浴你的光芒，那就是你的人格美所在了。

（二）气质美

一个人的气质是指一个人内在涵养或修养的外在体现，气质是内在修养的不自觉的外露，是内在修养和外在行为方式的有机结合。气质好的人在举手投足间，或衣着打扮，或言语声调上，会给他人带来一种优雅大方、舒适亲切的美的享受或好感。气质美是人的内在美和人格魅力的外在展现，不是靠表面装潢就能应付的，任凭再华丽的衣着饰品的装饰，也掩饰不了胸无点墨的肤浅之感。因此，气质的提升对每个人来说都至关重要。

1. 气质美的表现

（1）处事沉稳：不随便显露你的情绪；不要逢人就诉说你的困难和遭遇；在征询别人的意见之前，自己先思考，但不要先讲；不要一有机会就唠叨你的不满；重要的决定多商量，最好隔一天后再发布；讲话缓稳，走路从容。

（2）做事细心：对身边发生的事情，常思考它们的因果关系；对做不到位的执行问题，要发掘它们的根本症结；对习以为常的做事方法，要有改进或优化的建议；要养成有条不紊和井然有序的习惯；能经常挑出别人看不出来的毛病或弊端；随时准备对不足的地方补位。

（3）有胆识：不要常用缺乏自信的词句；不要常反悔和轻易推翻已经决定的

事；在众人争执不休时，不要没有主见；整体氛围低落时，你要乐观、阳光；做任何事情都要用心，因为有人在看着你；事情不顺的时候，歇口气，重新寻找突破口，就算结束也要干净利落。

（4）为人大度：不要刻意把有可能是伙伴的人变成对手；对别人的小过失、小错误要宽容；在金钱上要大方，在自己经济能力之内做到该用就用、该出就出，不要吝啬；不要有权力的傲慢和知识的偏见；有成果和成就应和别人分享；必须有人牺牲或奉献的时候，自己走在前面。

（5）有诚信：做不到的事情不要说，说了就努力做到；虚的口号或标语不要常挂嘴上；当别人指出自己"不诚信"时，要重视和改进；切莫使用"不道德"手段；不要耍弄小聪明；不要因小失大，诚信的代价就是声誉（品牌）的成本。

（6）勇于担当：检讨任何过失的时候，先从自身或自己人开始反省；事项结束后，先审查过错，再列述功劳；认错从上级开始，表功从下级启动；着手一个计划，先将权责界定清楚，而且分配得当；对"怕事"的人或组织要挑明了说。

2. 气质的培养

气质不是学来的，而是养出来的。要养出好气质就要了解自己是哪种类型气质，然后有自己的主张，为自己创造完美的气质而努力。首先可以试着培养自信，有自信的人才会美丽，但不能失去谦虚。最重要的是要丰富自己，为人不能说太多，但要什么都懂。平时要多学东西，如多看书、学跳舞、练瑜伽等。还要多锻炼身体。气质确实有先天因素，不过在短期内无法改变天生因素和条件的背景下，后天教育培养也十分重要。

（1）品位：人的品位有高有低，品位高低由其品质、趣味、情操、修养所决定。高品位是一种超凡脱俗的气质，这种脱俗气质来源于丰富的文化内涵；高品位是一种涵养，为人彬彬有礼，行为端庄，常微笑聆听并辨析别人的谈话，并且谈吐优雅，说话有趣有味，从不张扬；高品位是一种得体的衣着，穿戴从不会五彩斑斓、咄咄逼人，也不会无限前卫、哗众取宠，不追求华贵，也不附和流行，却修饰得体；高品位是一种亲和力，在每个场合的出现，都有一点清风徐来的感觉，对每个人都持有一种平等的态度，在微者面前不傲。在高者面前不卑，和每种类型的人都能和睦相处。高品位的女人不一定有多漂亮，但一定是个让人觉得赏心悦目、耐处的女人。品位也是一种生活文化，真正有品位的人是懂生活、享受生活、会花钱也懂得节约和理性消费的人。

（2）学习：气质不是一个月两个月可以改变的，需要一年、两年甚至更长的时间。很多人读完大学，很久没见的人都说他（她）变了一个样，其实这是校园生活熏陶出来的。读书是最基本的，书读得少的话其他练得再多也还是没有内涵。再说，多读点书眼睛会更明亮，毕竟眼睛里面是化不了妆的，有些女孩子虽然漂亮，看眼睛的话却空洞无物。

（3）环境：要有一个好的生活环境，才能培养出好的气质。从小生活在不一样的环境中会造就不一样的人，一个人的阅历学识会对气质有一定的影响。

3.气质的训练

（1）平时言谈举止要避免动作与谈吐的粗俗，可有意识地多模仿和学习有气质人士的言谈举止。

（2）走路要尽量做到抬头挺胸收腹。可能初期会觉得不自在，但持续一段时间后会无意识地形成习惯。女士平时多穿高跟鞋有助于这一训练。

（3）有意识地主动与那些气质好的人士交谈。次数多了你就会发现紧张及拘谨的情况会消失或减少，你也会应付自如，这叫脱敏训练。

（4）早中晚听听古典音乐，如《小夜曲》等。听高雅音乐可以使人面孔变漂亮，并且有一种脱俗的气质。好的音乐对人的气质培养作用很明显也很快速，一般人听了三个星期就有变化。

（5）进行气质外形训练。在每天早中晚听古典音乐的过程中，有意识地吸小腹，用一种向上挺拔的姿态，既训练挺拔的体型，也有利于身体长高；同时做面部表情训练：嘴角微微勾起，眉梢向上挑起；没事多看看天空，眼睛可以变得清澈深邃。

（三）涵养美

涵养是指一个人有宽阔的胸怀，懂道理、明事理、知进退。当人阅历增多、心胸渐宽的时候，自然而然会形成一种阅历丰富、心胸宽广的气度。这是因为人情世故皆在你胸，那些浮云般的世事无非是扰你心弦而已，不乱心者是为涵养。阅历也不一定是岁月才能沉淀出来的，这也是可以修出来的。修身养性，无非就是要让自己对生活中纷繁的事情，都能以一种淡泊超然的心境去面对。能以宽广的心胸应对种种困境和不幸，做到得之淡然、失之泰然，心情就舒畅了。心定了，涵养也就高了。如果我们能把一些原则，尽量地缩小、巩固，再缩小、再巩固，把一些非原则的执着，尽量地缩小、放开，再缩小、再放开，我们的心就变得既宽容又坚定。带着一种心灵深处的平和去看待身边的人和事，以淡定的心态来对待所遭遇的情景。这就是具有"涵养美"的人了。

女人讲品位，男人讲涵养。男人的聪明如果只显现在其高智商，未必令女人和同性为之钦佩，而吸引女人和让其他男性佩服的往往是男人的高情商所表现出来的涵养。

一个男人若既拥有高智商又具备极高的涵养，他想必是个完美的人，只是这种完美之人少之又少。但在生活的历练中努力去做一个有涵养的男人，应该是有可能并能做得更好的。有这样一对年轻男女的对话，男的说："现在到家了，我才开始批评你。在那么多同事面前，你不止一次地不理我，开口就数落我。我每次怎么对你的，我唯一能做的就是保持沉默。"女的说："对不起，我保证这是最后一次这样对你。"男的扑哧一声笑了："这保证我不知听过多少回了，但愿这是最后一次哦。"我们不得不佩服这男孩的好涵养，想必是天然生成、爹妈给的。同时也为这女孩庆幸，她这一辈子算是赌对了。我们之所以欣赏这种有涵养的男人，因为它是一个男人品德、学识、风度和境界的全面提高。

作为男人，要提高涵养并非难事，意义也十分重大。只要恪守"己所不欲，勿施于人"的做人基本准则，注意从生活中点滴小事做起，不利于团结的话不说，不利于友善的事不做，加强自身的文化和思想修养，处处与人为善，杜绝心胸狭窄、知识的肤浅和行为的粗俗，自然就会形成高尚的情操和涵养。我们的社会应该是让原本善良、美丽、可爱的女性，在有涵养的男人的呵护和引领下，携手并肩，相得益彰地操持好小家和建设好全社会这个大家。

第三节　仪态礼仪

仪态指人们身体动作所呈现出的各种姿态。如果说仪容和服饰是个人形象的静态方面，那么仪态则是个人形象的动态方面，是展现一个人精神面貌和文化素养的无声语言。人们在相互交往中，不仅要听其言，更要观其行。体态礼仪主要由站姿、蹲姿、坐姿和走姿的体态形象来表达。

一、站姿

站姿，是人类身体直立时的一种姿势。站姿是人类的静态造型，是人体其他动态造型的基础。站姿反映着一个人的修养、教育程度、性格、身体状况和人生经历。正确的站姿能够帮助呼吸和改善血液循环，减轻身体疲劳，同时会给人以挺拔笔直、舒展俊美、庄重大方、精力充沛、信心十足、积极向上的美好印象。

（一）挺拔站姿的基本要求

站立时，双腿立直，保持身体正直，重心在两腿中间，两膝和脚后跟要靠紧。做到挺胸、收腹、立腰；头部要抬起，颈挺直，双目向前平视，下颌微收，嘴唇微闭，面带笑容；双臂放松，自然下垂于身体两侧。由于性别方面的差异，对男女的站姿又有不同的要求。

女士的站姿要求"亭亭玉立"。女士在站立时，应给人一种挺立且精神饱满的自信表情，且要做到挺胸、提气、收腹、直腰，且腿要绷直。双手自然下垂并在腹前交叉叠放。双腿并拢，双脚呈"T"字形或"V"字形站立。切不可出现身体摇晃、无精打采、斜肩、驼背等站姿，有失得体之仪态。

男子在站立时，则要求"稳健挺拔"。站立时，一般应双脚平行，大致与肩同宽。全身正直，双肩稍向后展，双臂自然下垂，双手贴放于大腿两侧。如果站立时间过久，可采用稍息的姿态，将左脚或右脚适当叉开一步，其身体的重心分别落在另一只脚上。但上身仍需直挺，伸出的脚不可伸得太远，双腿切勿叉开过宽口在正式场合，不宜将双手插在裤袋里或双臂交叉抱于胸前，这样会使人产生傲慢、敷衍、轻蔑的感觉和印象。

（二）站姿的基本训练

"亭亭玉立"的女人总能给人无限遐想，高洁如荷、骄傲如梅，站姿是一切仪态之首。优美的站姿必须通过刻苦的训练才能习惯成自然。以下项目在教师指导下训练，各项时间不少于 10 钟，共用时间约一节课。平时要自我训练。

1. 站立训练

（1）靠墙站立。要求：脚后跟、小腿肚儿、臀部、双肩、头部的后下部位靠墙。

（2）顶物站立。要求：顶书原地挺拔站立。

（3）背靠背站立。要求：两个人背对背站立练习。

（4）列队站立。要求：将薄纸板放在两膝之间夹住，列队站立。

2. 手臂变化站姿训练

（1）垂手（臂）式。要求：正立，两手自然下垂。

（2）腹前握手（指）式。要求：正立，双手交于腹前，用右手握住左手四个手指。

（3）双臂后背式。要求：正立，双手反背交于后背，用右手握住左手四个手指。

3. 脚部变化站姿训练

（1）立正式：两脚并拢，两膝并严，两手可自然下垂，通常在正式的场合采用此种站姿，男女均适用。

（2）扇形式：两脚跟靠拢，脚尖呈 45°～60°，身体重心在两脚上，男女均适用。

（3）分腿式：两脚左右分开，与肩同宽，脚尖朝前且两脚平行，可交叉于前腹，也可交叉于后背。男子适用。

（4）丁字步式：两脚尖略展开，一脚向前将脚跟靠于另一脚内侧中间位置，腰肌和颈肌没有拧的感觉；两手交叉于腹前，身体的重心可在两脚上，也可在一只脚上，通过两脚的重心转移减轻疲劳。女子适用。

二、坐姿

坐姿是就座后人的身体所呈现出的姿势。它是一种静态姿势。在人际交往活动中，坐姿是人们采用最多的一种姿势。古人讲"坐如钟"，就是要求坐姿如同钟那样沉稳、端正。在社交应酬之中，坐姿往往是人们所采用得最多的姿势，从就座到坐姿我们都要做到符合礼仪规范。

（一）坐姿的基本要求

良好的坐姿一般有角度、深浅和优雅三方面的礼仪要求。

1.角度

坐定后上身与大腿、大腿与小腿所形成的角度有大小之分，坐姿因此而大有不同。极正规的场合，上身与大腿、大腿与小腿均应为直角，上身端正，腰部挺直，此姿势即所谓"正襟危坐"。一般情况下，男士略张开双腿而坐，但不应宽于双肩，双手放在大腿上或交握于两腿中前部，体现出男子的自信与豁达；女士就座则务必双腿并拢，两脚平列或稍稍斜放，双手自然搭放在大腿上或座椅扶手上。

2.深浅

"不满坐是谦恭"，在正式的场合或是与上级谈话的时候，一般不要坐满整张椅子，更不能舒舒服服地靠在椅背上。正确的坐法是坐满椅子的2/3处，背部挺直，身体稍向前倾，表示尊重和谦虚。

3.优雅

优美的坐姿让人觉得安详优雅，是体态美的重要内容。在一般场合，坐定后双腿可以叠放或斜放。双腿交叉叠放时，应力求做到膝部以上并拢；双腿斜放时，以与地面构成45°夹角为最佳。当跷腿的时候，都要注意收紧上面的腿，脚尖下压，绝不能以脚尖指向别人，或者上下抖动。坐着时间久了，可以不时变换姿势，但无论怎么变，也要保持端坐，腰挺直。对于女性，双手以叠放或相握的姿势放置于身体侧向的大腿上最为适宜，可以显出女性的曲线之美。女士如果裙子很短的话，一定要小心盖住。上高台就座的女主礼嘉宾，不宜穿太短的裙子。

（二）坐姿的分类

坐姿主要以一个人的脚位为依据和标准进行分类，男、女坐姿的差异也主要表现在其膝盖与脚位的不同。坐姿可分为垂直式坐姿、标准式坐姿、曲直式、前伸式坐姿、分膝式坐姿、重叠式坐姿等。其中，垂直式坐姿适用于正规的场合，而标准式坐姿可在各种场合适用。

（三）坐姿的基本训练

以下项目在教师指导下训练，各项时间不少于 5 分钟，共用时间约半节课。平时要自我训练。

1. 身体部位的训练

（1）头部：端端正正，双目平视，面带微笑，下巴内收，不能出现仰头、低头、歪头、扭头等情况。

（2）躯干：挺拔直立，腰部内收，不能塌腰放松成瘫软状，只坐椅子的 1/2 ～ 2/3 左右。

（3）双手：女子右手搭在左手上，可相交放于腹部或轻放于双腿之上；男子双手掌心向下，可自然放于膝盖上，但双手不可以放在小腿之上。

（4）腿部：小腿与大腿、大腿与身体各成 90° 角。男子膝盖可以分开，但不可超过肩宽；女子膝盖不可以分开。脚部因脚位不同有不同的坐姿。

（5）朝向：当与他人进行交谈时，通常应将整个上身朝向对方，以示对其重视和尊敬。

2. 入座的训练

（1）入座顺序：要尊者先行或同辈之间同时入座，不可抢先入座。

（2）入座方位：通常都是侧身走近座椅，从左侧就座。

（3）入座体位：背对座椅，右腿后退一点，用小腿确定座椅的位置，上身正直，目视前方入座，不可弯腰低头下看座椅或回头后看座椅，必要时可以用手扶座椅的把手。

（4）入座风度：就座时要减慢入座的速度，动作要轻而稳，尽量不发出任何响声干扰别人，更不可双手拖拉座椅入座。女子着裙装入座时要事先从后向前双手拢裙，切不可入座后整理衣裙。

3. 离座的训练

（1）表示在先：以语言或动作向周围的人先示意，方可站起，突然的一跃而起会使周围的人受到惊扰。

（2）顺序离座：地位不同时，要尊者先行；地位相同时，可以同时离座。要从左侧离开。

（3）动作轻稳：起身时要无声无息，不弄响座椅。站好后方可离开，不能边离座边走开或起身就跑。

三、走姿

走姿，是人在行走过程中所形成的姿态，它始终处于动态之中。行有行态，从容稳直。古人说"行如风"，是要求行走时，如风行水上，有一种轻快潇洒之美。走姿最能体现一个人的精神面貌，因为走姿自始至终都处于动态之中。

（一）走姿的基本要求

1. 步态

步态即行走的基本态势。在起步行走时，昂首挺胸，双目直视，直腰提膝，身体稍向前倾，重心落在交替移动的前面那只脚的脚掌之上。更要注意的是，当前脚落地、后脚离地时，膝盖一定要伸直，重心前后自然移动。这样走动时，步态就一定自然好看。

2. 步幅

步幅即行走时两脚间的距离。在行进时，向前伸出的那只脚应保持脚尖朝前，同时步幅大小适中。不要向内或向外伸，构成很难看的内八字步或外八字步。步幅通常为前脚脚跟与后脚脚尖间距离一脚长。身高脚大者的步幅自然比身矮脚小者的步幅大。服装款式和鞋的样式也会影饰步幅的大小。例如，女士身着旗袍或筒裙，并穿高跟鞋时，其步幅肯定小于穿长裤和平底鞋时。穿着高跟鞋走路，若能有意识地略收步幅，则会显得婀娜多姿、端庄秀丽。

3. 步位

步位即脚落地时的位置，行走时落脚的位置大体上应当呈现为一条直线。对于女性来说，最好的步位是"一字步"，即两脚所踩的是一条直线而不是两条平行线。要克服身体在行进中的左右摇摆，并使腰部至脚部都始终保持以一直线的形态进行移动。

4. 步韵

步韵即行走时有腰力，双腿和脚掌都要富有弹性，速度均匀使步伐产生韵律感，显得优美柔韧。如果走路时腰部松懈，就会有重心下坠感觉，不美观；如果拖着脚走路，更显得没有朝气。另外，两臂自然轻松地前后摆动，全身各个部位要协调、配合，避免过于僵硬呆板。优雅的走姿有四句口诀："双目平视背挺直，以胸领动肩轴摆，跟落掌接趾推送，提髋提膝稳步迈。"

（二）走姿的基本训练

以下项目在教师指导下训练，各项时间不少于 10 分钟，共用时间约一节课。平时要自我训练。

1. 摆手跨脚训练

正确的迈步是由手的摆动带动整个上身，使脚步平衡：即当右脚跨出去时，整个上身随着左手往前摆动，而自然向右方向转动；当左脚跨出去时，上身即转向左边，而右手则摆向前方。整个连续动作看起来，就像因肩膀左右晃动，带动了全身的摆动。

要求：行走时，上身稍向前倾，两臂自然前后摆动，两手自然弯曲，昂首、挺胸、收腹、提腰，上身不动，两肩不摇，重心在大脚趾和二脚趾上，腹部上提，显得神采奕奕。男子昂首、闭口、平视前方，两臂摆幅38°～40°；女子要头正、目光平视，上身自然挺直，收腹，两手前后摆动幅度要小，以含蓄为美。脚步要干净利落，不可拖泥带水。

2. 步位训练

要求：理想的行走路线是一条直线，男子行走时，两脚跟交替进行在一条直线上。脚步稍外展，其脚尖可偏向中线 10°，两脚间横向距离约 3 厘米左右；

女子两脚要踏在一条直线上，脚尖稍外展，在行走当中，膝盖的内侧和脚踝的内侧有摩擦感。

3. 步幅训练

要求：两步之间的距离以一步为宜，男子走路要大于自己的一个脚长，女子穿不同的服饰步幅有所不同，一般要小于自己的一个脚长。

4. 步速训练

要求：步速即一个人行走的速度，通常取决于人的兴奋程度。兴奋程度高，动作就积极，动作的速度也就快，反之就迟缓。行进过程中，全身的各个部分的举止要相互进行协调、配合，表现得轻松自然，速度要均匀，不忽快忽慢。正常情况下，步速应自然舒缓，显得成熟自信。一般而言，行走的速度标准为：男子每分钟步速为 108 ~ 110 步，女子每分钟步速为 118 ~ 120 步。

四、蹲姿

蹲姿是人的身体在低处拾物时所呈现的姿势，是人体静态美和动态美的完美结合。

（一）优雅蹲姿的基本要求

优雅蹲姿的基本要领：下蹲拾物时，站在所取物品的旁边，蹲下屈膝去拿。下蹲时，应自然、得体、大方，不遮遮掩掩，不要低头，也不要弓背。两腿合力支撑身体，掌握好身体的重心，避免滑倒，臀部向下，慢慢地把腰部低下。女士无论采用哪种蹲姿，都要将腿靠紧，臀部向下，上体保持直线，这样的蹲姿就典雅优美了。在公共场所下蹲，女士则要两腿并紧，穿旗袍或短裙时需更加留意，以免尴尬。

（二）蹲姿的基本训练

以下项目在教师指导下训练。各项时间不少于 20 分钟，共用时间约一节课。平时要自我训练。

1. 高低式蹲姿训练

要求：双膝一高一低。下蹲时，左脚在前，右脚在后；右脚要脚掌着地，脚跟提起；右膝要低于左膝，形成左膝高右膝低的姿态。臀部向下，基本上以右腿支撑身体。这种姿势男女均适用。

2. 交叉式蹲姿训练

要求：双腿交叉站立，慢慢下蹲，下蹲时左脚在前，右脚在后，左小腿垂直于地面，全脚着地。右腿在后与左腿交叉重叠，右膝由后面伸向左侧，右脚跟抬起脚掌着地。两腿前后靠紧，合力支撑身体。臀部向下，上身稍前倾。

第四节　言谈礼仪

言谈是一门古老的艺术形式，是利用有声的礼貌语言来表达思想、传递信息，可以更好地沟通，化解冲突，增进入与人之间的相互理解。常言道："一句话说得使人跳，一句话说得使人笑。"可见说话艺术的重要性。要想在交际中获得成功的语言效果，就必须懂得语言交谈的艺术和规范。

一、言谈的类型

言谈是人们通过语言的运用，来进行信息沟通、情感交流、思想表达的一种重要方式。在日常生活中，许多活动与言谈分不开，如开展社会调查研究、接待来访宾客、公务洽谈等。

在日常沟通中，言谈是最为直接的表达与表现自我意识的方式，常见的言谈类型如下。

（一）单向言谈与双向言谈

单向言谈即以单向灌输的方式，依照事先准备的演讲稿为基准，或按照讲话目的及要求在一定范围内进行，有条理、层次的，不交流、不讨论、不停顿，直至将内容说完为止一种方式，例如演讲、工作布置等。双向言谈则是根据沟通对象、场合以及交谈的进程来调整言谈的内容，使交谈可以逐渐推进与深入，例如谈判、会客、学术交流等。

（二）正式言谈与非正式言谈

正式言谈是指在正式场合，以严肃、庄重的态度，对公务所涉及的内容进行言谈交流的一种方式，例如，国家、政党的立场以及机关单位的态度等。非正式言谈则是指在非正式场合，以轻松、自由的方式进行的言谈交流，如朋友间的闲谈、会客时的寒暄等。

（三）有声言谈与无声言谈

有声言谈即在交流时，以口头言语表达的方式进行的沟通方式。常见的有声言谈方式可包括语速、语调、措辞等。而无声言谈则是通过表情、动作、眼神交流等体语方式来进行情感表达与信息传递的交流方式。其中，通过动作沟通可以手部动作，配合头部动作来进行特定信息的表达。而表情常用以传达喜、怒、哀、乐等情绪。除此之外，在言谈交流时，还应注意空间距离的把握，通过空间距离的远近可以反映出言谈双方的密切程度，因此，在与亲人、朋友进行言谈交流时，就应与一般人员的言谈距离有所区分。

（四）直接言谈与间接言谈

直接言谈是指言谈双方同处一场所，进行的面对面的直接沟通方式。在沟通时，应注意谈吐与听者反馈。间接言谈是通过一些设备或手段进行的间接沟通方式，如电话交谈。在沟通时，应时刻注意通话礼仪。

二、言谈的礼节

言谈体现一个人的礼仪修养，要遵守一定的礼仪规范。主要体现在如下几方面。

（一）态度端正

在交谈的过程中，言谈态度常能体现其个人修养与对交谈对象的基本看法，甚至比沟通内容显得更为重要。在双方交流过程中，要相互尊重、谦虚礼让，尤其在正式场合中，交谈时的态度更会受到高度关注。在进行公务活动中，要时刻注意言谈态度恭敬有礼、不卑不亢。切忌不要表现出敷衍情绪或者态度夸张、咄咄逼人，也不要张牙舞爪，对对方指指点点。也不可一味迎合、损害集体形象。

言谈中的正确态度应表现为稳重、诚恳、热情、亲切。其中，稳重可以给人以安全感，从而提升自身的信任性，在言谈中应避免任何轻佻的动作、表情以及语言。诚恳是言谈过程中的基本态度，以真挚、真诚的态度对待交谈对象可增加其信任度，切不可表现出做作、虚伪、华而不实的态度。在言谈的过程中，热情是其最为基本的要求，相反，冷漠的、有气无力的、无精打采的言谈方式是没有感染力的，则无法获得预期的交谈效果。亲切在言谈过程中，可以拉近交谈双方的距离，切不可对交谈对象表现出狂妄自大、傲慢无礼的态度行为。

（二）神情专注

专注是对交谈对象的一种尊重的表现。在言谈过程中，需集中精力，仔细倾听交谈对象所表达的内容。不可东张西望，也不可做其他如翻书、看电视等不礼貌的行为。如有上述不礼貌行为，会影响到交谈对象的沟通兴趣，也会造成沟通热情的降低。

（三）内容适宜

交谈应该说是一门综合艺术，与个人的知识修养、道德修养、审美修养、礼仪修养以及社会阅历、气质风度等有直接关系。

而与人谈话最困难的，就是应讲什么内容和话题。一般人在交际场中，第一句交谈是最不容易的。因为你不熟悉对方，不知道他的性格、兴趣和品性，又受时间的限制，不容许进行更多的了解或考虑，而又不宜冒昧地提出特殊话题。

因此，交谈的内容是关系交谈成败的决定性因素，人们所选择的交谈内容，往往被视为一个人品位、志趣、教养和阅历的集中体现，而交谈内容的选择也需要注意以下五个方面。

1. 符合交谈场景和情境

交谈情境即交谈者交谈时所处的客观现场环境，包括时间、地点、目的以及交谈双方的身份等内容。交谈内容应符合交谈情境，要遵循以下两个原则。

（1）遵守"TPO"原则。T即（Time）时间，P即（Place）地点，O即（Occasion）场合。交谈内容务必要与交谈的时间、地点与场合相对应，否则就有可能犯错误。

（2）符合交谈者身份。交谈者的身份也是情境的构成要素之一，一定要谈论与交谈者身份相关或者明确知道的事情。

2. 交谈内容要因人而异

在交谈的过程中，依交谈对象的不同而选择不同的交谈内容即是所谓的因人而异。

（1）换位思考。谈话的本质则是一种交流与合作的沟通行为，基于此，在进行交谈内容的选择时，应根据交谈对象的自身情况，如年龄、性别、性格、职业、地位以及阅历等方面选择与之相适宜的话题，多以多方角度考虑，以确保谈话的顺利进行。否则，不仅很难引起对方的共鸣，而且难以达到谈话目的，甚至会出现对立的局面。

（2）求同存异。在交谈过程中，因交谈双方年龄、阅历、职业等主观因素差异的影响，常会出现交谈双方有不同兴趣爱好与关注不同话题的情况。此时，应本着求同存异原则的基础上，选择交谈双方均感兴趣的话题作为沟通与交流的内容，使各方在交谈过程中处于良好的沟通环境下，彼此呼应，皆大欢喜。

如果交谈双方在交谈中对某一问题出现了分歧，可以进行适度的辩论，但这种辩论是建立在理性基础上的，若双方均无法说服，就应克制自己的情绪，保留分歧。切不可强行说服而导致不欢而散。因此，交谈必须"存异"。

3. 适度选择轻松的内容

适度幽默，轻松活泼。在交谈时要有意识地选择那些能给交谈对象带来开心与欢乐的轻松的话题，除非必要，切勿选择那些让对方感到沉闷、压抑、悲哀、难过的内容。

幽默是智慧、爱心和灵感的结晶，是一个人良好修养的表现。幽默能表现说话者的风度、素养，使人在忍俊不禁之中，借助轻松活泼的气氛赢得对方的好感，完成公共关系任务。

（1）选择擅长或者熟悉的内容进行交谈。交谈的内容应当是自己或者对方所熟知甚至擅长的。选择自己所擅长的内容，可以在交谈的过程中更为得心应手，令对方感到自己谈吐不俗，对自己刮目相看。选择对方所擅长的内容，既可以给对方发挥长处的机会，充分调动其交谈的积极性，也可以借机向对方表达自己的谦恭之意。但应当注意的是，无论是选择自己擅长的内容，还是选择对方擅长的话题，都不应当涉及对方一无所知的领域。否则便会使双方均陷入尴尬之地。

（2）话题要合适。开篇话题是交谈的第一个步骤，寻找共同点是一个切实可行的好办法，如共同的爱好、共同感兴趣的事等。这样的话题会使大家都有话说，从而使交谈能够顺利进行。话题的选择需要注意以下两个方面。

①话题应尽量避开个人隐私和一些不宜在友好交谈中出现的事情，应尽量符合交谈双方的年龄、职业、思想、性格、心理等特点。

②应尽量寻找双方都感兴趣的话题，引起大家的共鸣，使谈话富有活力，始终在趣味盎然的氛围中进行。所谓"道不同不相为谋"，志同道合是双方走到一起交谈的前提。

（四）善于倾听

在交谈过程中，要做到善于倾听他人的谈话，对于一个想要向你诉说的人来说，既是出于礼貌的需要，也是对交谈对象最大的尊重。在倾听的过程中，必须做到耳到、眼到、心到，表情随交谈对象的谈话内容做出相应的变化。在适当的时机点头认可或偶尔提问，以传递对方你在认真听其说话的信息。适当的提问也是为了鼓励讲话者，亦是对交谈对象的尊重、赞同。

在倾听谈话时，既要注视对方，也不能长时间地盯着对方的眼睛，这样会使对方感到紧张。倾听他人的谈话可以缓解他人的心理压力，一个诚恳的听众也同样会得到对方的尊重和信赖。作为一个有思想、有感情的人，都或多或少地有这样或那样的烦恼。向别人诉说心中的烦恼，即使不能解决问题，也能使自己的不良情绪得到宣泄。还能从倾听中分辨是非，总结出如何处理家庭、同事和上下级的关系的方法，更好地为人处世，避免不必要的麻烦。

第五节　服饰礼仪

服饰是指着装和饰品。在人际交往的初阶段，服饰往往是最能引起对方注意的。服饰是一种无声的语言，在一定意义上能反映出一个人的修养、性格等特征，在人们初次交往时能给人以鲜明的印象。

一、着装的原则

从礼仪的角度看，着装要规范、得体，它反映一个人文化素养之高低，审美情趣之雅俗。在各种社交场合，得体的着装不仅能体现一个人的仪表美，还能体现良好的修养和独到的品位，增加交际魅力，能给人留下美好的印象。着装应遵循以下原则。

（一）TPO 原则

该原则又可称为着装的 TPO 原则，即是随时间、地点、场合等方面的变化而对人们的穿着进行调整的依据。

1. 时间

着装的类别于款式随时间、季节的不同而随之改变。例如，在白天工作的时候，由于工作性质和需与他人接触的原因，需穿着工作服、套装或较为正式的服饰，力求稳重端庄。而在下班后或休假期间，在家中可穿着舒适休闲服，睡觉时则以舒适睡衣为主。此外，从季节方面来看，夏季要穿着吸汗、透气、凉爽的服饰，切不可穿着过于暴露的服饰；冬季则需穿御寒、保暖的服饰。

2. 地点

从地点来看，应随地点不同而穿着不同的服饰。例如，在海滨、浴场等地，穿泳装者随处可见，但若是换作上班穿着泳装则不适合。另外，在有特殊民族风俗的国家，要根据其传统风俗着装，例如，在阿拉伯国家，穿着过于暴露的超短裙、吊带背心就有些不妥了。

3. 场合

从穿着场合来看，应随场合的不同而穿着与气氛相协调的服饰。例如，在参加婚礼等喜庆的场合则不能穿着过于古板的服饰，宜穿着高贵、漂亮的服饰，色彩也可丰富一些；在葬礼等悲伤的场合则不可穿着过于艳丽，通常为黑、白、灰色服装，以示尊重；在会议、庆典等正式场合应着稳重、正式的服饰，而在运动场、郊游等休闲场合则可不必穿着过于正式的服饰，可穿着如牛仔、运动服、T恤衫等休闲服。

（二）协调原则

在服饰礼仪中的协调原则，即是指所着服饰，要与年龄、体型以及职业相协调。首先，需注意的是，服饰穿着要与自身年龄段相协调，例如，年轻人朝气蓬勃，充满活力，服饰宜穿着时尚、色彩鲜明的；而中年女士则不适合，反而要穿着稳重、成熟的服饰。其次，服饰的穿着要与自身体型相协调，例如，身材苗条、纤细者，可选择修身、突出身形的服饰；而身材丰满者，可选择一些简单、深色、竖条纹的服饰，扬长避短；第三，服饰的穿着要与自身职业特征相协调，例如，在教育领域的工作者，需要选择穿着稳重、端庄、整洁、得体的服饰，为人师表地，要做好言传身教。

二、男士服饰礼仪

男士服装相对于女性服装来说，颜色和款式较为单一。在西服传入我国之前，我国男士在正式场合一般穿着中山装。现在最受男士欢迎的正式服装几乎就是西服了。西服是一种源于欧洲的国际性服装，是正式场合中商界人士的首选时装。一套合体的西装，不仅可以使穿着者魅力十足，还可以体现出对其他在场人士的尊重。

（一）讲究规格

西装可以分为两件套和三件套。在正式场合中，两件套西装不可将上衣脱下，无论是两件套西装，还是三件套西装，均不宜在西装里面穿毛衣或毛背心。如遇气温较低的情况，可在衬衣里面穿"V"领薄毛衫或是低领保暖内衣，切记不可露出毛衣或保暖内衣的领口。此外，在西装的选择上，应首先选择深色套装。

（二）注意细节

1. 衬衫

衬衫的选择，要适合自身体形，且无论是单穿或套穿，均需将衬衣下摆扎进裤腰。衬衫要整洁、穿之前需熨烫平整，衣领挺括。穿着时，衬衣袖口宜露出西装袖口 1~2cm，衣领与西装相比高出 1~1.5cm，以衬托衣着的层次感。在颜色的选择上，商务正装以单一色为宜，其中又以白色最佳，还可考虑黑、灰、棕、蓝等颜色。但此外的红、绿、黄或杂色等穿起来有失庄重之感的衬衫，则是不可取的。

2. 衣袋

通常情况下，西装的衣袋尽可能不装或少装物品，在西装的上衣衣袋只作为装饰之用，可以随意放入物品，否则会影响西装的美观性。若需携带名片等物品，可放置于西装上衣的内侧口袋之内。西裤的衣袋也不宜放置体积过大的物品。

3. 纽扣

西装可分为单排扣与双排扣两类。其中，单排两粒扣西装的上衣，宜只扣上面的一粒纽扣，即"上扣下不扣"；单排三粒扣西装，可扣中间一粒或是上面的两粒纽扣；单排扣西装也可不系扣。而双排扣的西装上衣，为表示庄重，需把纽扣全部扣上。

此外，对于西装背心，无论是在单独穿还是与西装配套的情况之下，均需把纽扣全部扣上。

4. 鞋袜

皮鞋是与西装最为配套的鞋子，且选择皮鞋时，宜优先选择深色的鞋子来搭配，切忌选择布鞋、旅游鞋或露脚趾的凉鞋。在穿着皮鞋时要注意无尘且擦拭光亮，日常护理需经常通风，且保持皮鞋无异味。在与西装、皮鞋进行搭配时，应首选单色、深色的袜子，尤以黑色为佳，切忌选择白色或色彩鲜明的颜色。日常护理中，袜子需经常换洗，无异味。

（三）西服配饰

1.领带

领带常被称为西装的灵魂，领带打得漂亮会有画龙点睛之效。在搭配方面，领带宜与西装的颜色、款式相协调，且领带的长度以在皮带处为佳。在系领带时，衬衣的第一颗扣子需扣好，领带结饱满有形，不可松散。若需佩戴领夹，可将领夹夹至衬衣的第三、第四颗纽扣间。领带颜色的选择，有单色、多色之分，在正式的商务场合，以黑、灰、棕、蓝为最佳。在正式场合中，尽量少打浅色或艳色领带，切勿使自己佩戴的领带多于三种颜色。

2.公文包

公文包又被商界男士称为"移动式办公桌"，是外出时不可离身之物。公文包的材质以真皮为宜，而其中以羊皮、牛皮为佳。在色彩方面，商界男士的公文包应以单色、深色为宜，以黑色、棕色最正统，而多色、浅色则不适宜。需要注意的是，公文包的颜色与款式要与整体服饰相协调，若公文包的颜色与皮鞋颜色保持一致则是最为完美、和谐的。

此外，在交际场合，男士应注意不能戴帽子和手套，与人握手时，应取下手套，戴手套握手是不礼貌的。向他人致意时，应把帽子取下，以示对他人的尊重。

（四）"三个三"原则

在社交场合，男子的服饰选择需遵循"三个三"原则。

1.三色原则

该原则即是说整体服饰的选择上，颜色不宜超过三种。从视觉角度来讲，过多的颜色叠加会给人以凌乱的之感，因此在选择服装时，需按照"三色原则"进行。但需要注意的是，例如深蓝、浅蓝这种同色系的可以算作一种颜色。

2. 三一定律

该原则即是指公文包、腰带以及鞋子的颜色宜选择同一颜色。一般情况下，宜首选黑色。

3. 三大禁忌

（1）不拆西服左袖之上的商标。

（2）穿着浅色袜子，特别是白色。

（3）穿夹克时，打领带。

总之，男士穿着不求华丽、鲜艳，不宜有过多的色彩变化。不论着何种服装都应该注意做到干净、整洁。

三、女士着装礼仪

相对而言，女士在穿着上比男士有更大的随意性和多变性。在正式场合，我国女士常以旗袍或西装套裙作为礼服。旗袍是中国的传统服装，体现着东方女性的含蓄、典雅。旗袍与其他民族服装比较适合在重大的节庆和文娱活动中穿着。在正式而隆重的场合，穿着典雅大方的西服套装或套裙比较好，如参加商务谈判或出席学术性会议等场合，身着旗袍则显得与环境氛围不和谐。女士裙装的选择也应注意，宜选择长及膝盖的裙装，否则有失端庄。而对于中老年女性和职业女性，则不宜选择过于暴露或太透的服装，选择裙装也应长过膝盖，以免给人以轻佻之感。

帽子与手套在女性衣着中也占有举足轻重的地位。首先，女士戴帽就颇为讲究，如参加宴会、婚礼等喜庆活动，一顶与礼服相配的帽子往往会使女性锦上添花，但在这类活动中所戴帽子的帽檐不应过宽。在正式场合，无论室内还是室外，女士不必刻意取下帽子，与他人握手时，女士也可以不脱帽行礼。至于手套，行礼时最好不戴，但如果是纱型装饰手套，倘若不脱而保持原状，对方一般也不会太介意。

女士鞋袜的选择的主要原则即是协调，这里要特别强调的是需与所穿着的整体装束相协调。在社交场合，不宜选择拖鞋、凉鞋，除此之外的其他类型的鞋子均可选择，但需要与所穿服饰在款式、色彩以及风格上均要匹配。如身着西服套裙应配之以高、中跟皮鞋，女士穿裙子应穿长筒或连裤丝袜，颜色则以肉色为宜，并注意袜口不得露于裙子下摆边之外。

四、饰物

在社交活动中，人们不仅要在服装的选择上需要注意，而且还要在不同的场合选择佩戴适宜的配饰。

（一）戒指

一般情况下，戒指宜佩戴一枚，且常佩戴于左手，至多佩戴两枚戒指，可佩戴于左手两个相邻的手指之上，也可佩戴于两手对应的手指之上。戒指的佩戴选择，往往暗示着佩戴者的择偶和婚姻情况。例如，戒指佩戴于食指，则表示求婚或无偶；戴于中指，则有正在热恋之意；在无名指上，则表示佩戴者已订婚或结婚；佩戴于小拇指，则表示佩戴者为独身主义者。而修女常把戒指戴于右手无名指之上，有将自己全部的爱奉献给上帝之意。

（二）耳环

作为女性的首选饰品，耳环的佩戴应根据佩戴者的脸型来选择。例如，方形脸宜选择不规则图形或花形的贴耳式耳饰，而不适合圆形、菱形或是菱形的耳饰；长形脸宜选择圆形的大耳饰；圆形脸则应选择有坠子的长条形耳饰佩戴，不宜选择圆形耳饰；椭圆形脸（瓜子脸）则可佩戴任何款式的耳饰。

（三）项链

在饰品之中，项链同样是较受女性青睐的饰品之一。佩戴适合的项链，可以从视觉上起到修饰脸型的作用。这里需要注意的是，项链的选择也要遵循协调原则，即要选择与自身年龄、脸形、体形相协调的项链来佩戴。以脸形为例，方形脸和圆形脸的人，应选择带坠子的项链，利用垂挂的坠子使项链形成"V"形，给人以拉长脸形的效果；长形脸的人，则应选择带有扇形或圆形坠子的项链来修饰脸形，但需注意项链的长度不可过长；椭圆形脸的人，从项链的选择上可根据自身喜好或需要参加的场合来选择，不受限制。

除此之外，对于一些脖子较粗的人，在选择项链时应选择细长型来修饰，给人以拉长脖颈的效果；而脖子细长的，则宜选择粗短或方形的项链来佩戴。

（四）手链

手链是一种在手腕佩戴的链状装饰物。手链的选择和佩戴与手镯相似，但不同之处是，手链男女都可佩戴。通常情况下，手链常佩戴于左手，同一只手不宜同时戴多条手镯、手链，也不宜两手同时佩戴，而手链与手镯一起佩戴也是不妥的，且手镯不宜与手表同时佩戴于一只手上。

此外，胸针、手帕也可作为饰品使用，它们也应与衣服相配，讲究协调，使人显得更有风度。总之，戒指、耳环、项链、手链等的佩戴要因人而异，要注意场合，要大方得体，不要过分耀眼。饰物佩戴也不宜过多，还应顺从有关传统和习惯，扬长避短。

第六节　交往空间礼仪

一、交往空间距离

因交往性质的不同，个体空间的距离也有所不同，这种距离是由交往双方的关系与场合决定的。美国人类学家爱德华·霍尔博士认为，人在社会中与他人交往而产生的关系，其远近亲疏是可以用界域或距离的大小来衡量的。根据交往关系的不同程度，可以把人际空间划分为四种距离。

（一）亲密距离

亲密距离应以 45cm 以内为宜，这亦是人际交往中的最小间隔。一般来说，关系越密切，个体空间的范围就会越小。

人们常说的"亲密无间"，即是距离在 15cm 以内，交往对象双方能够耳鬓厮磨、肌肤相亲，可以互相感受彼此的气息、体温及气味。这种交往空间距离常存在于家庭成员、密友与恋人之中，是以保护、爱抚、以及安慰等动作表现为目的的所必需的距离。

当亲密距离保持在 15 ~ 45cm，社交对象双方身体不相互接触，但可以通过手来互相接触到的距离，例如挽臂、促膝长谈等。这种交往空间距离常存在于兄弟姐妹、好友之间。

值得注意的是，这里所讲的亲密距离通常只局限于私下的情境之中进行，同性间主要是指贴心好友，因此可以不拘小节；而异性间仅仅是夫妻或恋人之间。由此可以得出，非亲密距离范围内的人则不要随意闯入该空间，否则将会引起社交对象的误解，从而产生反感情绪。

（二）个人距离

个人距离在 45cm ~ 1.20m 时，是属于人际间隔上稍有分寸感的距离，通常以较少的身体接触为表现。其中，个人距离在 45 ~ 76cm，是属于个人距离较近的范围，社交双方可以亲切握手，进行友好沟通的空间距离，常存在于熟人之间。而 76cm ~ 1.20m 的属于个人距离较远的范围，是社交双方甚至手腕即可相互碰触的安全距离，任何朋友、同事、熟悉的人均可自由进入该空间。

在一般情况下，相较于一般的朋友，关系较好的朋友所希望保持的距离更趋向于较近的社交距离，而一般朋友反之。

（三）社交距离

社交距离是指在没有身体直接接触的情况下，距离在 1.20 ~ 3.60m，超出了熟人与密友的人际关系交往距离。它体现了在礼节上与社交中，一种较为正式的社交关系。

当社交距离在 1.20 ~ 2.10m 的范围内，属于较近的社交距离，通常是在公共场所以及工作场合中常见。

当社交距离在 2.0 ~ 3.60m 的范围内，属于较远的社交距离，通常是在公事、谈判或是会晤时常采用的社交距离。这种社交距离体现了交往双方之间更为正式的一种社交关系。

（四）公众距离

公众距离是指在人际接触过程中界域观念最大的一种交往距离，通常保持在 3.60 ~ 7.0m。在此距离下，人们很难进行直接交谈，致使人际沟通大大减少，却是一个几乎可以容纳所有人的"门户开放"式的社交空间距离。它常见于文艺汇演、演讲以及报告会等适合保持一定的社交距离的活动。在上述活动进行的过程中，因交谈距离较远，所以常用一些动作、手势或表情等行为进行辅助来增强人际交往效果，从而实现有效的沟通。

在人际交往中，非正式社交常采用亲密距离与个人距离，而社交距离与公众距离常在正式社交场所使用。

二、影响交往空间距离的因素

人与人之间的交往空间距离不是一成不变的，它具有一定的伸缩性，会受到民族差异、文化背景、性别、地位、年龄、性格、情绪和环境等因素的影响。

1. 民族差异、文化背景对交往空间距离的影响

在亚洲，中国人希望的交往空间距离相对较大，而日本人则较小；在美洲，北美洲的人要求的社交空间距离相对较大，而南美洲则希望人际交往距离较近；在欧洲，英国人之间的社交距离要求不宜过近；而法国人希望社交距离可以近一些。另外，因东西方文化的差异，其对交往空间的距离也会有影响，例如，与美国人相比，日本人则希望与社交对象保持的交往空间距离较近，而美国人则习惯保持 3 ~ 4 步远的距离。

2. 性别对交往空间距离的影响

在性别层面，男性的交往空间距离要比女性大一些，而男性之间的相聚也比女性的社交空间距离要大。在社交过程中，男性通常会坐在喜欢异性的对面，而女性常会坐在喜欢异性的身旁。此外，男性会对坐在对面的陌生女子产生反感情绪，而女性则会将坐在身边的陌生男子视为有意识的"侵犯者"。

3.社会地位对交往空间距离的影响

在社会地位层面，有较高地位的人常会有意识地与下级保持较大的社交距离，使对方可以感受到其不可轻易接近的权威感，由此可以看出，在与上级、领导进行沟通交流时，应保持一定的社交距离，切忌冒犯其威严。

4.年龄对交往空间距离的影响

在年龄层面，当年龄较小与较大的人进行相处时，交往双方均会有将空间距离缩小的要求与意愿。例如，当我们与家长、长辈、领导或老师相处的过程中，特别是希望可以得到其帮助或指导之时，我们应保持一个相对较近的空间距离，即最好站于他们的身旁，以表达我们的迫切与诚恳的情绪。而与同龄人进行沟通时，特别是在初次交往的过程中，应相应的扩大交往空间距离，否则，可能会引起交流沟通对象产生反感与不快的负面情绪。

5.性格对交往空间距离的影响

在性格层面，相较于性格内向的人，性格较为外向开朗的人，其与他人的交往空间距离也相对较小。性格外向的人，通常乐于接近他人，对主动接近的人不会有很大的反感情绪；而性格内向的人，通常不会主动接近他人，而是希望其所喜欢的人可以主动靠近他们。由此可以看出，当与性格外向的人进行沟通交流时，其空间距离可以相对近一些；当与性格内向的人交流时，就需要保持一定的空间距离，尽可能不碰触其心理防范底线。

6.情绪对交往空间距离的影响

在情绪层面，交往空间距离的主要因素表现在人的情绪方面。当人的情绪处于兴奋状态时，交往空间距离则会缩小；而当人的情绪处于压抑、负面状态时，则交往空间距离应相应地扩大，甚至亲朋好友也会拒之门外。

7.环境对交往空间距离的制约

在环境层面，交往空间距离的另一重要制约要素即是环境因素。空间环境的大小与空间距离呈正相关。例如，在空旷的地点，如广场、公园等，若有陌生人与你距离过近，会使人局促不安，甚至会引起惊慌或疑虑。但如果是在拥挤的环境下，如电梯、公共汽车等环境下，则不会有不安与惊慌的情绪。在无法考虑空间距离的情况下，人们通常会以躲避视线的方式来保持距离。

　　由此可以看出，在交往的过程中，交往的空间距离是非常重要的，因此，需要我们有意识地学会观察交往空间距离的适合度与舒适度，从而选择最佳的交往空间距离，进而促进人际交往。

第三章

社交礼仪与日常交往

第一节　问候礼仪

人总是生活在社会中，而不能作为一个个体单独存在。在日常交往中，我们要注意问候礼仪的运用，注意相互之间的称呼的不同。在互相问候的时候，常用称呼来表示关系，有时也被叫作称谓。在人际交往之中，称呼的运用直接关系着对交往对象的态度。称呼适当与否，反映一个人自身的教养，甚至体现着双方关系所达到的程度。人际称呼应本着礼貌、亲切、得体的原则，因此，必须学会使用正确的称呼，正确表达自己的问候。

一、表示尊敬的问候

表示尊敬的问候，通常可以理解为对他人的敬称，是以礼貌、尊敬的态度去称呼他人的一种交流方式。敬称的使用，除了是礼貌的表现以外，还是一种个人文化修养的体现。敬称的使用，常用于正规社交场合，如与地位较高的人或师长进行交谈时，需对其使用敬称；又如初次见面或是进行谈判等公务场合时需使用敬称。

在社交中，人际情感的沟通是否顺畅，其关键点在于交际者间的谈吐是否礼貌、得当，采用的何种方式进行交谈，使用何种情感进行交流等。而敬语，是交际者展示魅力、风度时必不可少的要素，也是构成文雅谈吐的重要环节。敬语的使用，是尊人与尊己相统一的重要手段。

敬称常用来泛指一类可以广泛使用的性别性称呼，如"先生""女士"等，此类称呼几乎可在任何场合适合。具体来讲，在社交场合中，一般男性统称为

"先生"；而女性则需注意区分，对未婚女性可称呼为"小姐"，已婚女性可称"夫人"，如若确实难以分辨可称呼"女士"。如若知其职业或是姓名，可在称呼前搭配使用，例如"医生先生""王女士"等。

二、表示自谦的问候

表示自谦的问候通常见于人际交往中的谦称，是用自谦、谦恭的的态度来表示的一种称呼方式。其最常见的使用方法即是在交谈对象面前的自我谦称和对亲属的谦称。如用"愚""鄙""卑"字来谦称自己的不聪明、学识浅薄以及身份低下等。

谦称有以下几种。

（1）"家"。可适用于对别人称呼自己的辈分较高或年纪大的亲属。如称父亲可称家父、家君等；母亲可称家母、家慈等；兄长、姐姐可称为家兄、家姐。

（2）"舍"。适用于称呼自己辈分低或者年纪小的亲属。如舍弟、舍妹等。

（3）"小"。适用于对自己或与自身相关的人或物。如小弟、小儿、小店等。

（4）"老"。适用于对自己或与自身相关的事物。如老脸：年老人指自己的面子；老身：老年妇女谦称自己。

（5）"拙"。适用于向别人称自己的物品。如拙笔、拙作、拙见等。

（6）"敝"。适用于对自己的或与自己有关事物的谦称。如敝人、敝姓、敝处等。

自谦和敬人，是不可分割的统一体。尽管日常生活中的使用不多，但其精神无处不在。只要你在日常用语中表现出你的谦虚和恳切，人们自然会尊重你。

三、职务性质的问候

在社交中，若交谈对象有职务或职称，可以其职务或职称直接称呼，也可在其上加上姓氏相称，此种问候方式常用于较正式的社交场合，如"董事长""章教授"等。若职务或职称是副职的情况，则应省去"副"字，如不称"张副校长"，而直接称为"张校长"。

四、一般性质问候

一般性质问候常见于姓名相称。即对于长辈对晚辈、上级对下级、同事之间，可直接以姓名称呼，如"章炜""费丽"。熟人、关系亲密的同事间，可直接称呼其名而省去姓氏，夫妻之间还可以昵称相称。

五、特殊性质问候

特殊性质问候是指对于皇室成员或神职人员的问候，如"陛下""殿下""皇后""神父""牧师"等。这类特殊性质的问候在西方国家，尤其是有君主制度的国家常见一些。

六、问候的注意事项

（一）合理使用问候语言

问候既要遵循礼仪规范的原则，又要入乡随俗，照顾被问候者的个人习惯。在使用问候语言的过程中，我们掌握各民族和国家的风俗习惯，合理理解和运用问候语言。

如"小姐"是对年轻女性的通称，我国在很多服务行业也用来问候女服务员，但在有些地方不宜这样问候，要问候"小妹"或"阿妹"；"爱人"是中国人用来问候配偶的，而欧美国家的人则问候自己的配偶为"情人"，将"爱人"理解为配偶以外的恋人。

（二）不使用不通行的问候语言

在正式场合，不使用不通行的问候语言。如北京人爱称他人为"师傅"，山东人爱称他人为"伙计"。但是，在南方人听来，"师傅"等于"出家人"，"伙计"肯定是"打工仔"。所以我们在使用问候语言的时候，要避开不通行的问候语言。

（三）不使用绰号问候他人

不要随便使用绰号问候他人，特别是在公共场所，这样不仅会是问候双方都陷入尴尬的境地，也是极不尊重他人的表现。尤其不可问候他人弱点或生理性缺陷的绰号。

（四）慎用昵称

昵称的使用前提是双方关系十分亲密，所以对不是很熟悉的人不宜问候他人的小名或用爱称。

第二节　鞠躬礼仪

鞠躬即弯身行礼。"鞠躬"起源于中国，是一种文明而又古老的以表达虔诚、恭敬的礼节形式。它不仅可用于欢乐喜庆或严肃庄严的仪式，还可以在普通的商务、社交场合中适用。鞠躬有三种类型，分别是欠身礼、15°鞠躬礼、30°鞠躬礼。目前鞠躬礼在东亚国家流行甚广，尤其是朝鲜、韩国，特别是在日本盛行。

一、鞠躬礼仪的要求

1. 欠身礼

行欠身礼时，头、颈、背成一条直线，目视对方，身体稍向前倾，随后恢复直立。在日常社交中，每天与同事的第一次见面或有贵宾经过时，可行欠身礼。在与客人奉茶时，出于尊敬、礼貌，也需行欠身礼。

2. 15°鞠躬礼

行15°鞠躬礼时，头、颈、背部成一条直线，双手自然垂放于两侧裤缝处，女士可双手交叉放于身前，向前倾15°，目光落于身前1.5米处左右，随而起身，注视对方。在日常社交中，若遇公司高层领导，需问候，行15°鞠躬礼；如遇贵宾，则应行15°鞠躬礼；若领导陪同贵宾到办公室视察工作，则需起立问候，行15°鞠躬礼；若在行走时遇到客人问讯时，需停下来，行15°鞠躬礼，并礼貌回答。

3. 30°鞠躬礼

行 30°鞠躬礼时，头、颈、背成一直线，双手自然垂放于两侧裤缝处，女士可双手交叉放于身前，向前倾 30°，目光落于身前 1 米处左右，随而起身，注视对方。

在以下场合中需行 30°鞠躬礼。如在公司门口、会客室、电梯门口、机场等迎接、欢送客人时；在向他人请求帮助或向他人表示慰问时；在接受对方的帮助并表示感谢时；在让对方就等或给对方造成不便时；在前台服务员或楼层服务员接待客人时。

此外，对日本人来说，鞠躬的程度表达不同的意思。如：弯 15°左右，表示致谢；弯 30°左右，表示诚恳和歉意；弯 90°左右，表示忏悔、改过和谢罪。这一点在与日本友人的交往中值得我们注意。

二、鞠躬礼行礼的距离

在日常社交中，鞠躬时如戴有帽子，则应先将帽子取下，这是因为戴帽鞠躬，既容易使帽子滑落而出现尴尬的境地，还是一种不礼貌的行为。此外，还需注意行鞠躬礼的距离，一般情况下，行礼时应距对方 2~3 米，不可过近，也不可在与对方未有目光交流的时候行礼，并且，在行鞠躬礼时，目光向下，保持真诚的微笑，以示谦恭，切不可翻眼看对方。

第三节　握手礼仪

握手礼可以用来表示欢迎、祝贺、感激或慰问等，是世界上常用的见面礼与告别礼。

一、握手方法

握手时，距离受礼者约一步，上身稍向前倾，两足立正，伸出右手，四指并拢，拇指张开，向受礼者握手。掌心向下握住对方的手，显示着一个人强烈的支配欲，无声地告诉别人，他此时处于高人一等的地位，应尽量避免这种傲慢无礼的握手方式。相反，掌心向里同他人的握手方式显示出谦卑与毕恭毕敬，如果伸出双手去捧接，则更是谦恭备至了。平等而自然的握手姿态是两手的手掌都处于垂直状态，这是一种最普通也最稳妥的握手方式。

握手时应伸出右手，不能伸出左手与人相握，有些国家习俗认为人的左手是脏的。戴着手套握手是失礼行为。

男士在握手前先脱下手套，摘下帽子，女士可以例外。当然在严寒的室外有时可以不脱，比如双方都戴着手套、帽子，这时一般也应先说声："对不起"。握手者双目注视对方，微笑，问候，致意，不要看第三者或显得心不在焉。

如果你是左撇子，握手时也一定要用右手。当然如果你右手受伤了，那就不妨声明一下。在商务洽谈中，当介绍人完成了介绍任务之后，被介绍的双方第一个动作就是握手。握手的时候，眼睛一定要注视对方的眼睛，传达出你的诚意和自信，千万不要一边握手一边眼睛却在东张西望，或者跟这个人握手还没完就把目光移至下一个身上，这样别人从你眼神里体味到的只能是轻视或慌乱。那么是不是注视得时间越长越好呢？并非如此，握手只需几秒钟即可，双方手一松开，目光即可转移。

握手的力度要掌握好，握得太轻了，对方会觉得你在敷衍他；太重了，人家不但没感到你的热情，反而会觉得你是个老粗，女士尤其不要把手软绵绵地递过去，显得连握都懒得握的样子，既要握手，就应大大方方地握。

握手的时间以 1～3 秒为宜，不可一直握住别人的手不放。与大人物握手，男士与女士握手，时间以 1 秒钟左右为原则。

如果要表示自己的真诚和热烈，也可较长时间握手，并上下摇晃几下。作为企业的代表在洽谈中与人握手，一般不要用双手抓住对方的手上下摇动，那样显得太恭谦，使自己的地位无形中降低了，完全失去了一个企业家的风度。

被介绍之后，最好不要立即主动伸手。年轻者、职务低者被介绍给年长者、职务高者时，应根据年长者、职务高者的反应行事，即当年长者、职务高者用点头致意代替握手时，年轻者、职务低者也应随之点头致意。和年轻女性或异国女性握手，一般男士不要先伸手。

女士们请注意：为了避免在介绍时发生误会，在与人打招呼时最好先伸出手。在工作场所男女是平等的。

多人相见时，注意不要交叉握手，也就是当两人握手时，第三者不要把胳膊从上面架过去，急着和其他的人握手。

在任何情况下拒绝对方主动要求握手的举动都是无礼的。但手上有水或不干净时，应谢绝握手，同时必须解释并致歉。恰当地握手，可以向对方表现自己的真诚与自信，也是接受别人和赢得信任的契机。

二、顺序

在握手时，应遵循"尊者在先"的原则。并应礼貌性的先打招呼再握手。具体礼仪如下。

（1）地位高的上司或长辈主动伸出手时，下属、晚辈才可伸手。

（2）在宾主之间，为表示欢迎之意，主人应主动先向客人伸手。

（3）在男士与女士之间，男士需在女士主动伸手之后才可伸手，在握手时需注意礼仪。若女士并无握手的意思，男士应点头致歉或鞠躬致意。

（4）当平辈同性朋友相见时，以先伸手为敬。

（5）如果在多人场合需要握手，则应以"先尊后卑、先长后幼、先上级后下级、先女士后男士"的原则按次序进行。如若人数众多，则可只与其中主要人士握手，并向其他人点头示意。

三、握手的禁忌

（1）在握手时，以右手为宜，切记不可用左手，尤其是在例如印度、阿拉伯等国家，他们则认为左手乃不洁的象征。

（2）如遇多人握手时，应遵循按序进行的原则，切忌不可跳过、或交叉握手。例如，对于基督教信徒来说，两手同时与另外两人之手相握成交叉状，类似于十字架之形，是不吉之意。

（3）当男士与女士握手时，只需轻握女士手指部，时间要短，不可长握不放手，这会让女方感觉无所适从，甚至会有被侵犯之感，是非常失礼的行为。

（4）一般情况下，在于他人握手时，切记不可戴帽子、手套或墨镜。但若是握手对象为地位较高的女士，或是装饰性的手套即可佩戴。

（5）在握手时，需注意力度，不宜过轻，也不宜过重。过轻会给人以傲慢、冷淡之感；过重会使对方感觉有粗鲁之意。

（6）在握手时，切记不可将另一只手插在衣袋中。也不可漫不经心、东张西望，会给对方以不礼貌之感。

（7）一般情况下，不应拒绝与他人握手，但在手不干净或是有水等特殊情况下，应向对方微笑致歉或鞠躬以表歉意。

（8）在初次见面，切记不可用双手去与对方握手，但有些时候，为表示尊敬或热情，也可双手握手。

握手，从本质来讲，是一种无声的动作语言。在人际交往过程中，握手是其重要的一个环节。握手的姿势、时间、力量等可以表达出社交双方不同的态度与礼遇，亦可以体现出自身的个性与修养。因此，对握手的礼仪进行了解，对日常交际至关重要。

第四节　名片礼仪

一、名片的历史渊源

名片产生历史比较久远，真正意义上的名片最早产生于英国、法国、俄罗斯等国的宫廷社会中。文艺复兴时代，上流社会的社交活动日益频繁，那些有身份、有地位的贵族，为了结识更多的达官贵人便制作了名片，并在工业文明和资本主义时期得到了广泛的应用和传播。

在我国古代，有类似于现在的"名片"功能的物件。根据清代学者赵翼在《陔馀丛考》"名帖"中说："古人通名，本用削木书字，汉时谓之谒，汉末谓之刺。汉以后虽则用纸，而仍相沿曰"刺"。按照他的说法，汉代的名片是木质的，有字，名称叫作"谒"，汉末改叫为"刺"，汉以后则用纸代替木，仍然叫作"刺"。时至明清时代，民族资产阶级发展壮大，交际日益频繁。每逢春节，商户们都要制作大量的红纸名片，写上商号广为散发，以示恭贺新春。这里面当然有"多多光临"的意思，收到名片的人家就把它贴到墙上，以烘托喜庆的气氛。

在现代交往中，名片已不仅仅用于拜访。人们用它做自我介绍，介绍友人相识或托人取物，也可以作为简单的礼节性通信往来，表示祝贺、感谢、劝慰、吊唁等。随着社会文明的发展，小小的名片在人们之间的信息传递中，扮演了一个不可缺少的角色。正如一位名人所说："在现代生活中，一个没有个人名片，或是不会正确地使用个人名片的人，就是一个缺乏现代意识的人。"

二、名片的规格

最早的名片要比我们现在使用的名片要大很多，目前，我国通用的名片长为9厘米，宽为5.5厘米，是很规则的长方形。还有一种常见的规格，是长10厘米，宽6厘米，多为境外人士使用。至于其他形状名片，例如，树叶型、心型、苹果型或者开合式、折叠式等虽具有标新立异的个性特色，但是不适合在比较严肃的社交活动中普遍使用。在颜色的选择上可以多种多样，一般男士的名片要比女士的名片颜色素雅一些。

三、制作名片质材与色彩

在材料的选择上，应采用抗折、耐磨、利于环保的纸制名片，不需要采用昂贵的材料作名片。印制名片的纸张，应该以白色、米色、淡蓝色、淡灰色为宜，并且一张名片以一种颜色为宜。如果用多种颜色以不超过三种为宜，三种颜色之内包括图案、公司、标志、徽记等。

四、名片的文字

名片要用铅印或打印的为宜，即使自己的字体很漂亮，也不要用手写，商务名片中可提供办公电话、邮箱地址、手机电话等，私宅电话可以不写，注意保护隐私。当自己的电话号码有变动，不要用笔涂改，应重新制作名片。头衔要主次分明，不可罗列太多。当然，如果真有许多的头衔，而且社交时都有与他人交换名片的必要，可以将头衔分开来印，根据自己参加的何种社交场合而决定带哪种名片。名片要方便携带，尽量不要做成折叠的。

五、名片的版式

名片一般分为横式和竖式两种版式。在现代的礼仪交往中，中文名片往往采用横式版本的名片。

（一）横式

横式版式是采用行序由上到下，字序由左到右的书写方式。主要分三个部分：第一部分为名片持有者的工作单位，一般在第一行的顶格位置书写。有的名片则将本公司的标志放在第一行的顶格后面再接单位名称。第二部分为持片人的姓名，用较大的字号书写在名片中部较为显眼的位置，有职务、职称的通常用小字标在名字后面。第三部分为持片人的详细地址和电话、传真、邮编等。

（二）竖式

竖式版式是采用行序由右到左，字序由上到下的书写方式。主要分三个部分：第一部分为名片持有者的工作单位，一般在右侧第一行的顶格位置书写。有的名片则将本公司的标志放在第一行的顶格后面再接单位名称。第二部分为持片人的姓名，用较大的字号书写在名片正中，有职务、职称的通常用小字标在名字下面。第三部分持片人的详细地址、电话、传真和邮编等，在名片的右侧位置。

六、递交名片

递交名片给他人时，名片的持有者在递交名片时动作要洒脱、大方，态度从容、自然，表情要亲切、谦恭。应事先将名片放在身上易于掏出的位置，取出名片后应郑重地拿在手里，然后得体地交给对方。递交名片时，要起身站立双手递过，以示尊重对方。用拇指夹住名片，其余四指托住名片反面，将名字正对对方，以便对方观看。若对方是外宾，则将印有对方认得的文字的那一面面向对方，同时讲些"请多联系""请多关照""我们认识一下吧""有事可以找我"之类友好客气的话。递交名片的时间，一般在见面之初。但是也有特殊情况，如果名片持有者与他人事先有约，一般可在告辞时再递上名片。如果双方只是偶然相遇，则可在相互问候，得知对方有与你交往的意向时，再递交名片。与多人交换名片时，要注意讲究先后次序，或由近而远，或由尊而卑，一定要依次进行，切勿采取"跳跃式"。

七、接受名片

接受他人名片时，应恭恭敬敬双手捧接，面带微笑并道感谢。接受之后应当首先认真地看名片上所显示的内容，必要时可以从上到下，从正面到反面重复看一遍。有时可把名片上的姓名、职务读出声来，再加上谦辞敬语，例如"您就是张总啊"，以表示对赠送名片者的尊重，同时也加深了对名片的印象，然后把名片细心地放进名片夹、笔记本或工作证里夹好。

在接受别人的名片后，如有不认识或读不准的字要虚心请教。请教他人的姓名，丝毫不会降低自己的身份，反而会使人觉得你是一个对待事情很认真的人，增加对你的信任。同时，须将自己的名片回敬对方，表示有来有往。切忌接过他人名片后一言不发，看也不看就装入衣袋或弃之一旁，这是失礼的行为。

八、交换名片

交换名片体现了双方感情的沟通，表达了互相友好交往下去的意愿。在收到了别人的名片后，也要记住回送自己的名片，因为只收别人的名片，而不拿出自己的名片，是不礼貌的表现。需要注意的是，最好在收到对方的名片之后，再递自己的名片，不要一来一往同时进行，交换名片时一般是地位低者、晚辈或客人先向地位高者、长辈或主人送上名片，然后再由后者予以回赠。若上级或长辈先递上名片，下级或晚辈也不必谦让，礼貌地用双手接过，道声"谢谢"再予以回赠。

第五节　新媒体社交礼仪

一、网络礼仪

网络沟通就是以互联网为工具，以文字、声音、图像及其他多媒体为媒介的沟通方式。网络沟通是电子沟通的一种，需要借助计算机网络来实现互相间的沟通，网络沟通最常见的方式包括电子邮件、即时通信工具（如 QQ、微信）、博客、微博、论坛等。在网络沟通中，由于网络衔盖了许多文化背景、经济背景及教育程度不同的用户，交流中极有可能产生误解和对立，因此遵守网络沟通的规则和礼仪就显得十分重要了。

网络礼仪是英语中出现的一个新词，是由"网络"与"礼仪"共同组合而成，即是在网络中的人与人之间的交往方式。在网络中，就应以网络的"方式"去交友、行事，因此，网络礼仪既是保证网上人们正常交往和相互理解的重要手段，也是判别网民是否文明礼貌的行为标准。

1. 记住人的存在

互联网给来自不同地域的人们提供了一个共享、沟通的平台，这是高科技的优点，但往往也使人们觉得面对的只是电脑屏幕，而忘了自己是在跟其他人打交道，很多人在上网时放松了对自我道德的约束，降低了自我的道德标准，允许自己的行为更粗俗和无礼。为了构建一个融洽、和谐的网络交流平台，人人都应该做到：当着别人的面不会说的话在网上也不要说，发帖之前仔细斟酌用词和语气，不要故意挑衅和使用脏话。

2. 网上网下行为一致

网上的道德和法律与现实生活是不相悖的，不要因为在网上与电脑交易就可以降低道德标准。在现实生活中大多数人都是遵纪守法的，在网上也应诚信待人，不能利用网络进行欺诈等违法活动，网络传递的内容应该真实、合法、健谈。

3. 自觉遵守论坛规则

不同的论坛有不同的规则。在一个论坛可以做的事情在另一个论坛可能不宜做。比方说，在聊天室随意发布传言和在一个新闻论坛散布传言是不同的。因此，先浏览一个论坛中的内容，熟悉该论坛的气氛然后再发帖子。注意不要全部用大写字母输入信息，这表示在大喊大叫，会触怒很多网络高手。

4. 尊重别人的时间

在发帖提问题以前，先自己花些时间去搜索和研究。很有可能同样问题以前已经开展过类似的讨论，现成的答案随手可及。不要以自我为中心，随意提问，让别人为你寻找答案需要消耗时间和资源。

5. 注意自己的形象

因为网络的匿名性质，别人无法从你的外观来判断，因此你一言一语成为别人对你印象的唯一判断。如果你对某个方面不是很熟悉，找几本书看看再开口，无的放矢只能落个灌水王帽子。同样地，发帖以前仔细检查语法和用词，不要故意挑衅和使用脏话；QQ用语要文明，客气，不要使用侮辱、谩骂、攻击等语言；博客时，不发表、转载违法、庸俗、格调低下的言论、图片、音视频信息。

6. 树立共享知识的理念

网络的力量在于参与者众多，一个人提出问题会得到很多热心人的回答。如果自己恰好对一个问题有研究，不妨做出回答，给他人提供帮助。自己的问题在网上也会得到他人的解答。

7. 提倡有风度的辩论

不管是在现实中还是在网上，常常有意见不同、看法有分歧的时候，辩论、争论都是正常现象。辩论时要保持翩翩君子的风度，以理服人，以情感人，不要人身攻击，更不能谩骂。

8. 尊重他人的隐私

不随意公开个人信息，比如个人的邮件地址、真实姓名、住宅地址、电话号码、手机号码等。对于他人的信息，应该更加注意，以免给人带来伤害。别人与你用电子邮件或私聊（QQ、微信）的记录应该是隐私一部分，未征得对方的同意，不能把聊天记录在网上到处传播。如果不小心看到别人打开电脑上的电子邮件或秘密，不应该到处传播和宣扬。假如你认识的某个人用笔名上网，未经过他同意就将其真名在论坛上公开，也是一种不道德的行为。

9. 不要滥用权力

管理员、论坛版主、贴吧吧主比其他用户有更多权利，更应该严格遵守网站规则，珍惜使用这些权利，遇到争议时积极引导网友参与讨论，把握正确的舆论导向。

10. 对待网友宽容

每个人都曾经是新手，都会有犯错误的时候。当看到别人写错字、用错词、问一个低级问题或者写篇没必要的长篇大论时，不要讽刺挖苦或严厉训斥，应该用平和、平等的语气指出来。如果你想进一步帮助他，最好用电子邮件或其他联系方式私下沟通，这样就能有效地维护网络新手的尊严。

11. 格调高雅

自觉抵制有悖社会公德和中华民族优秀传统美德的不良信息和网络低俗之风，不要刻意寻找、查看、下载内容不健康、格调低下带有凶杀、色情内容的文字和图片，不链接不健康网站，不发送不健康短（彩）信，不在网站论坛上发表、转载违法、庸俗、格调低下的言论图片音视频信息，积极营造网络文明新风。

12. 坚决杜绝有害行为

切忌以淫秽内容伤害他人，或表面"文质彬彬"的恶意攻击行为，抑或致他人的计算机和网络系统受损。蓄意的破坏者常常悄悄地进入他人的系统，或者发出死循环指令让他人的计算机当场死机。这些行为都是不道德的，甚至是非法的。

二、电子邮件礼仪

电子邮件，即通常说的 E-mail。它是一种重要的通信方式，因其方便快捷、费用低廉，深受人们喜爱，使用者越来越多，尤其是国际通信交流和大量信息交流更是优势明显。对待电子邮件，应像对待其他通联工具一样讲究礼仪。

（一）书写规范

1. 主题明确

写邮件时要在主题栏写明主题，以便让收件人一看就知道来信的主旨，一定不能用空白主题或含义不清的主题，如"王先生收"。也不要用胡乱无实际内容的主题。一般来讲一封电子邮件只有一个标题，可适当用大写字母或特殊字符（如 X、！等）突出主题，一般不用"紧急"等字眼，回复邮件时应另拟标题，不要用自动回复生成的一大串主题。还需注意不要出现错别字或语句不通的主题，以免留下不好的第一印象。

2. 称呼、问候恰当

电子邮件的格式应该与平常书信一样，恰当的称呼、开头和结尾的敬语不可少，签名则以打字代替即可。

3. 正文简明扼要

电子邮件信息要完整，语言要简略、不要重复、不要闲聊，要检查一下有无错误，避免拼写错误和错别字，因为发出去的邮件很可能被对方打印出来研读或者是贴到公告牌上。

写完后还要核定所用字体和字号大小，太小的字号不仅收件人读起来费力，也显得粗心和不够礼貌。如果具体内容过多，一般正文仅做简介，然后附上附件，在附件中详述。尽量在一次邮件中把相关信息全部阐述清楚，不要有所遗漏，以免还需再发"补充""更正"的邮件。

引用数据、资料最好注明出处，以便对方核对。对有技术介绍或讨论性质的邮件，仅以文字形式难以描述清楚的，可配图表。

4. 结尾署名

结尾应署名，以便让对方知道发件人信息，可包括姓名、职务、公司、传真、地址等信息，对内、对私、对熟悉的对象，签名可简化。

（二）发送讲究

1. 提示附件查收

如果邮件中带有附件，应在正文中提示收件人查看附件，并对附件内容、数量做简要说明。附件名称应按有意义的名字命名，附件数量不宜过多，较多时应压缩打包成一个文件包发送。最好不要让正文空白只发送附件，除非是因为各种原因出错后重新发送邮件，否则不仅不礼貌，还容易被收件人当作垃圾邮件处理掉。

2. 重要的电子邮件可以发送两次

重要的电子邮件可以发送两次，以确保能发送成功。发送完毕后，可通过电话等询问是否收到邮件，通知收件人及时阅读。

3. 应尽快回复来信

应尽快回复来信，如果暂时没有时间，就先简短回复。告诉对方自己已收到其邮件，有时间会详细说明。

此外，要注意定期及时清理邮件回收箱、发件箱、回收箱，空出有限的邮箱容量空间。及时将一些有用的电子邮件地址记下来并存入通信簿也是很有必要的。

三、QQ 聊天工具使用礼仪

QQ 是在互联网上最常使用的即时通信软件之一，商务人士在办公室使用聊天工具时，应注意以下礼仪。

（一）公私分明

当上线时，和我们联络的群组都可能看见我们上线，别人和你打招呼，应该回应一下。但在工作时间或是和工作伙伴"谈"业务时，是不适宜和朋友聊天的。较好的办法是申请两个用户，一个专用于工作，另一个和生活中的朋友联络。在工作时间，可将私人用户状态设置为"忙碌"或"正在工作"，以免干扰了自己工作。

（二）表明身份

工作中使用聊天工具时，最好使用真实姓名或固定网名，以便谈话对象知道是你，否则会让对方无法确定你的真实身份而耽误了联络。

（三）规范用语

聊天要直接，不要太多寒暄。发送文字前最好检查一下语法、用词，以免引起对方误解。查看信息是否完整无歧义，否则发送完后还要进行补充和解释，有损个人和组织形象。

（四）注意聊天禁忌

不要草率地发送无关紧要的即时信息，若对方没有及时回复，不要不停地发送新信息。不要打扰状态显示为"忙碌"的人，不要刨根问底，必要时留言。不能直接发离线文件，不能不经对方允许就发很大的视频或文件，不能发一些不太健康的图片。发网址时要附上标题或简介。

（五）及时回复

一定要回复别人的留言，尽量亲自回复别人的信息，不要在 QQ 上设置自动回复。

（六）慎用表情图片

恰到好处地运用表情图片可以使聊天图文并茂、情景交融、妙趣横生，但使用时一定注意加以选择适合的话题、适合的情景、适合的气氛，多使用祝福的表情图片。忌用带有侮辱性、低俗的表情图片，表意不明易造成误解的表情图片也尽量不要使用。在正式工作会谈中，少用表情符号、网络谐音词，以免有损会谈的严肃性。

（七）恰当运用语音和视频聊天

对方请求使用 QQ 电话进行语音聊天时，如无特殊原因应尽快接受；因特殊情况不宜语音聊天需要拒绝，应马上用文字告知对方，说明理由并表示歉意。若主动请求对方语音聊天，最好先进行文字沟通，待对方同意后再发出请求；无论对方以什么理由拒绝，都不要强求。语音聊天时要尽量说普通话，吐字清晰，但对方表示听不清时，应用文字加以辅助。

使用视频电话聊天时，要注意仪表端庄。聊天过程中不能有低级、下流或故意暴露身体等动作和行为。主动请求视频聊天之前，要做好文字沟通。若是与异性聊天，一般由女性先发出视频聊天请求，若由男士先发出视频聊天请求，在沟通时语气要缓和，一定要尊重对方的选择。

四、微博使用礼仪

微博，是一个基于用户关心信息分享、传播以及获取平台，以 140 字左右的文字更新信息，并实现即时分享。

微博是网民的私人空间，通常可以根据自己的意愿选择是否将它们向其他网民开放。使用微博时要遵循国家法律，遵守社会公德，不揭露他人隐私，转发时要注明出处。

目前不少企业等组织都注册有自己的微博，通过微博展示组织形象，经管微博时要遵守相关礼仪。

（1）企业微博、企业领袖、高管的微博账号，要先获得新浪认证，以形成权威的形象。

（2）具有服务意识、大局观念、责任感、使命感及荣誉感。对于消费者求助，应热情回应并给予帮助，要安排专人解答网友疑问，积极与网友互动交流。

（3）微博内容尽量多样化，最好每篇既有文字又有图片，甚至有视频等多媒体信息。

（4）微博信息要及时、有规律地更新，积极参与公益活动的转发。公益活动一般会有很强大的参与号召力，如果能响应一些好的公益活动，有利于树立组织品牌形象。

（5）宣传要把握好度。在具体交流时，要从身边事情说起，不要一味急于推销组织，更不要夸夸其谈。

（6）发布信息要谨慎，确保准确无误。企业微博是企业对外的展示窗口和平台，其发布信息的准确与否，对于是否能增加用户信赖感有直接关系，如实物奖励、奖励规则、危机公关信息、打折优惠活动等信息的发布就需要慎重。

五、微信礼仪

微信（WeChat）是腾讯公司于 2011 年初推出的一款快速发送文字、照片、视频、支持多人语音对讲的手机聊天软件。无论是社交生活还是商务工作，现在人们越来越离不开微信。这样一种全新的社交方式，也就意味着全新的礼仪规则。

（一）微信名称

很多人都会在微信上取一个昵称。如果微信只作为社交圈使用，这是完全可行的（只要不是太荒谬的昵称即可）。但如果作为商务或职场上的用途，那么微信名称最好是真实姓名或者包含真实姓名。因为真实姓名更可以增加个人的真诚度和可信度。

（二）微信头像

如果仅作为非正式的社交使用，那么可以选择搞笑的头像等。如果作为正式商务使用，那么就要选择一些可信的照片，避免奇怪的动物头像或荒谬的场景头像等。另外如风景、花朵、艺术等也是可以的。

（三）语音信息

跟个别好友单独聊天时，要发语音首先应该寻求对方的同意。如果你对对方很熟悉，那就无所谓；如果对方是你的重要客户，特别是高端人士，一定要先征求对方的意见；语音尽量普通话标准清晰；确保是在安静的环境下发送；要考虑到对方的上网环境，避免过长的语音消息，很长的语音会给他人造成流量压力。

尽量避免在微信群组里发送语音信息。发送语音确实节省时间，但是组里的其他人全都需要花时间听语音信息，对他们来说文字消息更方便。群组聊天时，使用的语言最好是大部分群员都听得懂的语言。不要只跟一个人聊天，好像群里只有两个人一样。这种情况最好添加对方为好友，单独聊天。

（四）发朋友圈

（1）朋友圈每天发帖数量保持在 10 条以内，避免刷屏打扰朋友圈。

（2）朋友圈内容要有明确规划，力争内容原创，发点自己的生活照片，转发一点感兴趣的文章，原创一些自己对所从事行业的专业点评，都是很好的。

（3）经常翻看朋友圈，感兴趣的就点个赞，多赞别人才能靠互动获得更多好评，提倡"互粉互赞互评"三互精神，多鼓励和肯定别人，少说教和批评别人。看到好的文章先点赞或在评论中表达转发分享的原因，后转发，转发标明出处。

（4）不在朋友圈中传递负面情绪。个人负面情绪、莫名其妙的感叹、无厘头的咒怨等影响他人心情的言辞不要随便发。

（5）不在微信中发布或转发带"如果不转发就……"等强制性或诅咒性字眼的微信，朋友之间只有尊重没有要挟。

（6）对朋友在自己朋友圈的评论应及时回复。发朋友圈时，最好确认自己没有未回复的微信信息。否则，对方看到你有时间发朋友圈却没时间回复信息，会觉得不舒服。

（7）如果微信作为工作用途，要尽量避免在朋友圈发一些荒诞或搞笑的照片。要维护自己的形象和可信度，这些搞怪的照片最好不要比工作相关的联系人看到。微信表情也是如此，不要在工作群或者给工作好友发送荒诞或过分的表情。

（五）回复信息

收到消息应当第一时间回复；如果有特殊情况比如在开会或者开车，一定要说明情况，并约好回复时间；文明用语，不使用粗俗的语句；考虑到对方的立场，不要催促对方回复，尊重对方的意愿。不能因为发了微信给对方，对方没有回应就责备埋怨他。重要又需要立马得到回复的事情还是打电话好，如果对方恰好无网络收不到，可能会误事。

（六）聊天技巧

（1）在群聊时不要刷屏，影响他人浏览。

（2）发送聊天文本时，确保文本正确无误。发之前检查一下自己的话，避免因为输入法产生的误会。如果是不小心把带有错别字的文本发出去了，一定要再补发一条作为说明；称呼适当；内容应简短明了，要有针对性。注意不要长篇大论，长篇的文本消息这样很容易让人视觉疲劳，从而遗漏了重要信息。可用适当的图片，作为补充说明。

（3）涉及利害关系的事情能电话不微信，能语音不文字（防止对方截屏传播）。

（4）如果不是很紧急的情况下，尽量不要发语音，尤其语音的时间还超过了10秒，因为不知道对方是否方便听语音。

（5）如果有事要离开请告诉对方一声。否则有些人会等很久，因为话题还没有结束。

（6）忌讳不事先沟通就把相互不认识的自己不同圈子的朋友拉进一个群里，给人很不受尊重的感觉。

（7）转发那些需要捐款、捐助、收养等的求助微信时凡是有电话号码联系人的自己先落实一下，虚假不实甚至涉嫌吸费、诈骗的信息"到我为止"。不能因为是信任的朋友转发的就盲目转发，每个微友都有义务避免伤害，这也是对自己微信信誉的维护。

（8）晚上12点以后不在朋友圈或群里发微信是对微友们的尊重，否则有可能因此被朋友加入黑名单。不要在早上9点前或晚上9点后给别人发送工作信息，除非是迫不得已或对方明确表明需要特殊时段发送。

（9）有时候发一串数字，如电话号码、银行卡号，宜单独一条信息，因为很多手机没法单独复制。

第四章

社交礼仪与家庭礼仪

第一节　家庭礼仪概述

家庭是社会生活的基础，为人们提供社会生活的最基本的环境和条件。良好的家庭生活可以使家庭成员心情愉悦、努力进取。家庭和谐幸福，家庭成员事业蓬勃，会更加促进社会向健康稳定的方向发展。因此，研究家庭礼仪具有十分重要的意义。

一、家庭礼仪的含义

所谓家庭礼仪，就是指人们在长期的家庭生活中，用以沟通思想、交流信息、联络感情而逐渐形成的约定俗成的行为准则和礼节、仪式的总称。其含义主要体现在三个方面。

1. 家庭礼仪是维持家庭生存和实现幸福的基础

在一个家庭中，有良好的家庭礼仪规范可以为家庭各个成员之间的和谐相处提供支持，从而为家庭的稳定与幸福美满奠定基础。尤其是在夫妻之间，将家庭礼仪规范融入日常的生活之中，可以为夫妻间的情感升温提供助力，进一步减少夫妻间的摩擦。而夫妻间的行为举止也会对其他家庭成员的情感与行为产生影响。因此，家庭礼仪是维系家庭生存与实现幸福的基础，同时也为家庭和谐氛围的创造提供支持。

2. 家庭礼仪是促进家庭成员健康成长的重要途径

家庭礼仪是提高个人素质，提高家庭成员人生质量的保障。良好的个人素质受到家庭环境的影响和熏陶，对个人的品质和思想的形成起着重要的作用。同时每个人的一生都离不开家庭，人生质量的高低、好坏都与家庭环境密切相关，个人素质的提高，有利于家庭成员对人生观、价值观都有较高程度的认识，也有利于家庭成员对未来生活的选择更加趋于合理、科学。

3. 家庭礼仪有利于社会的安定和谐

家庭是社会的细胞。和睦幸福的家庭，其成员都会有健康、进取、积极的生活态度。带着这样的人生观和价值观投入社会工作中，必然带来积极、向上的良好社会风气，促进社会的文明进步，保证社会的安定和谐。

二、家庭礼仪的特点

1. 以婚姻关系为基础

作为社会活动的的一个基本的组织形式，家庭礼仪不仅是家庭成员栖息的最稳定的"港湾"，而且是家庭成员对外联系的重要枢纽。众多礼仪规范与礼节均是在家庭之中进行的，然而相较于其他礼仪，家庭礼仪有着其独特的特点，即家庭礼仪是在婚姻的基础上所产生的。婚姻的本质是基于两性结合之上的社会关系。而婚姻与家庭则是统一的，婚姻是家庭产生的前提，而家庭则是婚姻缔结的结果。婚姻中的双方组成了最初的家庭模型，并基于此不断扩大范围，产生父母、子女等家庭成员关系。而家庭礼仪的作用，即是为维系、增进上述家庭关系而对家庭成员所提出的礼仪规范与行为准则。由此可以得出，家庭礼仪是以婚姻关系为基础和初始的。

2. 以血缘关系为纽带

家庭是基于婚姻关系之上的，以血缘关系作为纽带的社会生活组织形式。它是存在于一定的范围内的亲属之间组成的天然的关系网络，是基于血缘关系而发生的，表现为同辈人或几辈人之间的思想感情的交流和传递。家庭成员之间的关系，尤其是父母子女、兄弟姐妹之间的血缘关系，是社会关系中最稳定、最基本的关系。因此，作为调节这种关系的家庭礼仪以血缘关系为纽带，具有天然性、特殊性和相对独立性的特点。

3. 以相互关爱为原则

家庭是人之情感的寄托，亦是维系家庭关系稳定、和谐的纽带。在家庭各个成员之间，其相互的关爱是无私的，对彼此的关怀也是无微不至的。无论家庭成员在工作、事业或其他方面受到了多少挫折或委屈，家庭永远是情真意切的关怀场所。而这真挚的关怀中，包括含蓄的父爱、无私的母爱，以及温馨、真诚的兄弟姐妹间的爱，等等。要衡量一件事或某一行为是否符合家庭礼仪要求，应该首先分析一下双方之间是否存在相互关爱的成分。

4. 以增进亲情为目的

家庭礼仪的主要职能，是以各种习惯形成的仪式、礼节从而对各个成员的情感沟通进一步加深，增进家庭成员间的真挚情感。例如，通过寿诞节日的庆祝活动等即是礼仪的传播形式，家庭各成员可以通过此种传播形式来达到增进亲情的最终目的。因此，家庭礼仪是在长期的社会生活中，逐渐形成的一系列家庭生活准则，它以家庭生活的传统习惯、内心信念等力量把家庭成员的亲情联系起来，促进家庭的和睦和幸福。

5. 以社会效益为标准

在社会生活中，家庭是其必不可少的构成因素，也是社会生活的基础。

家庭以社会为背景，必然受当时社会历史条件的影响。而家庭礼仪也必然受当时各种社会习俗、规范的制约。不同的时代环境、不同的区域、风俗，使礼仪存在着很大的差异性。而且家庭活动中的许多礼节、礼仪规范也是变化发展的，例如，封建社会的婚礼有拜堂入洞房等繁文缛节，而当今社会出现了许多集体婚礼、旅游结婚等新的婚礼程序。说明家庭礼仪随社会物质生活的文明和睦与否影响社会的和谐和稳定。要评判某一种家庭礼节、仪式是不是进步的、合乎礼仪规范的，要看它对社会是否产生积极影响，以社会效益作为评价家庭礼仪的标准。

第二节　家庭成员礼仪

一、夫妻之间的礼仪

夫妻是原本没有任何血缘关系的相对独立的"社会人"，通过一定的法律程序缔结成具有婚姻关系的"亲密爱人"。缔结婚姻以后，双方的角色、生活空间都发生了改变，夫妻关系成了家庭生活的主体和核心，营造和谐美满的家庭生活，同样需要遵守夫妻之间的礼仪。

1. 夫妻之间应互相尊重

互相尊重是夫妻感情长久的前提条件，也是家庭和睦幸福的基础。家庭生活是夫妻双方共同努力经营的，双方都为美好的家庭生活而努力奔波，所付出的努力是一样的。因此，夫妻之间相互尊重的前提，应该是双方处在平等的位置上，不论双方是什么职业、什么地位、什么学历、挣多少工资，都应尊重对方的思想、信念、生活习惯、人格和爱好。在生活中不要说有损对方自尊的话，也不要做出有损对方尊严的举止，更不能拿自己丈夫（妻子）的缺点与别人的丈夫（妻子）的优点相比。

2. 夫妻之间要相互爱护

真正恩爱的夫妻，其爱情的模式应该是相互爱护的。夫妻是因为爱而组建家庭，也是因为爱，愿意彼此给予对方无私的呵护，不仅在工作上、事业上互相关心，分担痛苦和快乐，在生活中，一句"你今天真漂亮""你今天辛苦了"的简单语言，足以表达夫妻之间细心观察和绵绵的爱意。当然，爱护不应该只局限在言语上，一个拥抱、一个眼神、一个细微的小动作，足以表达夫妻之间相濡以沫的情感。丈夫在公共场合讲话，妻子总是很专注地看着他，妻子打了喷嚏，丈夫就将外套脱下披在妻子身上等，无时无刻不在流露着夫妻之间细致的爱护。爱护对方要懂得迁就对方，能够包容对方的缺点，了解对方的喜好，培养双方共同的兴趣和爱好，让对方快乐不伤害对方，这样才会让双方得到精神上的愉悦，感受到家庭的温暖和幸福。

3. 夫妻之间要相互理解

夫妻之间最难得的是能够相互理解，俗语说"金无足赤，人无完人"，每个人都有自己的缺点和不足，作为妻子或丈夫，必须对对方的缺点和不足予以包容，达成双方的相互理解，尽量减少夫妻之间的摩擦。在现代社会里，夫妻二人要共同承担一定的社会责任，例如，担任一定的社会工作，以获得报酬；参加社会活动，充实自己的人际关系；参加聚会以获得友谊和受人尊重的心理需要等。同时还要在家庭中扮演好自己的家庭角色：做个好丈夫或好妻子、好儿女、好父亲或好母亲等，在社会和家庭的双重压力下，难免会因为一些琐事而情绪低落甚至发脾气，对此，夫妻之间要相互理解，不能说"过头的话"或做"过头的事"，更不能翻旧账或将"战火"波及双方的家庭和父母，让父母为此操心。

4. 夫妻之间要相互勉励

人的一生不可能事事完美、时时顺意，生活所带来的困难是需要夫妻双方共同面对的。夫妻是彼此的精神支柱，遇到挫折时应给予对方最大的鼓励，不论什么时候，都要做对方最坚强的后盾，永远都是最懂得欣赏对方才华的人。当然，对于对方的坏习惯，彼此也应该是对方的一面镜子，给予真诚地劝诫，帮助对方克服缺点，使之更加完美，从而更利于事业的发展。相互勉励的夫妻不仅有利于家庭的和睦，而且会更加巩固夫妻之间的感情，为家庭生活的幸福添上更加浓重的一笔。

二、子女与父母相处的礼仪

中国古代关于子女对父母的礼仪规定是非常严格的，古时就有"父母在，不远游"的说法，在现在社会中，子女与父母相处的礼仪既要批判地继承中国传统的家庭礼仪，又要根据时代的发展，增添新内容，主要体现在以下方面。

1. 尊重父母

做子女的应体谅父母的良苦用心，听从父母的教诲，凡事多与父母沟通。父母的人生阅历比较丰富，对人、事、物的看法要比子女想得更加周到全面，所以，在面对人生的重大决策时，子女应与父母商议，征求他们的意见并认真考虑，听父母的教诲要有一个谦恭的态度，不可以漫不经心，也不可表现出不耐烦的样子，即使父母教诲中有不足取的部分或过于严厉，也不应顶撞、吵闹，应该在事后大家都心平气和时，再向父母解释以消除误会。

2. 孝敬父母

孝敬父母是我们中华民族的传统美德，回报父母的养育之恩，是子女应履行的义务，父母年轻时对子女细心照顾，抚养他们长大成人，到年老时没有了工作能力，作为子女的义务，照顾父母以报答他们的养育之恩更是自己的天职。"谁言寸草心，报得三春晖"是子女应做的事情，也是家庭礼仪中最基本的要求。孝敬父母不仅在生活上、物质上给予扶助和照料，在情感上更要给予父母慰藉。许多子女在组建家庭之后，生活的重心也发生了改变，工作、家庭、子女常常摆在前面的位置，往往忽略与父母交流和沟通。甚至常常以工作太忙为借口，爽约与父母周末短暂的相聚，这样的子女应该反省自己的行为，要"常回家看看"。

三、父母与子女相处的礼仪

1. 要以身作则

作为父母要以身作则，做子女的好榜样。在对子女的教育中，父母是孩子的第一任"老师"。好的榜样有利于子女的健康成长，反之子女见样学样，容易染上不良习气。在家庭中，父母经常告诫子女不许这样做，应该那样做，但是往往在要求子女的时候，自己却不能够做到上面的要求。例如，家长经常要求子女"不可以吸烟，因为吸烟有害健康"，但是家长经常在家里吸烟，这样的做法自然会降低子女对家长的信任度，引起逆反心理，并且可能造成子女对将来的社会生活采取不负责任的态度，对他人产生多疑的心态。

2. 要尊重子女

父母作为长辈也要尊重子女，要认真倾听他们的想法，子女是父母生命的延续，他们是在前一辈人经验的积累下逐渐成长起来的，通过这些经验，他们来处理和对待现在的人和事，在属于他们的时代中发挥聪明才智，不断创新，对于他们的"新奇"想法，父母要有一个包容的态度，不可以没有听完子女的想法就全盘否定。例如，子女大学毕业之后，并不是按照父母的想法找到一个稳定的工作，而是自己创业办公司，作为父母应该尊重子女的选择，相信子女有独当一面的能力。即使失败，也相信他们会在失败中吸取教训，为成功打下基础。对于他们的想法，父母应该根据自己的人生阅历，给予正确的引导，提出适当的建议。

3. 正确对待子女在求学期间的正常交友

望子成龙、望女成凤是每位父母的心思，孩子的求学过程，实质上也是在完成父母儿时的梦想。也正是因为这种强烈的愿望，使得父母们特别不愿意自己的子女在求学路上受到任何因素的干扰，"交友"便成为子女求学路上的禁忌。在交友问题上，父母要有一个正确的态度，不能全部地禁止交友，也不能不闻不问、放任自流，应该在思想上加以正确的引导，给子女当好参谋，帮助子女寻找可以信赖、共同进步的朋友。

4. 婆媳翁婿相处的礼仪

婆媳、翁婿的关系在家庭生活中，也占有十分重要的位置。公婆、岳父母作为孩子的长辈，应该爱护儿媳、女婿，将其看待成自己的子女。夫妻不和时，不可以偏向自己的子女，不要在公开场合或背后说儿媳、女婿的缺点，造成双方误解、产生隔阂，尽量看到他们的优点，要经常给予称赞。小夫妻之间的事让他们自己处理，不要过多地干预小两口的事。作为儿媳、女婿要孝敬公婆、岳父母，要协助自己的伴侣尽儿女的孝道。不可以将自己的父母和配偶的父母差别对待，要真诚地给予关心。当公婆、岳父母过生日或其他节日时，可以送一些小礼物以增进彼此之间的感情。

第三节　宴请礼仪

一、常见的宴请形式

在社会交往中，宴请是交际活动中最常见的一种形式。根据标准的不同可以划分为多种形式，而在着装、人数、时间、菜肴等方面的要求也各不相同。就现阶段来看，宴请主要包括宴会、招待会、茶会以及工作进餐等。

（一）宴会

在宴请中，宴会是最隆重、正式的形式。根据举办时间可划分为早宴、午宴以及晚宴，其中，以晚宴的档次最高。根据餐别来进行划分，则可分为国宴、正式宴会、便宴以及家宴。通常情况下，宴会常持续 2 小时左右。

1. 国宴

国宴是国家元首或政府首脑为了国家庆典或欢迎外国元首、政府首脑而举行的最高规格的正式宴会，在宴会厅需悬挂国旗，宴会举行时需有乐队演奏国歌及席间乐。国宴主持者由国家元首或政府首脑担任，席间由主人和主宾致辞和祝酒。因国宴规格甚高，其礼仪要求亦极为严格，受邀参加国宴，需着正装，并按礼宾次序排列入座。

2. 正式宴会

正式宴会是规格仅次于国宴的宴请形式。正式宴会无须悬挂国旗、演奏国歌。除出席人员的规格有异之外，其他与国宴相同。因此，正式宴会的礼仪要求也相对严格，宾主按身份排席次和座次，许多国家还在请柬上注明对客人的服饰要求。席间一般也有致辞和祝酒，有时也设乐队演奏席间乐，正式宴会对服务人员以及餐具、酒水和菜肴的道数均有一定的要求。

3. 便宴

相较于前两种宴请形式，便宴更适合日常的友好社交往来，宴会形式简便、亲切，无须对规模、档次过于重视，更注重人际间的社交往来。无须座次排列，也无须正式的致辞、祝酒，菜肴的选择与道数也可以根据出席宴会人员的具体情况而定。

4. 家宴

在家庭中设宴招待客人，是便宴的一种形式。家宴往往由主妇亲自下厨烹调，家人共同招待客人，显得亲切、自然，让人产生"宾至如归"的感觉。西方人士喜欢采用这种方式，以示友好、融洽。

（二）招待会

招待会指不备正餐、较为灵活的宴请方式，它备有食品、酒水、饮料，由客人根据自己的口味选择自己喜欢的食物和饮料，然后或站或坐，与他人一起或独自一人用餐，招待会一般不排座次，可以自由活动。常见的招待会有冷餐会、酒会等。

1. 冷餐会

冷餐会又可以叫自助餐宴会，是一种非常流行、灵活、方便的宴请形式。根据主客双方的身份，冷餐会规格隆重程度可高可低，常用于官方的正式活动，以宴请人数众多的宾客。冷餐会一般在中午12时至下午2时、下午5时至7时举办。菜肴以冷食为主，也可以用热菜，连同餐具陈设在桌子上，客人不排座位，可以按食品类别顺序多次取食。酒水陈放在桌子上，供客人自取，也可由服务人员端送，食品、饮料应按量取食，不可浪费。

2. 酒会

酒会也称鸡尾酒会，规格可高可低，适用于各种节日、庆典、仪式及招待性演出前后。酒会的形式活泼，便于宾客之间广泛的接触和交流，酒会以酒水为主，佐以各种小吃、果汁，不用或少用烈酒，食品多为三明治、面包、小香肠、炸春卷等，不设刀叉，以牙签取食。食品和酒水由服务人员用托盘端送，或部分放置在小桌上由客人自己取。酒会一般采取站立的形式，不设座椅，仅设小桌或茶几，以便客人随意走动、广泛交流，酒会举办的时间比较灵活，中午、下午、晚上均可。请柬上往往注明整个活动延续的时间，客人可在其间任何时候到达或退席，来去自由，不受时间约束。

（三）茶会

茶会是一种简便的接待形式，通常安排在上午 10 时或下午 4 时左右在客厅举行，内设茶几、座椅。会上备有茶、点心或地方风味小吃，请客人一边品尝一边交谈。茶会不排座次，如果是为贵宾举行的活动，入座时应有意识地将主宾和主人安排坐在一起，其他人员可随意就座。茶会对茶叶的品种、沏茶的用水和水温以及茶具都颇有讲究，茶叶的选择要照顾到客人的嗜好和习惯，茶具要选用陶瓷器皿，不要用玻璃杯，也不要用热水瓶代替茶壶。欧洲人一般用红茶，日本人喜欢乌龙茶，美国人用袋装茶，外国人参加的茶会还可以准备咖啡和冷饮。

（四）工作进餐

工作进餐是现代生活中一种经常采用的非正式宴请形式，是利用进餐的时间和形式，边用餐边谈工作。按用餐时间可分为工作早餐、工作午餐和工作晚餐。此类活动不请配偶和与工作无关的人员参加，工作进餐一般不排座次，大家边吃边谈，不必过分拘束，形式较为灵活。如果是双边正式工作进餐，往往要排座次。为便于谈话，常用长桌。工作进餐可以由做东者付费。在国外，工作进餐经常实行"AA 制"，由参加者各自付费。

二、宴会的组织与礼仪规范

作为一种重要的社交活动形式，宴会对来往宾客而言是一种礼遇，这就要求宴会的组织务必以规范的礼仪准则去组织与准备。因此，宴会的组织与准备工作的充分与否，直接影响了宴请活动的成功举办。下面简要介绍宴会的准备工作与礼仪。

1. 宴请的前期准备工作

在组织宴会之初，需要对宴请的目的、名义以及邀请对象、范围、宴会形式进行确定。

宴会的举办目的对宴请活动的圆满举办具有重要的意义，因此，在前期的筹备阶段，应对宴会举办的目的进行明确。宴请的目的可有多种类型，可以为个人举行，也可为某一重要的事件举行，例如某人的生日、迎送外宾、庆祝节日、开幕、闭幕仪式等。

2. 宴请的名义

确定宴会以谁的名义邀请和被邀请的对象。确定邀请者与被邀请者的主要依据是主宾双方身份对等。在外国人眼中，以谁的名义举办宴会关系着宴会的档次，身份低会使对方感到冷淡，身份过高亦无必要。对外举办宴会，如果邀请主宾携夫人出席，主人应以夫妇的名义发出邀请。国内的宴会邀约客人时，可以以主办宴会的单位最高负责人的名义或主办单位的名义发出邀请。

3. 宴请的范围

宴请的范围是指宴请哪些方面的人士出席，多少人赴宴，什么级别，主方需要多少人出席作陪等。确定宴请的范围，主要取决于宴请的性质、主宾间身份、国际的惯例、双方的关系以及主方习惯做法等。多边活动要考虑相互关系，对于对立国、对立方人士发出邀请尤其要慎重。宴请的范围一经确定，即应草拟具体邀请名单，被邀请人的姓名、职务、称呼等一定要准确，并适时向客人发出邀请。

4. 宴请的形式

以何种形式举办宴会要视具体情况和本单位的习惯做法而定。一般正式的、规格高的、人数少的以宴会的形式为宜，人数较多则以冷餐会或酒会更为合适。我国的宴会基本上采用中餐宴会。

（一）确定宴会的时间、地点

1. 宴会的时间

宴会的时间应对主、宾双方都合适，尤其要照顾来宾方面。按国际惯例，晚宴被认为是规格最高的。安排宴会的时间要注意避开重要的节假日、重要的活动日和双方或一方的禁忌日。如对西方人士不要选 13 日，更不要选 13 日同时是星期五的日子；伊斯兰教徒在斋月内白天禁食，宴请宜在日落后进行。宴请活动时间要与主宾单位商量，主宾同意后，确定时间再约请其他宾客。

2. 宴会的地点

宴请的地点要根据活动的性质、规模、宴请的形式、主人的意愿以及实际可能而定。越隆重的活动越要讲究环境和条件，因为它体现了主人对宾客的礼遇。官方正式的宴会，应安排在政府、议会大厦或高级宾馆内。民间的宴请可以在酒店、宾馆，也可以安排在有独特风味的餐馆。

（二）发出邀请

宴请活动均应向客人发请柬。这既是出于礼貌，也是对客人的提醒和备忘。请柬一般提前一周或两周发出，以便被邀请人早做安排。

请柬上要将宴会活动的目的、名义、邀请范围、时间、地点等写清楚，重大的活动还要注明着装的要求及其他附加条件。口头约定的活动，仍应补送请柬，并在请柬右上方或左下方注上"备忘"字样。需要安排座位的宴请活动，为确切掌握出席情况，以便做好准备，还要求被邀请者答复是否出席，请柬一般注明"请答复"字样。如果只需要不出席者答复，则注明"如不能出席请答复"字样，并注明电话号码以备联系。请柬发出后，也可以用电话询问对方能否出席。主办方要及时落实出席情况，以调整安排好席位。

在请柬的信封上，被邀请人的单位、姓名、职务要书写清楚准确。国际上习惯给夫妇两人发一张请柬，在国内需要凭请柬入场的场合要注意每人发一张。

（三）确定宴会的菜单

组织好宴会，菜单的确定至关重要。要根据宴会的规格和形式，在预算标准之内予以安排。选菜主要考虑主宾的口味、喜好和禁忌。例如伊斯兰教徒用清真席、不喝酒，印度教徒不吃牛肉等。千万不要以主人的喜好为准，让客人"客随主便"。不要以为中国人喜欢的或是名贵的菜肴也都适合外国人，例如海参、动物内脏，许多欧洲人不喜欢。确定菜单还要考虑菜肴的荤素搭配、营养搭配和酒水搭配，以适应客人的习惯和爱好。菜单确定后即可印制。在正式的宴会上，菜单至少每桌一份。讲究的可以每人一份，以便大家用餐时心中有数各取所需，菜单也可留作纪念。

（四）安排好席位

凡正式的宴会均应事先为每个赴宴者安排好桌次和位次，并且事先通知到每个人，以便心中有数。也有的只安排部分主要宾客的席位，其他人只排桌次或自由就座。

不同形式的宴会，席位的排列各有不同。排列的依据主要是国际惯例和本国的礼宾顺序，除此之外还应考虑客人之间的政治关系、身份地位、语言沟通、专业兴趣等因素。但是无论如何排列，都应先把主宾夫妇和主人夫妇置于最为尊贵的位置。

桌次高低以距离主桌位置远近而定，右高左低。同一桌上，席位高低以离主人远近而定，右高左低。

国外的习惯是男女穿插就座，以女主人为准，主宾在女主人右上方，主宾夫人在男主人右上方。我国习惯按职务排列以便于谈话，如果夫人出席，常常把女士排在一起。

译员一般安排在主宾右侧，如果遇到特殊情况还可以灵活处理。为了保证全体赴宴者临场不乱，都能迅速找到自己的席位，应在请柬上注明桌次，还可以在宴会现场悬挂桌次图，在每张餐桌上放置桌次牌、座次牌或姓名牌。宾客入场时，应安排领台员引导客人入座。

（五）宴会现场的布置

宴会成功与否不仅仅取决于菜肴的质量，环境和气氛也是至关重要的，如果环境不佳、气氛不好，往往会直接降低宴会的档次，影响宾客的食欲，影响宾主之间的交流，宴会的效果就会大打折扣。

宴会现场的布置取决于活动的性质和形式。

官方的正式宴会布置应该严肃、庄重、大方，可以少量点缀鲜花、刻花等，不要用红红绿绿的霓虹灯作装饰。宴会环境要安静、高雅、有文化气息，同时要整洁卫生。要注意宴会厅色彩的运用和灯光的调节，如果有席间音乐，乐声宜轻，以便身心得到调节和放松。

（六）宴请的程序及服务

宴会的组织者要安排好工作人员，尽可能周到地做好宴会的各项准备工作，为来宾提供完善的服务。

宴会开始前，主人应在门口迎接客人，如果规格较高，还要由少数主要官员陪同主人排列成迎宾线。其位置宜在客人进门更衣以后，入休息厅之前。双方相互握手后，由工作人员引入休息室或直接进入宴会厅。有些国家官方的隆重场合，客人到达时，设有专人负责唱名。

休息室内应有相应身份的人员照料客人，并有服务人员送饮料。主宾到达后，由主人陪同进入休息室与其他客人见面。如果客人没有到齐，迎宾线不宜撤掉。

主人陪同主宾进入宴会厅，全体客人就座，宴会即可开始。如果休息室较小，宴会规模大，也可以请主桌以外的客人先入座，主桌人员最后入座。

有时候设有正式讲话，各国安排的时间不尽一致。一般正式宴会可在热菜之后，甜食之前，先由主人讲话，然后客人讲话。也有的一入席，双方即讲话。

宴会最后上水果，吃完水果，主人与主宾起立，宴会即告结束。宴会结束后主宾告辞，主人送至门口，主宾离去后迎宾人员顺序排列，与其他客人握手告别。

第四节　中西餐礼仪

餐饮礼仪是餐饮文化中的重要内容。随着时代的变迁和人类的进步，随着餐饮文化的不断发展和成熟，最终形成了具有各国、各民族、各地区特点的餐饮礼仪文化。改革开放以来，我国同世界各国的交往日益增多，与外国人的交往也日益频繁。商务邀宴是非常具有潜力的商业工具，中西餐是其主要形式，餐饮礼仪中又有中餐礼仪和西餐礼仪的区别，中餐礼仪在中国有着很多年的发展历史，西餐礼仪随着世界经济的接轨，在中国也开始流行。两种不同饮食文化相互冲突碰撞，东方与西方进餐的习惯多有不同，特别是正式的西餐宴会规矩颇多。如果对此一无所知，难免贻笑大方，所以我们对其了解和研究十分必要。

一、中餐礼仪

（一）中餐基本知识

我国的烹调技艺和菜肴面点如同古老的中国文明史一样源远流长，是我国文化遗产的重要组成部分。《古史考》上有这样的记载："古者茹毛饮血，燧人钻火，始裹肉而燔之，曰'炮'；神农时食谷，加米于烧石之上而食之；黄帝时有斧甑，饮食之道始备。"由此可知，早在五千年前的黄帝时代，烹调技艺就在中国开始萌芽。中国的菜肴逐步形成菜系是在先秦时期，到战国时期，中餐菜系的南北风味已初见端倪。例如，屈原的《楚辞·招魂》和《吕氏春秋·本味篇》中记载了南方菜系的口味特点和用料品种。随着历史的发展和进步，南北两种菜系都得到了不断发展，最终发展成以川、鲁、苏、粤、浙、闽、徽、湘为代表的八大菜系。现代社会，菜系种类繁多，已远远超过以上的八大系类。

1. 中餐菜肴的特点

近现代社会，中国菜肴以其品种多样、烹调特别、调味丰富、选料讲究等特点饮誉全球。凡品尝过中餐菜肴的人，无不赞不绝口。

（1）菜肴品种丰富：品种丰富多彩是中餐菜肴的一大特点。有史以来中餐菜肴就以菜肴风格各异、品种繁多享誉世界。从风味上来讲，有珍品罗列的宫廷风味、制作考究的官府风味、各具特色的地方风味、各民族的独特风味以及民间家肴风味；就菜式品种而言，有精彩纷呈的宴会菜式、具有乡土气息的民间菜式、经济方便的大众菜式以及能疗疾健身的药膳菜式等。据有关资料查证，中餐菜肴中，不同风味的地方菜、风味名菜多达五千多个，花色品种上万个。

（2）烹调方法多样：中餐菜肴的烹调方法很多，历史源远流长。周代的"八珍"，就是当时厨师发明的八种珍贵烹调技术。在众多的烹调方法中，热烹、冷制、甜调是各菜系中较集中使用的三类烹调技术，每类烹调技术中还有各种不同的烹调方法。

（3）选料讲究：选用好的原材料是烹制出美味佳肴的必备条件之一。选料不当，再精湛的烹调技术也无法做出美味佳肴，因此，选料是中餐菜肴中非常重要的一道工序。选料考究是历代中餐菜肴的传统，古今厨师对待选料都极其严肃认真，从不马虎。中餐选料不仅讲究时令，而且讲究鲜活，不同的菜肴有不同的选料要求。

（4）刀工精细：小餐菜肴对原材料的加工十分讲究，要求加工后的原料要大小、长短、厚薄一致，以保证在烹制时能使原材料受热均匀。因此，对菜肴的制作来说，刀工是一道非常重要的环节。中餐菜肴的刀工有直刀、斜刀、花刀、平刀等多种刀法，根据菜肴的制作要求，用不同的刀法将原材料切成丝、片、条、块、丁、段、粒、茸、末等各种形态，使菜肴外形达到便于烹调和美观的目的。

（5）配料巧妙：为了使制作出来的菜肴种类丰富多彩、滋味调和独特，中餐菜肴除选好主要原材料以外，还要求选好各种配料来辅助拼配。

（6）善于调味：为达到去除异味、增加滋味、丰富口味的目的，中餐菜肴历来重视原料相互搭配、交互融合。因此，善于调味是中餐菜肴烹饪的一大特点，也是形成丰富多彩的中餐菜肴的重要因素之一。

中餐厨师不仅能够用改变调料配比的方法来调出各种美味，还能巧妙地使用不同的调味方法来调制口味。例如，有的在加热前调味，有的在加热中调味，还有的在加热后调味，采用不同的调味方法可调出不同的口味。

（7）善于运用火候：善于运用火候是中餐菜肴风味各异、千姿百态、让人回味无穷的重要原因之一。中餐菜肴烹饪对火力、火势、火时、火度等因素均有讲究。例如，要使菜肴鲜嫩，就要求旺火，即大火力、高火度、广火势、短火时；煨煮的菜肴，要求小火力、文火。烹制有些菜肴，要求开始使用旺火，之后使用文火。

2. 中餐菜肴介绍

中餐菜肴是一个复杂庞大的体系，由宫廷菜、官府菜、多种地方菜、少数民族菜等组成，其具有悠久的历史传统和明显的民族文化特色。

（1）宫廷菜：中餐宫廷菜来源于供帝王享用的菜肴，至今已有三千多年历史。宫廷菜的主要特点是，"稀贵、珍奇、古雅、怪异"。烹饪工艺要求选料严格、制作工艺精致、盛装器皿考究、菜肴形色美观。总之，宫廷菜在各个方面都充分体现出皇帝贵族雍容华贵的气质。由于宫廷菜有史以来都仅限于宫廷之中，烹饪技术很少在民间流传，因此限制了宫廷菜烹饪技术的发展。由于掌握宫廷菜肴烹饪技术的厨师不多，因此只有少数饭庄能制作地道的宫廷菜。

（2）官府菜：官府菜是中国历代王朝文武官员享用的菜类。官府菜虽没有宫廷菜那样雍容华贵的气质和考究的器皿，但官府菜也颇具特色。许多传世的烹调技艺和名贵菜肴来自官府菜，地方菜系中有许多名菜也来自官府菜。

（3）地方菜：地方菜是中餐菜肴的主体，是各个地区的民间菜。地方菜充满着浓厚的地方特色，例如，北京烤鸭、西湖醋鱼、云南汽锅鸡等。

（4）少数民族菜：中国有 56 个民族，各个民族都有自己独特的烹饪方法和别具风味的传统菜肴。早在六百多年以前，少数民族菜就在中餐菜系中占有一席之地。随着历史的发展、各民族杂居现象逐渐扩展，各民族文化相互影响和交融，许多少数民族菜也逐步被其他民族，包括汉族所接受。例如，回族菜系已基本被汉族接受；蒙古族的烤羊肉、维吾尔族的羊肉串等深受其他民族的欢迎。

（5）素菜：素菜是指以植物类及菌类为原材料烹饪而成的菜肴。素菜是中餐菜系中的重要组成部分，也是中餐菜系烹饪方式的一大流派。素菜的用料特殊，制作精致，品种繁多，对烹饪技术要求高，口味清鲜爽口，在中餐菜系中独树一帜。素菜主要有寺院素菜、民间素菜和市肆素菜三大类，素菜营养丰富，含有大量的维生素、植物蛋白、有机盐类、矿物质等营养素，并且脂肪及胆固醇低，具有一定的医疗保健作用，深受人们的喜爱。古人就对素菜赞不绝口，有"素菜之美，能居肉食之上"的说法。

（6）地方小吃：地方小吃是中餐中的一个重要组成部分。小吃既可作为菜肴品尝，又可作为主食食用，是餐桌上必不可少的一部分。各地的小吃各具特色，例如，四川的担担面、红油抄手；云南的大救驾饵丝、小锅米线；北京的豌豆黄、油炒面、油茶等。

3. 中餐菜系及其特点

在选料、加工、烹饪、调味等方面独具特色，有浓厚地方色彩，并构成了一个较完整体系的菜肴系列被称为菜系。有一定代表性的、著名的中餐菜系主要有四川菜系（川菜）、江苏菜系（苏菜）、山东菜系（鲁菜）、广东菜系（粤菜）、福建菜系（闽菜）、浙江菜系（浙菜）、湖南菜系（湘菜）、安徽菜系（徽菜）、北京菜系（京菜）、上海菜系（沪菜）、湖北菜系（鄂菜）等。过去，一般只称前八种为中餐中的著名八大菜系，随着各地区饮食文化的不断发掘和发展，目前形成菜肴系统的已远远不止这些，下面对这其中的一部分做简单介绍。

（1）川菜：川菜历史悠久，盛名中外。川菜主要由成都菜和重庆菜组成。由于四川境内气候为夏季潮热、冬季潮冷，人们的饮食习惯和口味就多以麻、辣为主，其体现了巴蜀文化的内涵。川菜的烹调技术博大精深，调味品纷繁复杂并富有特色。川菜中的主要名菜包括：夫妻肺片、鱼香肉丝、红油兔丁、宫保鸡丁、灯影牛肉、麻婆豆腐等。川菜口味多样，菜品约有三千多种，麻、辣、酸、香、鲜、嫩、脆、咸、甜等味味具备。

（2）苏菜：苏菜菜系包含苏州菜、南京菜和淮扬菜三大流派。苏州菜主要包括苏州和无锡两地的菜肴，其特点是：做工精细、用料考究、口味浓中带甜，侧重酥烂鲜香，例如，叫花鸡、松鼠鱼、无锡酱排骨都是苏州名菜。南京菜主要以烹制鸭子盛名，其特点是：滋味柔和、原汁原味、咸淡适度、酥嫩鲜香，其中南京盐水鸭、南京扒鸭、煨三鸭、清炖八宝鸭等最具特点。淮扬菜包括镇江、淮安及扬州一带的菜肴，其特点是：以油重味浓为主，烹饪时很少用酱油，力求保持原汁原色，菜肴浓而不腻。淮扬名菜有扬州锅巴、清蒸鲥鱼等。

（3）鲁菜：鲁菜菜系主要由济南菜和胶东菜组成。华北、东北等地区的菜肴均受鲁菜的影响，因此鲁菜菜系是中餐北方菜系的代表。最有名的济南菜是以清汤和奶汤调制的菜。其中，清汤调制的菜，汤清色亮；奶汤调制的菜，汤白味醇。胶东菜主要以烹饪海鲜类出名，菜肴味鲜色美、原汁原味。鲁菜中的油爆双脆、德州扒鸡、锅烧肘子、糖醋黄河鲤鱼是最受欢迎的名菜。

（4）粤菜：粤菜菜系一般指广东、潮州、东江三个地方菜。粤菜以用料广泛、新奇著称，自从生态环境保护被列入国家重大保护项目后，一些美味佳肴已被豆制品等原材料替代。粤菜菜肴主要以清淡、生脆、爽口为特点，其中烤乳猪、白切鸡、东江盐烧鸡、龙虎斗等是传统的粤菜名菜。

（5）闽菜：闽菜菜系主要由福州、泉州及厦门等地方菜组成，其中福州菜最有代表性。闽菜烹饪的原料主要为海鲜类，菜肴特点体现为味鲜而清淡、咸中略带酸甜，同时色彩绚丽。代表性的名菜有：佛跳墙、福寿全、太极明虾、鸡汤川海蚌等。

（6）浙菜：浙菜菜系主要由杭州菜、绍兴菜及宁波菜组成，其中以杭州菜为代表。早在南宋时期，杭州菜就已基本形成菜系，菜肴制作要求刀工讲究、制作精细。杭州菜的口味特点是清淡、细嫩和香脆，其中，西湖醋鱼、杭州酱鸭、龙井虾仁是脍炙人口的名菜。绍兴菜主要以烹制河鲜、家禽出名。绍兴菜肴极富乡土气息，香酥绵糯、滋味浓重的口感是绍兴菜的特点。宁波菜以海鲜类为主，菜肴的特点是鲜香、清淡、酸甜。宁波名菜有丝瓜卤蒸黄鱼等。

（7）湘菜：湘菜至今已有两千多年的历史，主要由长沙地区、湘西区和洞庭湖区的地方菜组成。长沙地区菜由长沙菜、衡阳菜和湘潭菜组成。在中国历史上，长沙一直是官府衙门的集中地，也是名人荟萃、商家云集的地区，湖南的官府菜也发源于长沙，由此，长沙菜成为湘菜的代表。湘西区地方菜主要以烹饪山珍野味、各种菌类菜肴及烟熏腊味为主。洞庭湖区地方菜以常德、岳阳两地地方菜为主，以烹制河鲜为主。湘菜历史悠久，名菜很多。例如，相传在清代同治年间，长沙人就开始烹制的麻辣仔鸡，其具有麻、辣、香、鲜、外焦、内嫩的独特风味。又如，发丝百页，其特点是精工细做，选料精良，刀工精细，使百页细如发丝、白如银丝，烹饪时配以冬笋、红辣椒丝和韭黄，使之色泽鲜艳、脆嫩、香辣、微酸的口感，极为爽口。

（8）徽菜：徽菜发源于安徽的徽州，以擅长烹制山珍和各种河鲜为名，其口味特点是：重油、重色、重火功。葫芦鸭子、雪冬烧山鸡、蟹黄虾盅是最有特色的徽菜名菜。

（9）京菜：京菜是由元、明、清等朝代的宫廷御厨和王府家厨逐步演变而来的。京菜选料广、刀法精、造型美观、烹调讲究。口味是以咸为主，其他口味相应配合。京菜菜名朴实、经济实惠，重视色、质、味、器的相互协调。北京烤鸭、北京涮羊肉、蜜汁樱桃肉等是相传至今的名菜。

（10）沪菜：沪菜起源于上海，至今约有二百多年历史。由于上海一直以来都是中国最大的工商和进出口重镇，南来北往，中外人士云集，因此，沪菜除有上海菜本地特色外，还融汇了西餐菜肴风味而自成体系。上海菜的口味特点是：重视原味，汤醇厚，雕刻华美。上海特色菜有炒毛蟹、双色鸡片、椒盐蹄膀、茄汁虾仁等。

（11）鄂菜：鄂菜菜系主要由武汉、荆州、黄冈三种地方风味菜组成。鄂菜汁浓、芡稠、口重、色纯，鄂菜重刀工、注造型、善配色，菜肴有浓厚的乡土气息。武昌鱼、糖醋麻花鱼、双黄鱼片、粉蒸肉为鄂菜名菜。

（二）中餐礼仪

中餐礼仪是中国饮食文化的一个重要组成部分。中国数千年的饮食文化包含着许多优秀的礼仪元素。其实，人类最早的礼仪就起源于人类的饮食活动。《礼记》载："夫礼之初，始诸饮食。"这就是说，礼，最初产生于人们的饮食活动。古代先民用食物祭祀神灵，祭祀完毕，大家按照一定的仪式和规矩分享祭祀食品，这就是最早的礼。繁体字"禮"的原意就是把食品放在"豆"这一食器里供奉给神的意思。由此可见，礼与饮食很早就结下了不解之缘。据记载，中餐礼仪始于周公，经过千百年的演进，终于形成现今大家都能普遍接受的一套中餐礼仪体系。在中国饮食文化中，中餐礼仪是其重要的组成部分。中餐礼仪自周公以来，经千百年演进，形成了现今的中餐礼仪文化体系。中餐礼仪不仅存在于上层社会的社交活动中，也同存在于普通人群的日常生活之中。中餐礼仪既是古代饮食礼制的继承和发展，也是现代社会交流和沟通的需要。

下面以进餐为例，来详细阐述中餐礼仪的内容。

在人们的日常生活中，进餐是一项不可或缺的个人活动。在一般情况下，人们多在食堂、餐馆、家中进餐，无论在何地，进餐行为举止均要礼貌、文雅。

1. 到食堂、餐馆进餐要遵循公共场合的礼仪

在食堂、餐馆进餐时，首先，用餐者应尊重店内服务人员。如用餐者使用餐盘用餐后，应主动将餐盘送至指定的放置点，不可将餐盘随意放于餐桌或丢弃；当用餐者使用一次性餐具进餐后，也应将废弃餐具放于指定地点丢弃。其次，在食堂、餐馆等公共场合，当用餐人数过多时，要相互礼让、尊重，排队按顺序进行食品购买，切不可推搡、拥挤。

2. 进餐时要有正确的坐姿

无论在食堂、餐馆还是在家或其他地点进餐时，均应养成良好的进餐坐姿习惯，不可蹲在椅子、凳子上或出现一只脚跷于凳子或椅子之上的姿势，更不可趴在餐桌上进行。

3. 用餐时不能乱吐残渣

进餐时，一般不能将进口的食物再吐出来，如有骨头、鱼刺、菜渣等需要处理时，不能乱吐，用餐者应将骨头等残渣放在食堂或餐馆提供的备用盘里。

4. 进餐时不能发出响声

无论是吃东西，还是喝汤或酒水饮料都要尽量做到不发出响声。进餐的良好习惯要从平时培养起，如果认为没有旁人在场可以无所谓的话，碰到社交场合也将很难控制自己进餐的行为习惯。

5. 进餐时不能狼吞虎咽

进餐要文雅，不能狼吞虎咽。特别是女士，每次进口的食物不宜过大，应小块、小口地吃，以食物进口后不会使自己嘴巴变形为原则。

6. 进餐时不要喝水

不要一口饭、一口水地用餐。这种习惯不仅对消化不好，影响身体健康，同时吃相也不好，使人有狼吞虎咽的感觉。

7. 口中有食物时，勿张口说话

当口中有食物时，不要说话。含着食物说话，食物容易从口中喷出。如适值旁人问话，可等口中食物咽下去后再回答。

二、西餐礼仪

随着当今社会的发展，国际间交往日趋频繁，中西方文化间的交流与融合也在进一步发展。而西餐文化也逐渐走入了中国与东方各国。为了在任何社交场合都能做到得心应手，则应对西餐礼仪文化有一定的了解并加以掌握。

由于历史文化、社会文化与社会背景的多方因素影响，导致中西两家文化的不同，而作为饮食文化其中的一个部分，餐桌礼仪文化也深受其影响。

1. 西餐入席礼仪

参加西餐宴会时男女宾客都应穿戴整齐、美观，特别是女性，应稍做化妆，让人感觉清新和高雅。入席时，同桌的男士应先照顾女士入席，等女士和长者坐定，再入座。无论男女入座时应由椅子的左方入座，离席时也应由椅子的左方退出。坐姿要端正，脚不可任意伸直和交叠，身体与餐桌间应保持一定距离。

2. 吃西餐的礼仪

（1）西餐座次：西餐的餐桌为长方形。宴请客人，主人应安排座次。安排座次的基本原则是男女宾客相邻交叉而坐。例如，一边将女宾置中间，两边各为男宾；另一边则将男宾置中间，两边各为女宾。这样每个人的左右对面都是异性，以便相互交谈。夫妇一般不安排坐在一起。

（2）餐巾的使用：在主人与客人入座之后，客人应待主人先摊开餐巾之后方可使用餐巾。餐巾的使用应注意不可挂于领口或双膝大腿以外其他位置。餐巾的作用不仅可以避免进餐时因食物掉落而弄脏衣物，而且可以用来擦嘴与擦手。若在进餐中途需要离席，则应将餐巾置于椅子上，切不可将餐巾随意放于餐桌之上。这是因为餐巾放于餐桌之上离席则表示不再回来之意。在用餐结束后，也应将餐巾大致叠好置于餐桌或托盘之中，不可随意乱扔、丢弃。

（3）用餐时的礼节：在用餐之时，首先，需按一定的取用顺序来使用刀叉，即按由外到内的顺序进行取用，吃一道菜，即使用一副刀叉，在使用过后可并排置于餐盘中央。在餐盘中的食物需推移的情况下，不可转动盘子，而是使用刀将食物推移至一旁。

其次，在咀嚼食物的时候，应闭嘴咀嚼，不可发出声响。在喝汤的时候，应使用汤匙自内向外舀出，且每次舀出的汤不宜过多；在喝汤之时，亦不可发出声响，也不可用口吹凉或使用汤匙搅拌，最为忌讳将碗端起来直接喝汤。在吃面包时，注意应以手撕成小片后食用，不可直接咬食或用餐刀切割面包。

（4）西餐水果的吃法：美国人习惯用手拿着吃；欧洲人则习惯用水果刀切开，用叉子叉着吃。不管什么习惯，在正式宴会中，是不能用手拿着整个水果啃着吃的。吃完水果后，应先在洗手钵中刷洗手指再用餐巾擦干，不要直接用餐巾擦。

（5）进餐中的举止：在进餐过程中，餐具必须随时保持整齐；身体不能紧靠餐桌，或把胳膊放在餐桌上；不能随意脱下上衣、松开领带或把袖子挽起；如从大托盘中取菜，一定要用公用的叉子；手弄脏了不能用嘴去吸吮；敬酒以礼到为止，切忌劝酒、猜拳及吆喝；席间不宜抽烟。

（6）离席时的礼仪：用餐结束离席时，应等男、女主人表示离席后方可离席。离席时男子应帮助邻座的女士和长者拖拉椅子；离席时要向男女主人表示感谢。

第五章

社交礼仪与学校礼仪

第一节 学校礼仪概述

一、学校礼仪的含义

学校礼仪是指学校师生员工之间在和睦相处时待人接物的礼貌行为及应有仪表仪态和仪式的总称。

（一）学校礼仪是学校师生员工在交往中的行为规范

学校作为教育的重要载体，其中的每一环节中的成员均应具有礼貌的行为举止与仪表仪态，在学校教育的每一环节中均应重视礼仪的教育与实践。对于在学校中的全体成员来说，学校礼仪是调节其相互之间关系的行为准则，在现实生活中，学校礼仪已经成为学校各个环节中各成员之间必须遵守的准则。

前文已提到，在日常学校教育生活中，学校礼仪已成为各成员之间交往的一种行为规范与准则。学校是人才培养的重要场所，更需要良好的秩序来维持。基于此，要求在师生员工之间进行相互往来之时，需对礼节引起重视，做到尊敬师长、爱护同学，并以一定的礼仪规范来对各成员的行为进行引导与规范，使学校生活可以在和谐、有序的环境下顺利进行。

（二）学校礼仪是学校文明校风的显著性标志

在学校发展的过程中，学校礼仪是其文明发展程度的重要体现与标志，同时，学校礼仪对校园文明校风建设也具有良性作用。

校园里讲礼仪的人越多，学校环境就会越和谐，在维护学校秩序方面，礼仪有着校规所起不到的作用。学校礼仪通过评价、劝阻、示范等教育形式来纠正师生员工不正确的行为习惯，倡导人们按礼仪规范的要求协调人际关系，维护校园正常生活，遵守学校礼仪的人客观上也起着榜样的作用，无声地影响着周围的人，大家互相影响、互相促进，共同加强校园精神文明建设。

（三）学校礼仪是培养理想人格的本质要求

随着我国改革开放的深入和市场经济的发展，面对激烈的市场竞争，学校必须培养高素质的人才。一个合格的人才需要掌握一定的专业理论知识，具有高超的操作技能，同时还应该有非凡的人格魅力和高尚的道德品质。而礼仪修养则是培养理想人格的必备条件。因为从业者在工作和其他社会活动中，其言谈行为举止反映了他的文化素养。作为 21 世纪的青年，应该为将来的发展做好准备。具有良好的道德品质，学会改善和协调各方面关系，与同事之间相互沟通，减少摩擦，求得顺利发展，这些在很大程度上依赖于良好的文明礼仪。因此，学校礼仪对于培养理想的人格更显重要。

二、学校礼仪的特点

学校礼仪在长期的发展过程中受着社会生活的影响和社会文化的熏陶，同时也受着社会历史条件的制约。学校礼仪是社会特有的一种文化现象，具有鲜明的特点。

（一）学校礼仪的共同性

学校师生员工在交往中都需要运用礼仪，不论哪个国家、哪个民族，学校礼仪都受到高度的重视。学校礼仪是同一学校中全体成员调节相互关系的行为规范。所以，它逐渐成为学校中各个成员都必须共同遵守的准则，正因为如此，学校礼仪作为人类文明的一种表现、一种象征，其有极其明显的共同性。

随着经济全球化的发展，各国之间交往越来越密切。同时高校之间的交往也愈加频繁，在学术交流的同时也在进行文化交流，相互之间取长补短。其中学校礼仪的借鉴和潜移默化的影响也在进行着。在相互交往的过程中，逐渐地形成了许多既蕴含各国学校礼仪内容，又形成了不同国家学校可以通用的共同性礼仪，这是学校礼仪共同性的重要含义。

（二）学校礼仪的地域性

学校礼仪虽具有共同性的特点，但不同地域、不同国家，由于其历史文化传统、风俗习惯、语言、文字、地理特征以及长期历史发展过程中形成的心理素质特征的不同，各国的学校礼仪具有地域性色彩。例如，美国的学校一般没有院墙，是开放式的校园环境，学校的教室布置各有特色、不拘一格，教师上课所采取的分组合作学习是最多的形式。德国大学实行"学术自由"，拒绝"保姆式教育"模式，在课程设置上除少数必修课外，学生完全可以根据专业要求和自己的志趣，安排学习计划和选修课程。日本和韩国的学校礼仪相对比较复杂，上学见到老师要主动行礼问安，就是学弟学妹遇见师兄师姐也要鞠躬问好。我们应该把握学校礼仪地域性特点，熟悉掌握其他国家或地区学校礼仪的程序、方式、方法，并运用和借鉴这些知识开展对外活动，以获得更多机会，促进我国文教事业的发展。

（三）学校礼仪的继承性

学校礼仪规范是将学校各成员交往中的习惯，以准则的形式固定下来并沿袭下去，甚至形成某些学校礼仪的传统性，这就形成了继承性的特点。学校礼仪的继承性是学校在不断发展中逐渐积累形成的，是维护正常学校生活秩序的经验结晶，是文明进步的表现。

学校礼仪继承了社会和学校传统礼仪，这种继承不是全盘接受，而是吸收其积极内容，摒弃消极成分。礼仪的发展不能脱离历史进行。同样，学校礼仪的发展也具有历史继承性。它根植于传统学校礼仪，在很大程度上受民族传统学校礼仪的影响，任何学校都不能超脱于传统学校礼仪之外。同时它还要继承本校优秀传礼仪文化，它是学校在长期礼仪实践中逐渐发展形成，凝聚了学校几代人的心血，并成为学校全体成员引以为豪和值得弘扬的一种文化。例如，有的学校"实事求是"的校训，并没有简单地受当时的教育思想和政策的影响，更没有人云亦云，而是继承了学校的传统礼仪文化的精髓，形成了本校的礼仪文化特色，并将之代代相传。

（四）学校礼仪对象的特定性

学校礼仪有其特定的对象，主要是指同学之间、师生之间以及与学校员工间的礼仪。学校中的学生、教师是一个特殊的群体。教师礼仪具有不同于其他行业的特性，担任教育下一代、传承文明礼仪的重任。学生是未来，需要培养文明礼仪，形成良好的习惯。因此，在学校中礼仪更多了一些人文性，教师不仅要以教育感染、影响学生，还要让学生学有所悟地展示出来，而学生也需要培养自己的人际交往能力，注意增强自己各方面的修养。学校礼仪的主体不单是在校的师生的个体，又是学校组织的整体，学校是有组织、有计划、有目的地利用一定设施和规范的场所，进行系统教育和培养人才的机构。因此，全校的师生员工都要遵守学校礼仪。

第二节　教师礼仪

中华民族是礼仪之邦，优良的教师职业道德源远流长。而这一切的产生与发展，与教师的文明礼仪的进步有着密不可分的联系。教师职业是平凡的，教师职业更是伟大的。他们肩负着教书育人的使命，是人类文化科学知识的传播者、开发人类智能资源的先锋队、塑造人类灵魂的工程师、协调人际关系的艺术家、平衡学生心理的保健医生。正是由于深知教师职业如此重要，他们才时时以教师礼仪严格要求自己，处处为莘莘学子树立令人敬仰的师道风范。

一、加强教师礼仪的必要性

对于当代教师而言，人际关系与学识、才能同等重要，社会交往和工作、生活已融为一体。因此，一个合格的教师，不仅要有高尚的品德修养、广博的知识经验、现代化的教育能力和健康的身心，还要有为人师表、受人尊重的外在形象。

（一）加强教师礼仪教育是教师教育深化发展的必然要求

当今世界，各国对教师和教师教育都十分重视。《科隆宪章——终身学习的目的与希望》中强调指出："教师在推进现代化和提高现代化水准方面，是最重要的资源。教师的采用、训练、配置及其素质能力实质性提升，是任何教育制度取得成功的极其重要的因素"。因此，教师是影响学生人格和个性发展的最重要的人，家长、教科书、电脑和大众传媒都不能代替教师的作用。教师的外在形象和言行、举止必然对学生产生深刻影响。那些爱岗敬业、爱生如子、严谨求实、无私奉献、以身作则、表里如一的教师，总是会得到学生肯定并影响学生终生的。

（二）加强教师礼仪教育是我国教育形势发展的必然要求

当前，我国处在由应试教育向素质教育的转型时期，第八次基础教育新课程改革正在全面展开。建设高素质的教师队伍，是全面推进素质教育的基本保证。因此，教师在礼仪推广和普及过程中，扮演着为人师表、率先垂范的重要角色。作为学校和教师，无论在显性课程教育还是隐性课程教育方面，都要对青少年尤其是儿童纯净、稚嫩的心灵负责。我国儿童教育家孙敬修老人说得好：老师的一言一行对孩子都是很有影响的，孩子的眼睛是"录像机"，耳朵是"录音机"，脑子是"电子计算机"，录下来的信号装在电子计算机里储存起来，然后指导他的行动。教师最大的力量就在于他自身树立的榜样，所以，教师必须严格要求自己，用美的语言、美的行动、美的心灵来影响受教育者。加强对教师的礼仪教育，就是要规范教师的言谈举止、仪容仪表，以对学生人格和品质产生积极的影响。

（三）加强教师礼仪教育是教师职业道德建设的必然要求

教师的职业道德，是教师在从事教育教学工作中必须恪守的道德准则，是教师职业素质的灵魂所在。教师礼仪是教师在教育教学工作中待人接物，为人处世的行为规范，是教育从业者所应具有的职业道德的重要内容。教师礼仪的根本含义是为人师表，以身作则，为学生、为社会树立良好的榜样。它具有示范性、审美性、综合性的特点。无论在我国传统上，还是西方传统上，都很重视礼仪的教化作用，人们总是对教师寄予很高的期望，把礼仪修养作为教师必备的基本素质之一。因此，我们应当把教师礼仪教育作为加强教育职业道德建设、提高教师基本职业素质的重点工作来抓。

二、教师礼仪的本质与培养

教师应为人之楷模，因其担负者教育、培养、造就人才，促进人类社会发展前进的重任。教师在教学活动中，所显示的自身的礼仪修养是一种"隐性礼仪修养"。这些隐性礼仪修养往往是通过教师的言谈举止、仪表风度体现出来的。学生最易接受这种信息，学生都具有向师性，在他们的心目中，教师就是榜样，通过耳濡目染，潜移默化，学生产生一种学习和模仿老师的意向。因此，教师遵守自身职业需要的礼仪规范，对学生的成长有着重要的作用。

（一）教师礼仪是心灵美和仪表美的完美结合

对于教师的礼仪培养与要求应是从全方位出发的，不仅要注重外在的仪表仪态要求，而且要对内在素质要求进行重视。但相较之下，其内在素质的要求更为重要。

1. 教师的内在素质要求

对于一名教师来说，其内在素质要求主要表现在四个方面，即正确的政治态度、广博的知识储备、高尚的道德情操以及诲人不倦的教育精神。

首先，政治态度是一个人最基本，也是最为重要的态度，在很大程度上对其人生的意义与价值产生着重大影响。任何一个人均有自己的政治态度，若没有鲜明的政治态度，则就像航行中的船舶失去航灯的指引而丧失方向。学生在学校教育过程中，正是从心理、生理走向成熟的重要时期，在接受新的知识的同时，其世界观、价值观与人生观也在受外界的影响逐渐走向成熟。因此，教师作为教育的引导者与传授者，应有正确的政治态度，从而对学生正确世界观、价值观与人生观的形成提供引导作用，使学生成为符合时代发展的，具有正确政治观点的优秀人才。

其次，教书育人是教师最为基本的任务与职能。作为教师，其知识储备与能力是教师素质表现的重要方面。具体来看，一名优秀的教师应该是具有广博的学识与合理的知识结构，并具有较高的科研能力与教学水平，且在所在专业领域具有一定的理论造诣。教师只有在基于上述要求的基础之上，其礼仪才会表现出一种趋于理性的完美之感，而非浮于表面的虚饰。基于此，良好的教师礼仪修养、风度以及行为举止的完美体现，应是在不断充实自我学识知识、不断完善自身能力培养，对自我业务素质不断提升、增长业务才干之上的，才会使礼仪表现出一种内涵丰富的美感。

再次，高尚的思想情操和美德，不仅是人民教师应有的品格，而且作为"人师""表率"，它本身就是一种教育、感染、激励学生奋发向上、锐意进取的力量和手段。从某种意义上讲，教师的道德和智慧，比他的学问更有价值。教师的礼仪应基于对交往对象的相互尊重、以诚相待、表里如一，应以高尚的道德修养为内在理念，应有忠诚于教师事业，学而不厌、诲人不倦、热爱学生、甘为人梯的乐业敬业精神。

最后，教师的工作对象是学生，目的是要把学生培养成为国家的有用之材，因此，教师对教育工作的热爱，就是对学生的热爱。爱护学生，要做到对学生循循善诱，诲人不倦。教师应善于向学生揭示疑点，启发他们积极思考，鼓励他们具有创新精神。

2. 教师的外在仪表

教师仪表是教师整个风范的重要组成部分。教师是人类灵魂的工程师，承载着教书育人、为人师表的光荣职责。教师的音容笑貌，举止文明、作风正派、知识渊博、风度儒雅、衣着发式，都无形中成为学生和社会上学习的楷模。教师仪表的好坏，对于学生审美观的形成起着重要的示范作用。因此，教师的仪表对学生的成长有着重要的作用。

（二）教师礼仪培养

教师的礼仪素质的培养并非一朝一夕就可以完成的，必须经过长期有意识的学习、实践、积累而逐渐形成的，同时要有行之有效的方法和途径。

1. 自觉加强思想道德修养是培养礼仪美的基础

一个思想道德修养良好的人，才会有美的心灵，一个有着对教师职业充满责任感与成就感的人，才会自觉地去学习礼仪知识，力求做到礼仪美。因此，礼仪与道德密不可分，思想道德修养是礼仪的内在基础，而礼仪是道德修养的外在形式，必须把不断地加强思想道德修养作为培养教师礼仪美的基础，不断提高道德水平，升华道德境界，才能自觉地遵循礼仪，做到"为人师表"。

2. 加强必要的学习和严格的训练

礼仪不是生来就有的，也不是一蹴而就的，而是经过认真学习和实践的锻炼而形成的。因此，教师应主动努力学习礼貌礼节知识，注意仪表仪容，进行适当的形体训练，规范各方面的行为，言谈举止都要有符合一定的标准，这对培养教师礼仪是不可缺少的一环。

3. 勇于实践是实现礼仪美的根本

在教师礼仪的培养过程中，学习和训练只是强化礼仪的意识及基础，但关键在实践，见诸行动。教师要在日常生活、工作中体现礼仪精神，要以积极主动的态度，注重从小事做起，培养礼仪观念，养成良好的礼仪习惯，树立礼仪意识，只要坚持不懈、持之以恒，教师礼仪是一定会形成的。

第三节　学生礼仪

一、待师礼仪

（一）尊重老师，信任老师

老师是学生的启蒙者，是值得尊敬和信任的，要理解老师，服从老师的正确管理和教育。教育是一个师生相互配合的过程，同学是这个过程的最终受益者，应该尊重老师。这种尊重不仅是表面礼节上的尊重，对老师有礼貌，不仅见到老师主动热情打招呼，课前把讲台擦干净、课间擦好黑板等。还要尊重老师的劳动，即上课认真听讲、积极回答问题、及时完成作业。尊重还应包括说话时，语气要温和，语调要平稳，不要指手画脚。对老师的尊重，更要表现在尊重老师的人格方面，同学们要理解老师的苦心，服从老师的管理和教导，当有不同意见时，也应以诚恳的态度、恰当的方式向老师提出。

（二）勤学好问，虚心求教

老师几乎把所有知识无私地、毫无保留地教给学生。如果他们希望得到什么回报的话，就是希望看到学生成长、成才，在知识的高峰上越攀越高。因此，学生要向老师虚心求教。勤学好问不仅直接使学习受益，还会增多、加深和老师的交流，无形中就缩短了与老师的距离，每个老师都喜欢肯动脑筋勤思考的学生，对虚心求教的学生往往产生良好的印象。因此，向老师请教问题往往是师生间交往的第一步，常向老师请教学习上的问题会加深师生彼此的了解，增进师生之间的感情。学生在向老师求教的过程中，可以巩固和增长知识，为将来攀登科学高峰奠定坚实基础。

（三）正确对待教师的过失

常言道"金无足赤，人无完人"。世界上并没有一个没有任何缺点、不会犯错的人。而教师也并不是完美无缺的，有些时候也会出现偏差。例如，教师的某一些观点不正确，或误解了某个同学，甚至有的老师"架子"比较大，或是太严厉，这都是可能的，发现老师的不足要持理性的态度，向老师提意见语气要委婉，时机要适当。如果老师冤枉了你，不要当面理直气壮地顶撞老师。这样不但无助于问题的解决，可能会激化师生的矛盾，正确的方法是暂时放一放，等大家都心平气和时再与老师诚恳交谈，其结果维护了老师的尊严，得到了老师的理解，甚至会使老师向学生公开道歉。

（四）勇于承认错误

有的同学明知自己错了，受到批评，即使心里服气，嘴上也死不认错，与老师的关系搞得很僵。有的人则相反，受过老师的批评心里就特别怕那个老师，认为他是对自己有成见，从此不愿意和老师接近和交流，这都是没必要的。应该主动向老师承认错误，改正了就是好学生。老师不会因为学生有一次没有完成作业、有一次违反了纪律就认为他是坏学生，就对他有成见，相信老师是会全面、客观地评价学生的。

二、同学礼仪

在同学之间的交往过程中，只有友爱的良好愿望是远远不够的，更要注意情感的交流与沟通。与同学交往要遵循交友原则，讲究礼仪才能与同学友好地相处。

（一）热情待人，相互帮助

热情待人，相互帮助是与同学相处的一个基本原则。很难想象一个为人冷淡、口是心非、不关心别人的人，会有人意愿与他交往和做好朋友。俗话说"与人方便，与己方便"。关心别人的人常常会得到别人更多的关心。当同学生病的时候，要主动关心，热情照顾。例如，陪同看病、帮忙打饭、打开水等。遇到同学在生活上、经济上发生困难，要尽力帮助，早出晚归要顾及同寝室其他的同学，不要过多地打扰他人，借用同学的东西要讲礼貌，归还东西时要表示感谢。当同学有客人来访而同学本人又不在时，应主动热情地代为接待等。

（二）尊取别人，注意礼貌

同学之间的尊重和礼貌表现在日常生活的各个方面。例如，不可私自翻看同学的日记和信件。有的同学出于好奇喜欢私自翻阅别人的日记和私拆他人的信件，甚至把内容公布于众，这样做不仅是一种不道德、不礼貌的行为，而且还是一种违法行为。在同学交往中这类现象应该杜绝。只要不违背社会的道德和法律，不损害他人的利益和侵犯他人的权利，每个同学都可以有自己的隐私。有的同学对自己的某种情况或家里的一些事情，不愿告诉他人，不喜欢他人询问，这是属于他个人隐私，应该受到其他人的尊重。在集体生活中，每位同学都要注意尊重和保护别人的隐私权。凡是同学不愿谈的，就不要去打听和追问。那种到处刺探别人的隐私，甚至把别人心灵上的创伤当作新闻来传播以供自己取乐的人，不仅是不礼貌，更是没有道德的。

不要给同学起绰号和嘲笑同学的生理缺陷。有的同学特别喜欢给别人起绰号，并以此为乐。许多的绰号是带讽刺和侮辱性的，例如，根据人的生理缺陷而拟就的。一经传开，会给被起绰号的同学造成心理上的伤害。对这种低级、恶俗、无聊的乱起绰号的行为必须加以制止。生理上有缺陷的同学，一般都较为内向，内心充满苦恼与忧伤，在学习上、生活上会遇到更多的困难。他们比正常的同学更需要别人的关心、帮助和鼓励。所以，道德高尚、有礼仪修养的人，应积极地关心和爱护他们，尽力帮助他们。

（三）严于律己，宽以待人

严于律己，宽以待人，是中华民族的传统美德之一，也是人际交往的礼仪原则。孔子在《论语》中就说过"己所不欲，勿施于人"，其道理大家都是知道的，但有的同学在日常生活中常忘记了这一点。有的同学对别人的缺点缺乏宽容心，总喜欢在别人的背后议论是非，发表一些不负责任的言论。而对自己的不足却视而不见，满不在乎，还容不得别人的半点批评。有的同学在与人的交际中喜欢以自我为中心，把自己的观点强加于人。有的同学得理不饶人，为了一点小事与同学争得面红耳赤，一定要分个高低胜负，甚至发展到恶语相加、大打出手。这些行为与学生的身份是格格不入的。

总之，同学关系是每一位学生都应该重视、认真处理的。在校园内产生的同学之间的情谊，往往是既纯洁又久长，是人类所拥有的最美好的感情之一。对每一名学生而言，处理好同学关系，珍视同学之谊，将对他们的学习、成长乃至今后的事业、生活具有极大的帮助。因而，学校要重视学生之间的礼仪教育和培养。

第四节　课堂礼仪

课堂是教师授课的主要场所，也是集中展示教师风采的重要阵地，所以教师在课堂的言行举止对学生的影响甚为深刻。课堂教学又是教师和学生双方的互动过程，学生的体态言行对老师讲课也有影响。因此，教师和学生在课堂中都要讲礼仪，良好的课堂礼仪对课堂教学有着重要的作用。

一、学生课前礼仪

（一）学生课前的准备

学生应在课前 5 分钟进入教室，把本堂课的教材、笔记本放在桌面上，做好上课的准备，端坐恭候老师到来。教室里的肃静气氛，既能集中同学们上课前的注意力，也能为老师取得良好的教学效果创造一个良好的开端。每位同学做好上课准备，这是一种应有的礼貌，既是尊重老师，也是尊重集体的表现。如果预备铃已响，学生还是跑进跑出，教室里秩序杂乱，必然影响同学听课的心情，也会影响老师的情绪，从而影响教学的效果。

（二）上课前的特殊环境

学生如果遇到特殊情况，在老师开始上课后才进入教室，要特别注意举止文明和礼貌。应该站在教室门口先喊"报告"或轻轻敲门，经老师允许后才能进入教室。要向老师说明迟到的原因，说话态度要诚实，如果课堂上不便提出，也可课后主动给老师说清楚。在得到老师的谅解和批准后，方可回到座位。回到座位时速度要快，脚步要轻，动作幅度要小。在放下书包与拿课本时，尽量不要发出声响。更不能为了掩饰自己的窘况，反而故意做出惹人发笑的举止。坐下之后应迅速取出课本和笔记，集中精力静听老师讲课。总之，迟到的学生要把由于自己迟到而对课堂秩序造成的影响减小到最低的程度。

如果教师在上课铃响过后，才进入课堂上课时，不要大惊小怪，仍然起立向老师致礼、问好。当老师就迟到的原因做出解释并表示歉意时，应表现出谅解和宽容的态度，这样会使教师感到温暖亲切，从而融洽师生关系。

二、教师课堂教学的礼仪

教师在课堂教学中要注意礼仪，礼仪的恰当运用就可折射出教师的内在气质和风度。对于激发学生的求知欲，启迪学生智慧，都具有非凡的意义。

（一）流畅精练的语言

语言表达是教师劳动的特殊工具，教师要靠语言把书本知识、科学信息和教学要求传达给学生。流畅精练的语言，可以增强学生学习的兴趣，启迪学生的智慧。因此，作为一名教师，要注意表达语言时应遵守的礼仪礼节。表达要准确，学校中设置的每一门课程都是一门科学，有其严谨性、科学性。老师在教授时应严格遵循学科的要求，必须准确。语言要精练，讲课要抓中心，不说废话和多余的话，给学生干净利索的感觉。也可以适时插入一些风趣、幽默的话，以活跃课堂气氛，提高学生学习的兴趣。音量要适当，讲课不是喊口号，声音不宜过大。否则，会给学生以声嘶力竭之感。如果声音太低又很难听清，也会影响教学效果。教师在提问时，要采用启发的方式，使学生积极思维，开发智力；对学生正确的回答，应及时给予肯定；当学生回答不出问题时，应让其坐下来进一步思考；切忌用讽刺挖苦的语言去伤害学生的自尊心，以致挫伤学生的学习积极性。

（二）工整简洁的板书

简洁工整的板书是教学内容的概括化、图表化，是课堂教学的有机组成部分。它包括书写、绘画等，既有直观性又具形象性，以诉诸学生的视觉，从而传递信息，配合语言、态势等完成教学任务。好的板书展现出教师的教学思路，凝聚着教材的精华。语言概括而精练，具有内容美的板书，要服从教学内容的需要，服从教学目的和要求；要因义制宜，形式新颖；要图文并茂，脉络清晰。美的板书，可以使说话变得明确、简洁；可以弥补语音的不准，避免发生歧义；可以突出重点，加深印象；可以引起注意，激发兴趣；甚至可以活跃课堂气氛，强化教学效果。工整简洁的板书应充分表现规范悦目的整洁美、引人入胜的曲折美、层次井然的条理美和组合巧妙的图案美等。

总之，老师的语言、仪态、板书都流露出美的气息，学生在愉快地接受老师传授知识的同时，也在不知不觉中受到美的熏陶。

三、学生课堂礼仪

（一）遵守课堂纪律

学生是学校工作的主体，因此，学生应具有的礼仪常识是学校礼仪教育中重要的一部分。遵守课堂纪律是学生课堂礼仪的最基本的内容。上课的铃声一响，学生应端坐在教室里，恭候老师上课。当教师宣布上课时，全班应迅速起立，向老师问好，待老师答礼后方可坐下。在课堂上要认真听老师讲解，注意力集中，独立思考，重要的内容应做好笔记。当老师提问时应该先举手，待老师点到你的名字时才可站起来回答。发言时身体要立正，态度要落落大方，声音要清晰响亮，并且应当使用普通话。听到下课铃响时，若老师还未宣布下课，学生应当安心听讲，不要忙着收拾书本，或把桌子弄得乒乓作响，这是对老师的不尊重。下课时全体同学仍需起立，与老师互道"再见"。待老师离开教室后，学生方可离开。

此外，"人非圣贤，孰能无过"。老师有时在课堂上出现一些错处也是难免的。学生不要使老师当场难堪，要选择适当的时间、地点、场合和方式，以商量的口气、谦和的态度，有礼貌地指出教师的错处，这也是遵守课堂纪律、符合礼貌的表现。

（二）认真回答老师提问

教师上课提问，是检验自己教学效果的最快捷和最直接的方法。一方面可以了解学生对教学内容是否理解或接受，另一方面又可启发学生积极思维，使学生的注意力集中。学生的回答反过来又能启发教师的思维活动，达到教学目的。因此，教师提问是一种正当和必要的教学手段，学生应正确、有礼貌地对待教师的提问。

当老师提问或学生有疑问要回答时，首先要举手，经老师允许后起立发言，不应当边举手边回答，更不可坐在位子上七嘴八舌，或是在别人回答时插话。起立时要站直，表情大方，说话声音要响亮、清晰，不要搔首弄姿或故意做出滑稽的举止引人发笑。对老师的问题答不出来，又偏偏被点名回答，这时也应站起来，用抱歉的语调向老师实事求是地表明这个问题自己回答不出来。在别人回答问题时，不应随便插嘴。别人答错了也不应讥讽嘲笑。

第五节　集会礼仪

除了在课堂上对学生进行德、智、体、美、劳的教育外，学校还经常开展各种各样的集会活动来强化教育效果。在各种各样的学校集会活动中必然要有一定的仪式、礼节，这就要求学生既要懂得有关的仪式知识，又要遵守前面所讲的礼仪。

一、参加学术报告会礼仪

（一）遵守集会纪律，做到准时有序

参加集会时，每个学生都要有较强的时间观念，应提前几分钟到达集会地点，以保证集会准时开始。不能拖拖拉拉、延误集会的时间和影响集会的气氛。入场时不要勾肩搭背、大声说笑、东张西望或寻人打招呼。必要时要在最短的时间内整好队列，并以较快的速度进入会场，入场后要在指定地点入座。如果事先没有指定座位，也要听从会议组织者的安排，迅速就座、秩序井然。不要挤占位置好的座位，不要坐其他班级的座位，更不要坐贵宾席或教师席。集会结束后，应让贵宾及教师先离开会场，然后学生按次序退场，切忌一哄而散。

（二）尊重报告人，适时向报告人表示敬意

报告人未入场前，与会学生应端正恭候报告人。当报告人出现在主席台上时，全场应立即安静下来，并报以热烈的掌声，这是一种基本的礼貌。这种礼貌是对报告人的尊重和鼓励。报告人也会因此把报告做得更好。报告人做报告时，学生都要端坐静坐，不要交头接耳、窃窃私语，不要看报纸杂志、吃零食、东张西望、左顾右盼。否则会影响报告人的情绪，也会干扰其他同学听报告。在一般

情况下学生不要随意离开会场，如有特殊原因离开会场，也须悄悄出场，以减少对报告人和听众的干扰。

如果对报告中的某些观点不同意，或对于报告的引例和数据不够准确而持不同看法时，应采取正确而礼貌的方式处理，可以向报告人递条子的办法指出报告中某些欠妥之处，或者会议结束后，向会议组织者提出意见。不允许当场在下面议论、喊叫或当面责问，这都是不礼貌的行为。

（三）自由发言要注意礼貌

集会是有组织、有领导的，如果要发言应该先举手，得到主持人的同意后方可发言。在别的同学发言时应认真听，不要做出无所谓或不耐烦的样子，不要随便插话，更不能强行打断别人的讲话。假如不同意发言人的观点，在他没有讲完之前，既不要立即反驳，也不要和周围的同学议论扰乱会场纪律，更不能公然露出鄙夷的神色或拂袖而去。发言不管是阐述自己的看法，还是反驳别人的论点，都应注意观点明确、论据充分，以理服人。对不同的意见不要乱扣帽子、乱打棍子，切忌出言不逊、恶语伤人。别人批评自己的观点或对自己的观点提出不同看法时，应该虚心听取，要让别人把话说完，不要急躁，不要说出有损别人人格的话，而应互相切磋。

二、开学典礼的礼仪

每个新学年开学之际，学校一般要进行开学典礼。开学典礼是宣布新学期开始的仪式。通常要介绍学校基本情况，布置学校新学年的工作，动员全校师生员工为完成新学年的任务而奋斗。为保证开学典礼有序进行，要首先做好以下准备工作。

（一）及时递送请柬

如果开学典礼需要请来宾或有关人士参加，学校要在举行开学或毕业典礼前一周左右，将请柬送到所邀请的学校领导和有关部门负责人或代表手中。如果邀请来宾发言，应把发言内容和具体要求提前通知发言者。

（二）精心布置会场

学校要安排专人负责布置会场，主要来宾的姓名标志牌应放在桌面上。学校大礼堂或露天会场要打扫干净，会标挂在会场主席台前，会场上还可插彩旗。此外，会场内外可张贴一些标语，烘托典礼气氛。在主席台上安排若干座位，座位前面放置会议桌，用桌布围好。同时，在主席台前摆放一些鲜花。

（三）其他准备工作

典礼筹备组要安排好典礼程序以及大会发言顺序，准备好音响设备、音乐唱片或录音带以及饮料等。同时，要做好大会后勤服务工作。典礼筹备组要组织接待人员，安排好迎送来宾。接待人员中的礼仪小姐可以披礼仪彩带，在会场门口接待来宾为来宾引路、倒茶等。一切与开学或典礼有关的准备工作应按时就绪。

三、学校宣誓的礼仪

（一）宣誓礼仪的主要程序

（1）宣誓大会开始。大会主持人宣布宣誓大会开始，全体起立，奏（唱）国歌。

（2）大会主持人讲话。大会主持人简要地讲明宣誓的意义，讲解誓词的基本精神。

（3）宣读誓词。宣读誓词时，宣誓人应右手握拳上举至耳部，由预先指定的一名宣誓人在队前逐句领读誓词，其他人高声复诵。

（4）宣誓人代表讲话。宣誓完毕，由宣誓人代表讲话，表达宣誓人员的感受和献身人民公安事业的坚强决心。

（5）领导讲话。请上级领导等人员作简短讲话，对宣誓人员进行鼓励，提出希望。

（6）宣誓大会结束。奏乐，大会主持人宣布宣誓大会结束。

（二）组织宣誓需要注意的事项

（1）宣誓仪式应相对集中，同一单位不宜分散举行。

（2）宣誓地点应尽可能选择在有教育意义的地点、场所，如本单位的荣誉室、历史陈列室或革命烈士陵园、纪念馆等。

（3）根据需要，宣誓场地可以悬挂徽章。

（4）宣誓仪式由组织宣誓的相关领导主持，新人由其主管领导及组织初任培训的领导带领。

（5）宣誓人员必须整体列队、统一着装、队容严整，不许交头接耳、嬉笑喧哗。已授衔、着装的人员应佩戴相应的标志，没有授衔的新人，可以在宣誓仪式中授衔。

（6）宣誓活动应严格按照有关规定的程序，严密、紧凑，避免发生意外事故，影响会场秩序和宣誓效果。

（7）宣誓大会后，可以保留宣誓者名册，并交给有关部门保存。

第六节　宿舍礼仪

对于学生，尤其是住校生而言，宿舍不仅仅是他们共同生活的场所，更是他们的另一个意义上"家"的存在。学生除了休息之外，还有很多时间是在宿舍里度过。学生在宿舍里的礼仪修养，直接影响他与同学之间的人际关系，所以宿舍礼仪就显得格外重要。

一、宿舍礼仪简介

（一）宿舍日常秩序

进寝室时，如果自己没带钥匙，应该礼貌地敲门。不可以把门敲得震天响，或者很不礼貌地大声叫喊。再者，如果舍友有事，一时无法立刻过来开门，应该耐心地等待一会儿，不要接二连三地不停敲。最后，他人为自己开门后应该礼貌地说谢谢。同样，碰到他人敲门而自己在屋里的时候应该及时为他人开门，一时腾不出手可以说"稍等"。

在宿舍里要尽量保持安静，注意不打扰他人。看到寝室里有其他人在学习或者安静地思考问题的时候，不要在旁边大声吵吵闹闹，尽量不要干扰他人。同样，在宿舍接打电话不要声音很大，而且尽量要简短。如果涉及私密话语，应该出去接打。在宿舍里大声地接打电话无疑是强迫他人听自己的电话，会令人感到非常不愉快。何况，当他人学习的时候，接打电话也会干扰他人。

在他人休息时，翻书、走路动作都要轻。再者，如果学习时间过晚，在睡觉的时候就不要再整理书籍、收拾学习用品，可以留在第二天整理。另外，在他人休息时，不要吃东西，如果一定要吃，不要将食品袋或包装袋弄出响动。

如果晚上感觉自己会晚些睡，那么要提前刷牙洗脸把睡前准备工作做好。忙完之后可以坐下来做自己想做的事情。否则等他人都睡着了再开始活动，去刷牙洗脸，会影响到他人休息。此外，使用电脑时，也要注意是否会影响他人。夜深人静的时候敲击键盘会影响他人睡觉。

（二）宿舍日常卫生

保持宿舍内外整洁，经常打扫寝室，包括地面、桌椅、橱柜和门窗等。即使没有规定轮流打扫宿舍卫生，自己在力所能及的范围内做好宿舍卫生，也有利于自己的身心健康，而且无形中给同宿舍的其他同学起了一个非常好的榜样作用。

被褥折叠整齐，并统一放在一定位置上，蚊帐钩挂好，床上用品要保持干净、整洁。衣服、水杯、饭盒、热水瓶等，要统一整齐地放在规定的地方。

换下的脏衣服、脏鞋袜等必须及时洗干净，以免时间长了影响宿舍里的空气质量，更不应该满床扔。

自己重要的书、衣服、用品等，不要乱丢乱放，要放在自己的橱柜内。

宿舍内外不应该乱写乱画，乱倒水，保持干净，人人有责。

严禁在宿舍区随地大小便；如果是住楼上，严禁向楼下倒水。

（三）宿舍日常关系

尊重他人的隐私。他人的电脑屏幕、他人的书籍、他人的笔记本都是个人隐私，不要有事没事在他人上网的时候盯着他人的屏幕看，也不要看见他人什么书就随手拿过来看。有的学生没养成随时收拾东西的习惯，连日记本也随便丢在枕边或课桌上，甚至翻开放在那里。即使碰到这种情况，别的同学也不应以任何借口去私自翻阅。

同时也不打探同学的隐私。有的学生对自己的某种情况，或家中的某件事，不愿告诉他人，也不愿细谈。这属于个人隐私，他有权保密，应受到尊重。在集体生活中，每位同学都要尊重他人的隐私权、人格，凡是他人不愿谈的事，不要去打听。

有某同学离校去处理个人私事时，对方没细说，也没必要去打听、追根寻源，只要知道某同学向班主任或学校请了假就行了。

（四）宿舍日常串门

应在有同学相邀，或在得到该室其他同学允许时，才可以串门。进门后，主动向其他同学打招呼，并且坐在邀你的同学的铺位上，坐其他人的铺位应先征求意见，不应随处乱坐。不能乱用他人物品、乱翻动他人的东西。讲话声要轻，时间要短，不能逗留太久，以免影响其他同学的正常作息。

在午休进他人寝室时，门关着的时候，如果是经常来往的寝室，可以象征性地轻轻地敲两下门，然后轻轻进去，找到要找的人，安静地说话、办事，结束之后应该立即轻手轻脚地出去。如果不常往来的寝室，门关着，推也推不开，那么就说明人家正在休息，这个时候如果没有特别紧急的事情，就不要继续打扰对方。

到异性同学的宿舍去，除注意上述要求外，还要注意穿着得体，不可以穿着太随便甚至暴露。进门前要打招呼，在得到该室同学允许后方可进去。要选择好时间，不要选择在多数同学要处理生活问题的时候，更不要熄灯后过去。如果有紧急事情必须谈，可以请对方到门口走廊交谈，逗留时间不要过长。

接待亲友或外人来访时，在进入前自己应先向在室内的同学打招呼。入室后，自己应主动为同学做介绍，如果是异性亲友或外人来访，自己更要先打招呼，说明情况，要在同室人有所准备之后再进。若在寝室的时候，如果碰上寝室同学的家长或朋友来访时，要主动站起来向客人问好。对方谈一些私事时，其他同学要适当回避，不要在一旁偷听，更不要插嘴、询问。如果被访者不在，应尽快帮助寻找，找不到时应让客人留言，事后应及时转告。

不要随便留人住宿，更不要留不明底细的人住宿，以免出问题。

二、宿舍礼仪的重要性

对于宿舍礼仪的重要性，我觉得每个人都有自己的经历和独到的见解。不过，从大体上来说，宿舍礼仪的重要性主要体现在以下三方面。

首先，宿舍礼仪是个人魅力的体现。作为中国学生，我们生于礼仪之邦，当为礼仪之民；身处书香之院，本应知书达理。作为一名学生，文明礼仪是思想道德、文化修养、交际能力、精神风貌的外在表现，具有高素养的礼仪风范是学校应有的精神素质与内涵。学生在宿舍生活期间，应该团结同学、珍惜资源、彬彬有礼、落落大方、衣着得体、谈吐优雅、举止文明、以诚待人。

其次，宿舍礼仪是舍友相处的准则。学生在宿舍期间，讲文明、重礼仪，不仅展现了自己好的素养，更给舍友留下了好的印象。一方面，这为以后舍友的相处奠定的基础。另一方面，这也是舍友相处的准则。在宿舍生活中，学生应当强化大局意识，树立团队观念，做到顾大局、识大体。

最后，宿舍礼仪是良好关系的保障。不管在学校交往，还是在社会交往中，人们必须遵守一定的规矩和准则，才能体现人之所以为人的特有风范，才能保证文明社会得以正常维系和发展。在宿舍期间，注重宿舍礼仪，不影响其他舍友的正常学习和休息，对学生个人与其他舍友建立良好关系提供了坚实的保障。并且可以肯定地说，步入社会之前的学生时代与同学情谊，是纯情的，是令人回味的。

第六章

社交礼仪与商务社交

第一节　商务礼仪概述

一、商务礼仪的内涵

商务礼仪即人们在长期的商务活动所形成的一种惯用形式与行为规范，在商务活动之中起着至关重要且无可替代的作用。商务礼仪具有国际性，但亦具有民族性。因此，在商务社交活动中，在遵循一般的社交礼仪的同时，还应注意各个国家、民族之间的文化差异，不仅可以促进商务贸易业务的开展，而且可以消除误会，增进情感沟通。

二、商务礼仪的重要性

商务礼仪的重要性主要从企业、个人两个角度进行考量。

1. 从企业角度来讲

随着企业间竞争日渐激烈，企业对其自身形象以及公司内部员工的形象亦日渐重视。商务礼仪是企业精神文明建设的重要内容，是企业形象的主要附着点。企业良好的商业形象是对外社交成功的起点。而企业内部员工优雅的气质、专业的形象以及在商务社交场合之中得当的礼仪已逐渐成为职场成功的重要手段，同时，也是企业良好商业形象的良好体现。掌握一定的商务礼仪，不仅能够塑造企业形象，还可以提升客户对企业的满意度，从而达到使企业社会与经济效益双提高的目的。

2. 从个人的角度来讲

作为精神内涵的外在体现，得体的礼仪体现了一个人的道德、文化以及个性修养，而在此之上的良好礼仪修养才是得体又成熟的礼仪。因此，商务礼仪的学习与掌握有助于提高人们良好修养，又可美化自身、美化生活，而且可以有效地促进社交，从根本上改善人际关系，从而助推社会风气的净化。

三、商务礼仪的特征

1.规定性

商务礼仪可以适用于从事商品流通的各种商业活动之中，而不参与商品流通的商务活动则不适用。

2.信用性

从事商务活动的双方都有利益上的需要，而不是单方面存在利益需求。因此，在商务活动中，诚实、守信就显得非常重要。所谓诚实，即诚心诚意参加商务活动，力求达成协议，而不是夸夸其谈、毫无诚意。所谓守信，就是言必信行必果。签约之后，一定要履行；如果实在不能如期履约，那就应给对方一个满意的结果来弥补，而不应言而无信，决而不行。

3.时机性

商务活动的时机性很强，若时过境迁，则会失去良机。在商务活动中，如若从言谈到做事均恰到好处，则问题也会迎刃而解。而一味地去"步步紧逼"，有可能会失去一次成功的商业合作机会。

4.文化性

商务活动虽然是一种经济活动，但是商务活动中文化含量较高。因此，商界人士要体现文明礼貌、谈吐优雅，就必须不断提高自身的文化素质，树立文明的企业形象，在商务活动中表现出文明典雅、有礼有节。

四、商务礼仪功能

（一）树立商务交际形象

商务礼仪犹如一块"磁铁"，它有助于企业、个人在商务活动中树立良好的形象。在商务活动的见面问候、馈赠宴请、书信往来中能创造融洽的气氛；得体的外表和修饰，能让你的合作伙伴感到受尊重。因此，商务活动者掌握各国的商务礼仪文化，使自己在商务活动中文明礼貌、言辞得体，给合作伙伴留下良好的印象，以便商务活动顺利进行。

（二）营造良好交易氛围

商务活动中如精心安排开业、剪彩、签字等各种仪式，相互赠送礼物与宴请，可以增添双方的友谊和情感，营造良好交易氛围。但也有很多讲究，比如赠送礼物一般不宜过分贵重，尤其是给欧美国家的客商，因为他们只把礼物作为传递友谊和感情的载体或手段，有时赠送很贵重的礼物，效果适得其反，对方会怀疑你此举是否想贿赂他而另有图谋。

（三）化解各种商务矛盾，巩固贸易关系

由于各国的政治、经济及文化传统有很大的差异，在商务洽谈时，往往面临着谈判人员的性格特点、谈判方式、行为举止及价值观等方面的差异所造成的文化冲突。事实上，不少谈判人员往往无意识地参照自己的文化价值观，用自己的价值观作为理解的尺度和标准。商务人员应避免"文化参照"，适应异国文化差异。在商务谈判中，商务人员应熟悉对方的文化背景，把握谈判对方的性格特点，既要遵守国际惯例和交往对象的民族礼俗，又要根据本国特点和风俗习惯以及商务活动的特殊需要灵活变通，以便在谈判中处于主动的地位。

五、商务礼仪的施行原则

（一）客随主便

任何国家、任何地区都有一些长期以来自然形成的风俗和习惯，遵循所到地域的礼仪规范，是一切处于客位的礼仪当事人无法推卸也无法回避的；如果做不到这一点，必然带来程度不同的礼仪失误，并且造成一系列其他的不良影响。从积极方面来看，遵循所到地域的礼仪规范，又是处于客位的礼仪当事人得到所到

地域主人的认同、认可、赞赏和欢迎的因素之一。

（二）主随客意

既坚持"主遂客意"又坚持"客随主便"是现代商务礼仪的体现。比如在商务宴请中，东道国就应具有这种"主随客意"的思想和精神。如宴会上摆放的鲜花，就应考虑有关国家的风俗习惯及禁忌。如果客人来自比利时、意大利、法国或卢森堡，就不可摆设菊花，因为在这些国家菊花意味着死亡。

（三）求同存异

"求同"就是要遵守并重视礼仪的国际惯例，亦即礼仪的"共性"。"存异"则是要求对他国的礼俗不可一概否定，要承认礼仪的"个性"，要对交往对象所在国的礼仪有所了解，并表示尊重。这样才易于人们取得共识与沟通，避免周折。

此外，在商务活动中行礼如仪，还应遵循商业活动的对等协商原则及职业场合的特殊需要灵活变通。对商务礼仪的差异，重要的是了解，而不是评判是非、鉴定优劣。

第二节　拜访礼仪

商务拜访礼仪是商务拜访中必须掌握的礼仪规范之一，是决定拜访成功与否的决定性因素之一，是个人素养的集中体现，是公司形象的有效宣传。在商务活动中约好去拜访对方，无论是有求于人还是人求于己，都要从礼节上多多注意，不可失礼于人，而有损自己和单位的形象。

一、拜访的预约

拜访他人应选择合适的时间，无论是到居室、办公室或者酒店，都要事先与被拜访者进行预约，以便双方都能利用和控制时间。突然来访是非常失礼的。拜访预约的方式有：当面向对方提出要求约会；用电话向对方提出约会；用书信提出约会。

二、拜访的准备

拜访前要注意自己的仪容仪表，穿着要规范、整洁。准备好名片。男士的名片可放在西装口袋中，也可放在名片夹中。女士则可将名片放在提包中容易取出的地方。如果拜访对象是非常重要的客户，一定要先关掉手机。拜访客户前对对方的情况、特点、销售量以及对方在商界的信誉都要有所了解，以便有针对性地进行交谈。

三、拜访时的礼仪

拜访他人，应准时到达，切勿迟到，也不要到得太早。如果有紧急的事情，或遇到交通阻塞，必须通知对方，到达后对对方的等候要表示歉意和谢意。到达拜访地点时，要注意礼节，入室要敲门。对熟悉的人可握手问候，如果与接待者是第一次见面，应主动递上名片，或做自我介绍。对方示意坐下时才能就座，就座时的礼节要符合个人礼仪中提到的规范。就座后应主动向接待人员介绍自己的姓名、职务及公司的名称和业务等。

双方进行会谈时，要尽快地将谈话进入正题，不讲无关紧要的事情；对接待者平日给予的帮助要致以谢意，但不要过分地恭维；有抽烟习惯的人，最好不要吸烟。如果实在要抽烟，而该场所又没有禁止吸烟的警示，必须征得对方的许可后才能抽烟；谈话要控制好时间，最好在约定的时间内结束谈话，要注意观察接待者的举止、表情，适可而止。如对方起身或表现出有其他事情的行为时，应立即起身，礼貌地告辞。

第三节 介绍礼仪

介绍是人与人之间的沟通、引见并使双方或多方相识的活动方式，介绍是社交活动最常见，也是最重要的礼节之一。它是初次见面的双方开始交往的起点。

一、介绍的基本规则

在人们的交往中。介绍和被介绍是经常的事情。其中介绍的次序问题非常重要。这是介绍礼仪的基本规则。

（一）先将男士介绍给女士

如果双方的年龄相仿、职务相当，要先将男士介绍给女士。例如，介绍王先生与李小姐认识。介绍人应当引导王先生到李小姐面前。然后说："李小姐，我来给您介绍一下，这位是王先生。"注意在介绍的过程中，被介绍者的名字总是后提。但是当男子的年纪比女子大很多的时候。则应该将女子介绍给男性长者，以表示对长者的尊重。例如，"冯老，我给您介绍一下，这位是张小姐"。

（二）先将年轻者介绍给年长者

把年轻者引见给年长者，是表示对前辈、长者的尊敬。例如："王教授，让我来介绍一下，这位是我的同学王丽。""李阿姨，这位是我的表妹夏雪。""刘伯伯，我请您认识一下我的同事李强。"在介绍时，对长者要使用尊称。

（三）先将未婚者介绍给已婚者

当双方性别相同、年龄相仿、地位相当时，应将未婚者介绍给已婚者。例如："张太太，让我来介绍一下，这位是李小姐。"当被介绍者无法辨别对方是已婚还是未婚时，则不存在先介绍谁的问题。但是，当未婚女子要比已婚的女子大很多的时候，则应该将已婚女子介绍给未婚女子。

（四）先将职位低者介绍给职位高者

在商务场合中，要先将职位低的介绍给职位高的。例如："王总，这位是××公司的总经理助理皮特先生。"这里我们先提到的是王总，这是因为王总的职位要比皮特先生高。

在有家庭成员参加的聚会的时候，要先把家庭成员介绍给对方。在向别人介绍自己的家庭成员时，应谦虚地说出家人的名字。这不仅是出于礼貌，而且对介绍自己的家庭成员也比较方便。例如："张先生，我想请你认识一下我的女儿晓芳。""张先生，请允许我介绍一下我的妻子杨兰"。

二、介绍的类型

（一）自我介绍

自我介绍是交际场合中常用的介绍方式，是向别人展示自己的良好手段。在交际中如果遇到对方不认识自己，而主人又无法抽身介绍时，往往需要做自我介绍。自我介绍主要注意以下几个方面的细节。

1. 自我介绍的时机

自我介绍的目的，就是要让对方记住自己并为以后的往来打下基础。因此，在自我介绍中，应该掌握合适的时机，在最佳的时间来推销自己。一般来说，以下几个场合适合做自我介绍：因业务关系需要相互认识，进行接洽时可自我介绍；当遇到一位你知晓或久仰的人士，他不认识你，你可自我介绍："×××（先生或女士），您好！我是×××（公司）的×××（姓名），久仰您的大名，很荣幸与您相识"；第一次登门造访，事先打电话约见，在电话应自我介绍。

参加聚会，主人不可能逐一介绍。例如"我们大家认识一下吧。我叫×××，在×××公司公关部工作，很高兴认识大家"；初次前往他人住所、办公室，进行登门拜访时要做自我介绍；应聘求职时需首先做自我介绍等。

2. 自我介绍的禁忌时机

自我介绍的目的就是要让对方留意自己，但是，在下面的场合不适宜做自我介绍：一是不要在对方正专注于某件事情时，做自我介绍；二是对方正在接待外人时，不要上前做自我介绍；三是不要在环境嘈杂、人员流动较大、较为隐私的地方做自我介绍。

3.介绍的要求

自我介绍时，一是要及时、清楚地报出自己的姓名和身份。可以先以"您好"作为开篇语，引起对方的注意，然后报出自己的姓名身份，要力求简洁。以半分钟为最佳；二是在进行自我介绍时，态度要自然、友善、亲切、随和，要面带微笑，正视对方的双眼，语速要正常，吐字要清晰，要说普通话；三是进行自我介绍时所表述的各项内容不能夸大，一定要实事求是。但是也没有必要过分地谦虚，贬低自己讨好别人。

（二）他人介绍

他人介绍即交际中的第三者介绍。在他人介绍中。为他人做介绍的人一般由社交活动中发起者即主人、社交场合中的长者、家庭中聚会的女主人、公务交往活动中的公关人员（礼宾人员、文秘人员、接待人员）等。他人介绍时，应注意以下几个方面的细节。

1.他人介绍的时机

作为活动的发起者，完成介绍任务的时机应包括：在聚会中接待彼此不相识的客人；在办公地点接待彼此不相识的来访者；与家人外出，路遇家人不相识的同事或朋友；陪同亲友前去拜会亲友不相识者；陪同上司、长者、来宾时，遇见了其不相识者；受到为他人做介绍的委托等。

2.他人介绍的注意事项

在为他人做介绍时，一定要口齿清楚发音准确，把易混的字咬准，例如，不要把"沈四海光生"介绍成"沈世海先生"；介绍者对介绍的内容应当字斟句酌、慎之又慎，例如，"这位是段阳。他刚从监狱里出来"。这样的介绍不仅给被介绍者造成尴尬、自卑，而且听者在心理上也会有恐慌，产生不好的印象；正式场合，内容以双方的姓名、单位、职务等为主，例如，"我来给两位介绍一下，这位是 A 公司的人力总监李丽女士，这位是 B 公司的市场营销部总经理刘海洋先生。"在一般的社交场合，其内容往往只有双方姓名一项，甚至可以只提到双方姓氏为止，例如，"我来介绍一下，这位是老王，这位是小张，你们认识一下吧"。值得注意的是给双方做介绍时，最好要征得双方的同意，不要在原本相识或有过节等情况下做介绍。

（三）集体介绍

集体介绍是按一定顺序、对多数人给予介绍，多用于宴会、会议上。集体介绍又可分为两种基本形式。一是单向式。介绍的双方一方为一个人，另一方为由多个人组成的集体时，往往可以只把个人介绍给集体。二是双向式。介绍的双方为多人所组成的集体。由主方负责人首先出面，依照主方在场者具体职务的高低，自高而低地依次对其进行介绍。再由客方负责人出面，依照客方在场者具体职务的高低，自高而低地依次对其进行介绍。

集体介绍中被介绍者双方地位、身份大致相同，或者难以确定时，先介绍人数较少的一方或个人，后介绍人数较多的一方或多数人；若被介绍者在地位、身份之间存在明显差异，特别是当这些差异表现为年龄、性别、婚否、师生以及职务有别时，则地位、身份为尊的一方即使人数较少，甚至仅为一人，仍然被置于尊贵的位置，最后加以介绍；若需要介绍的一方人数不止一人，可采取笼统的方法进行介绍，例如，"这是我的同学"，"他们都是我的朋友"等。但是最好还是逐一介绍。介绍时可比照主次、尊卑的顺序进行；若被介绍双方人数都很多，则可依照礼规，先介绍位卑的一方，后介绍位尊的一方。在介绍各方人员时，应遵照由尊到卑的顺序，例如先长后幼，先女后男等。

第四节　谈判礼仪

商务谈判礼仪是日常社交礼仪在商业活动中的具体体现，是在进行谈判的过程中必须遵守的礼仪规范。俗话说"事在人为"，谈判人员素质的高低往往成为谈判进行顺利与否的决定性因素。除了谈判人员的知识经验、谈判策略以及技巧外，谈判人员的个人礼仪和谈判过程中礼仪的正确运用也是很重要的因素。

一、谈判准备阶段的礼仪

商务谈判的礼仪准备是要求谈判者在安排或准备谈判时，应该注重自己的仪表，预备好谈判的场所，布置好谈判的座次，并且以此来显示我方对于谈判的重视以及对对象的尊重。

（一）对谈判人员的仪表要求

对于出席谈判的人员，最值得注意的应是仪表方面的服装问题。在出席谈判场合时，到场人员应着简约、正式且高雅的服装。若有条件者，男士可着深色西服，内搭白色衬衣，打条纹式或素色领带；女士可着深色套裙或西服，搭配白色衬衣，肉色长筒袜，穿黑色高跟鞋。除此之外，还需兼顾对方审美心理与习俗。

另外，男士应理发、剃须，不要蓬头垢面，不留胡子或大鬓角。女士应选择端庄的发型，并且化淡妆，不可做过于摩登或超前的发型，不可化浓妆或使用浓香型的化妆品。

（二）谈判地点的确定

商务谈判的地点，应通过各方协商而定。担任东道主的一方应出面布置谈判厅，准备好相关的物品，在各方面注意做好礼仪迎接和接待的工作。

（三）谈判座次的安排

在进行正式谈判的过程中，对于座次的安排也有严格的要求，应严格遵循礼仪规范来进行谈判现场的座次的安排。座次的排列，可以参加谈判的人员为依据，分为多边会谈以及双边会谈。

在举行双边谈判之时，应使用长桌或椭圆形桌子，宾主应分坐于桌子两侧。若桌子横放，正面对门的一方为上座，留给客方坐；背对门的一方为下座，由主方坐；若桌子竖放，则应以进门的方向为准，右侧为上，留给客方坐；左侧为下，由主方坐。举行多边谈判时，为了避免失礼，淡化尊卑界限，按照国际惯例，一般均以圆桌为佳，即所谓圆桌会议。

二、谈判开局阶段的礼仪

商务谈判是商务活动中不可缺少的一项重要活动。为了在谈判中取得成功，必须遵循谈判过程中各个阶段的礼仪规范。

（一）提前约定、按时赴约

从事商务活动的人都拥有较强的时间观念。因此，在商务谈判之前双方应提前约定时间，做好谈判的准备。一旦约定，双方都必须按时赴约，若迫不得已需要更改时间，应提前通知对方。对于言而无信的商务伙伴来说，失去的不仅仅是信用，也是双方真诚合作的机会。

（二）及时到场、礼貌入座

在谈判开局阶段，谈判人员入场，应步态稳健、轻松，神态自然。就座时，应从座椅的左侧就座，入座后身体要保持端正。不转动座椅，不跷二郎腿，不要将脚向前伸或置于座椅的下面。女性坐下时要注意理裙，两腿并拢。各方的主谈人员应在自己一方居中而坐，其他人员则应遵循右高左低的原则，依照职务的高低自近而远地分别在主谈人的两侧就座，如需要译员，则应安排其就座于仅次主谈人员的位置，即主谈人的右侧。无论何种谈判，有关各方与会人员都应尽量同时入场、同时就座，主方人员应待客方人员入座后再入座。

（三）自我介绍、得体自然

谈判双方接触的第一印象十分重要，言谈举止要尽可能表现得友好。做自我介绍时要自然大方、不卑不亢，不要表现得过于傲慢。被介绍时应起立微笑示意，在自我介绍后，可双手递上名片加深印象，也便于日后联络。

（四）和谐氛围、轻松谈判

介绍完毕，要进行简短的问候致意，说话要得体、自在，不要结结巴巴或语不达意。首次交谈时，可选择双方共同感兴趣的话题进行，以便引起共鸣、沟通感情，创造和谐的谈判气氛，为正式谈判奠定良好的基础。

（五）认真倾听、了解意图

谈判之初的重要任务是摸清对方的底细，因此要认真听对方谈话，细心观察对方的举止表情，并适当给予回应，这样既可表现出尊重与礼貌，同时还能从中了解到对方的目的和意图。

三、正式谈判过程的礼仪

要想谈判取得成功，就必须在谈判的过程中及时采用有效的策略、方法、语言、技巧和礼仪。

（一）举止优雅

在谈判过程中，要注意坐、站、行的姿态。谈判时应目光注视对方且停留在对方双眼至前额的三角区范围内，这样可以使对方感到被关注、被尊重。手势自然，不宜做大幅度的手势，以免给对方造成轻浮之感。切忌双臂在胸前交叉，这样会显得十分傲慢无礼。

（二）语言适度

商务谈判中，要讲究一定的语言技巧和礼仪。提问时注意提问方式要委婉。在提问的内容上，不要问与谈判内容无关的问题。如果提出的问题对方一时答不上来，或不愿回答，就不要再追问下去，要随机应变，适时转换话题。言辞不可过激或追问不休，以免引起对方反感甚至恼怒，但对原则性问题应当力争不让。对方回答问题时不宜随意打断，答完时要向解答者表示谢意。

商务谈判的结果最终影响着利润的分配，因此，双方人员的据理力争免不了会有一番唇枪舌剑。只有运用恰当得体的语言、委婉的语气给对方好感，变不利因素为有利因素，才能在谈判中占据优势。

（三）实事求是

回答对方的问题要实事求是，不可敷衍了事或答非所问。如果对方对某个问题不太了解，要耐心地向对方做出解释，切不可表现得不耐烦或敷衍了事，甚至不屑一顾。

（四）以礼相待

在商务谈判中，要互相尊重，以礼相待，双方都应表现得诚恳，对不同的意见应持欢迎和尊重的态度。这种态度能使我们更加平心静气地倾听对方的意见，从而体现谈判者的宽广胸怀。在把握目标的坚定性和策略的前提下，本着互谅、互让、互惠的原则，体现尊重平等，加深相互了解，从而有利于谈判的成功。

（五）宽容大度

在谈判过程中，即使双方没有"达成一致"，也要对对方彬彬有礼、宽容大度，为以后的合作打下良好的基础。不能翻脸不认人，因情急而失礼，更不要争吵，争吵无助于矛盾的解决，只能激化矛盾。因此要注意保持风度，应心平气和地来解决问题。

（六）恪守信用

在商务谈判中，许诺必须谨慎，不管是答应谈判对手提出的要求，还是自己主动提出的要求，都要深思熟虑、量力而行。遵守谈判中的承诺，取信于人，不能言而无信。在谈判中不要欺蒙对方，报价要明确无误，不得变换不定，对方一旦接受价格，不得再更改或出尔反尔。

（七）保持冷静

解决矛盾时要就事论事，在谈判中要耐心听对方谈话，细心观察对方的举止、表情，并适当给予回应，这样既可表现出对对方的尊重与礼貌，同时还能从中了解到对方的动机和意图。如果对方情绪较激动，最好的办法就是静静地倾听，千万不要还击。成功来自关键时刻的耐心与冷静，求大同存小异，不可因发生矛盾而有过激的语言和行动，甚至进行人身攻击或侮辱对方。

四、签约阶段的礼仪

在进行商务谈判时，有关国家的政府、组织或企业单位之间经过谈判，就政治、经济、文化、科技等领域内的某些重大问题达成协议时，一般需举行签约仪式。签约仪式通常要考虑以下几个方面的礼仪问题。

（1）要布置好签字厅，并做好有关签字仪式的准备工作。

（2）确定好签字人和参加签字仪式的人员，签字人由签字双方各自确定，但是其身份必须与待签文件的性质相符，同时双方签字人的身份和职位应当大体相当。

（3）在谈判成功签约时，双方参加谈判的全体人员都要出席。当双方签字人员进入签字厅时，其他各方的人员应按身份排列于各自的签字人员之后，共同进入会场，相互握手致意。

（4）要安排好双方签字人的位置，并且议定签字仪式的程序。我国的惯例是：东道国签字入座位位于签字桌左侧，客方签字人的座位位于签字桌的右侧。

（5）双方的助签人员分别站立于各方签字人的外侧，其任务是翻开待签文本，并向签字人指明签字处。双方其他参加签字仪式的人员则应分别按一定的顺序排列于各方签字人员之后。

（6）签字完毕后，双方应同时起立，交换文本，并相互握手，祝贺合作成功。其他随行人员则应该以热烈的掌声表示喜悦和祝贺。

（7）在谈判结束后，适当地赠送礼品给对方，会对增进双方的友谊起到一定的作用。

五、商务谈判的礼仪方针

商务礼仪规定，商务人员在参加谈判的过程中，人员在参加谈判时，要更新意识，树立正确的指导思想，并且以此来指导自己的谈判表现，这就是谈判的方针。谈判方针的核心是一如既往地要求谈判者在庄重严肃、剑拔弩张的谈判会上，以礼待人，尊重别人，理解别人。具体表现在以下六个方面。

（一）尊敬对手

尊敬对手就是在商务谈判的整个过程中，都要对对手真诚、礼貌、尊重。在谈判过程中，不管发生什么情况，都始终坚持尊敬对手，给对方留下良好的印象。而且在今后的进一步商务交往中，还能发挥潜移默化的作用，换得对方与我方的真诚合作。

（二）依法办事

依法办事就是在商务谈判中，要求商务人员自觉地树立法制思想，在谈判中所进行的一切活动，都必须依照国家的法律办事，以确保通过谈判而获得利益。

（三）平等协商

谈判是有关各方在合理、合法的情况下，进行讨价还价。由此可见，谈判实际上是观点互异的各方经过种种努力，从而达到某种程度上的共识或一致的过程。换言之，谈判只在观点各异的各方之间进行，所以，假如离开了平等协商，谈判的成功就无从谈起。

谈判中坚持平等协商，还要注意以下两个方面的问题：一是强调谈判各方在地位上的平等一致，相互尊重，不允许仗势欺人、以大压小；二是强调谈判各方在谈判中的协商和谅解，而不是通过强制、欺骗来达成一致。

（四）求同存异

谈判是一种争论，是一个双方都想让对方按自己意图行事的过程，有很强的对抗性。有一位驰名世界的谈判大师说过："所谓谈判，就是一连串的不断地要求和一个又一个不断地妥协。"在谈判时，各方都在尽最大的努力争取各自的利益，为共同关心的事达成一个协议，通过各方的相互让步来达到妥协，所达成的协定，只要公平、合理、自愿就可以接受。

（五）互利互惠

在谈判时，既要讲竞争又要讲合作，谈判的结果既要利己又要利人，谈判的各方都能各取所需。最理想的谈判结局，是有关各方达成了大家都能够接受的妥协，就是要使有关各方通过谈判能够互利互惠。不要在商务谈判中将自己的利益建立在伤害对手的基础上，那样只会危及以后的进一步合作，而且会在社会上造成"心狠手辣"的恶劣印象。因此，现在的商界最讲究的是伙伴与对手之间的同舟共济、利益均沾，达到双赢的效果。

（六）人事分开

在谈判中，将对手的人与事分开，就是要求商界人士与对方相处时，切记朋友归朋友、谈判归谈判，二者不能混淆。一方面，应做到彼此对各自的利益和既定的目标都据理力争，志在必得。既不要指望对手感念旧情，对自己"网开一面"，也不要责怪对方"见利忘义"，对自己毫不留情。另一方面，不要因自己对谈判对手主观上的好感，妨碍自己解决现实问题。

第五节　座次礼仪

商务谈判中的座次礼仪是商务谈判中一项重要的内容。恰如其分地安排座次，既是一种礼仪，也是一道程序，更是谈判准备的一项重要的内容。由于商务谈判直接关系到谈判双方及其所在单位的切身利益，因此具有严格的礼仪要求。

一、座次礼仪的考量因素

不管是在会议还是仪式等商务场合中，座次礼仪都是商务礼仪中非常重要的一环，然而座次礼仪根据所在的不同场合，其规则也不尽相同。座次礼仪纷繁复杂，要求颇多。

（一）因地制宜

一般来说，座次礼仪主要体现出的是尊卑有别的问题。在安排座位时，地位更高或尊贵者、年长者应当落座于更为尊贵的座位上，即我们所说的"上座"。但"上座"的位置不是始终如一、固定不变的，而是随着不同的场合相应发生变化。例如，在一个房间中没有窗户，只有一扇开在墙上正中央的门，那么就需要我们依靠左右原则来区分尊卑位次；如果门开在墙上的一侧，我们则可凭借面门为尊或远门为尊的原则来安排座位。

如果是会议场合，那么在座次位置上则面门为尊、远门为尊、居中为尊、观景为尊；如果是民间的传统礼仪或是官方内部会议的主席台排序，我们可以遵从以左为尊的传统；而在餐桌场合、公共场合、商务场合、外交场合和国际场合中，由于它们都与国际接轨，因此应该遵从国际通用的座次原则——以右为尊。

（二）方位基准

关于座位尊卑的排序方法有很多，其中以左为尊和以右为尊存在方向上的问题，到底应该以哪个方向为基准来分辨左右就成为关键，如果搞错了这一点，就很可能做出完全相反的安排，那无疑会在座次上导致不必要的失礼。

要确定左右，我们就需要先看一看房间中的主背景到底在哪里。例如，如果是在一间会议室中进行的会议，布置有讲台、主席台、会标等背景元素，这些就是这间会议室的主背景。我们背对背景站立，左手边就是会议室的左边，右手边就是会议室的右边，这样就可以确定下左右方向。如果会议室中没有任何背景，那么就更简单了。我们保持进门的方向不变，左手边即为会议室的左边，右手边即为会议室的右边，然后再确定会议的性质，选择哪边为尊即可。

二、商务座次礼仪

（一）商务会谈座次礼仪

商务会谈中，参加会谈的人员如何恰当地就座，是有讲究的。商务谈判要想取得成功，除了双方互相了解、创造必备的谈判环境外，合理安排谈判的座次也是非常重要的。圆桌谈判不分首次席位，则表达一种双方愿意合作的愿望，也便于彼此沟通；把客方放在主位，也可以表现出对谈判方的尊重。长桌谈判彼此面对面而坐，有利于谈判双方和一方内部的信息交流与传递，且能够在同伴间产生团结、安全之感，提升己方的信心与士气。

不同的入座排序，表达不同的意义。正式谈判的时候，有关各方在谈判现场具体入座的位次，要求是非常严格的。从总体上讲，正式谈判排列方式分为双边谈判和多边谈判。

1. 双边谈判

双边谈判的谈判桌多以长方形或椭圆桌为主，对座位的朝向问题应尤其注意。一般情况下，正对门口的座位为主座，是最具影响力的。在谈判的过程中，入座的首选方法即是根据参会双方的职位提前在座位上或者座位前方摆好姓名牌（如有必要，也可职务加姓名），谈判双方人员可根据姓名牌对号入座。

谈判桌的座次排列有两种：横桌式与竖桌式。

（1）横桌式：即是将谈判桌横置于室内，主方背门就座，客房面门就座。双方主谈判代表居中入座，其他人员可根据职务高低，自右而左、自高至低在己侧分别就座。其中，在国内谈判中，坐于主谈判代表的右侧一位可作为副手，而在涉外谈判中应为译员之位。

（2）竖桌式：与横桌式不同，竖桌式的谈判桌是竖置于室内，且排位方式也有所不同，竖桌式以进门方向为准，左为主方、右为客方。

2. 多边谈判

多边谈判多选用圆桌进行谈判，是由三方及其以上人士所举行的谈判。多边谈判的座次排列可分为两种形式：主席式、自由式。

（1）主席式：即是在谈判室面向正门的位置设立一个主席台，各方代表轮流上主席台发言。其他人士则背对正门，面对主席台入座。当各方代表均发言完毕，亦需离开发言席位回到原来位置。

（2）自由式：即各方人士到场可自由选择就座，无须按照安排好的座次就座。

（二）商务签约座次礼仪

一般而言，举行签字仪式时，座次排列的具体方式共有三种，分别适用于不同场合。

1. 并列式

此种座次排列是在双边签字仪式中较为常见的排座形式。签字桌横置于室内面向门的位置。双方出席仪式的全体人员并行排列于签字桌之后，双方签字人员则坐于居中面向门的方向，左为主方，右为客房。

2. 相对式

此种座次排列与并列式基本一致。其主要不同之处在于，采取相对式的签约座次安排，双边参加签字仪式的随员席移至签字人的对面。

3. 主席式

此种座次排列方式多适用于多边签字仪式之中。签字桌仍然要横置于室内，而签字席仅设置一位，位置于面对正门的桌后，且对就座者无须固定。在签字仪式举行的过程中，包含签字人在内的各方所有人员均应背对正门，而面向签字席就座。在签字时各方签字人皆应以事先规定的顺序依次上签字席签字，完成后即退回原座位就座。

在不同的场合、不同的国家、不同的地方和不同的人物交往中，都有不同的规范，所以一定要全面掌握才能完美地展现礼仪。一定要明白，不管哪种座次、哪种礼仪其实均是尊重尊者的表现，由此，若出现尊者的个人意愿与礼仪规范发生冲突时，以顺从代替坚持，往往会得到意想不到的结果。因此，礼仪在很多时候是可以变通的。

第七章

社交礼仪与求职面试

第一节　求职面试礼仪概述

面试是成功求职的临门一脚。求职者实现求职目标，关键的一步是与用人单位见面，与人事主管进行信息交流，以便使人事主管确信求职者就是用人单位所需要的人才。面试是其他求职形式永远无法代替的，在人与人的信息交流形式中，面谈是最有效的。在面谈中，面试官对求职者的了解，语言交流只占了30%的比例，眼神交流和面试者的气质、形象、身体语言占了绝大部分，所以求职者在面试时不仅要注意自己的外表及谈吐，而且要注意避免谈话时做出很多下意识的小动作和姿态。

一、现代职业概况

职业是每一个社会人服务社会、维持生活、完善个性、发挥才能、体现人生价值的基础。要正确地选择职业，除了要正确评价自己外，还必须对现代职业概况有所了解。

（一）现代就业形势

近年来，教育事业随着国家经济建设的不断发展而蓬勃发展起来，在大力发展高等教育事业的政策引导下，大学扩招、职业技术学校的兴起和扩展、社会力量投资办学、私人投资办学、中外合资办学等新型学校也迅速发展起来，学校显出了生机勃勃的景象，并为社会培养了大批人才。

伴随着教育事业的发展，许多新的问题也接踵而来，其中，"如何使毕业生顺利就业"的问题就是对现代社会及现代人提出的一个新的挑战。目前，除部分应用型、急需型专业学生毕业后能较顺利就业外，很多专业的毕业生就业情况不乐观，这种现象已引起全社会的普遍关注。因此，每一个人都应正确认识就业形势，把握现代社会就业特征，为就业打好基础。

（二）充分了解社会发展需求

充分了解社会发展需求是顺利就业的基础。择业，不能只考虑自己的兴趣和理想，一定要把握以社会需求为基础的原则，只有适应了社会，才有可能达到职业岗位对从业者的要求，个人能力及潜力才能得以充分发挥。

1. 不能盲目就学于社会热点专业

社会热门专业，对于求学者和就业者来说完全是一个误导。例如，在 20 世纪 50 年代，学习数、理、化是了不起的专业，因为是当时国民经济发展战略的需求；80 年代，计算机等与信息技术相关的专业是社会热门专业，因为那时的中国，电子信息技术刚刚起步，需要大量的人才；同年代，外国语言、企业管理、工商管理、国际贸易等都同属社会热门专业，不仅求学者踊跃求学，办学者也积极拓展，一时间，各级各类学校都办起了这些热门专业，几年之后，大批毕业生涌入社会，能否"如愿就业"就成了问题。其实，整个社会的行业很多，在就学时不仅要充分考虑国家社会经济发展的走向，同时还要考虑自身的优势和弱点，不能盲目随大流，热衷于就学热点专业，而给就业造成困难。

2. 所选择的行业应有发展特点

就业行业不在于是否名优，也不在于当前条件和环境的好坏，主要应看是否有发展前景和发展特点，是否有能让自己拓展的空间。如果缺少发展前景和发展特点，没有能使自己的才能得以拓展的环境和条件，再热点的行业对你来说也是不适合的。

3. 不能盲目攀比选学新兴专业

当今的社会处在一个科学技术迅猛发展的时代，许多新兴学科、边缘学科以及交叉学科等在各级各类学校中应运而生。在开设这些学科和专业的学校中，由于有些学校不一定具备办这些学科和专业的条件，所制定的专业培养方向和培养目标不尽合理和完善，致使培养出来的毕业生不符合学科和专业要求，不能满足社会实际需求，因而难以就业。因此不能盲目选择学校和专业，也不能盲目追求一些所谓的"名校"。

二、就业人员应具备的基本素质

一个人的文化知识素质和道德修养程度，决定着他求职时的自由度和取得职业岗位的层次。因此，求职的准备远不止在某个学程的学习毕业阶段，而是贯穿整个学习生涯的始终。求职者，特别是青年就业群体，应自觉地把在校的学习阶段同求职乃至职业生活紧密结合起来，努力提高自身综合素质和知识技术应用能力，建立起合理的知识结构，培养科学的思维方式及高尚的职业道德情操，不断提高自己的实践能力，以使自己能够在现代职业活动的竞争中，了解和熟悉职业范畴，掌握社会需求信息，树立正确的职业观，增强择业意识，提高主动适应社会需求的能力。

求职上岗是一个双向选择的过程，求职者想选择自己理想的职业，用人单位按照岗位的要求想选择比较理想的人才。一般来说，用人单位选择人才的原则是，重素质胜过重知识，重人品胜过重文凭，重能力胜过重学历。尤其是在科学技术高速发展，社会文明不断进步的现代社会，各行各业对求职者素质的要求将会越来越高。

1. 必须具有较高的道德品质

越来越多的用人单位将人才的道德品质放在了第一位，因此求职者首先应加强自身道德品质的修养，为自己的职业生涯打下坚实的基础。

2. 要有强烈的事业心和责任感

事业心和责任感是对求职者最起码的要求。所谓事业心就是要有全身心投入工作的意识；所谓责任感就是要有与单位同甘苦共患难、荣辱与共的思想。

3. 要有艰苦奋斗的精神

任何岗位的工作都不可能是一帆风顺的，工作中的进步和业绩都要靠艰苦奋斗的拼搏才可能得到。对广大求职者来说，无论在何种岗位上，都必须脚踏实地工作，从最基本的工作干起，在实践中不断提高自己的综合能力，只有这样才会受到用人单位的欢迎。

4. 求职上岗者的心理素质

心理素质是指在一定遗传素质的基础上，在外界教育、环境影响和自身努力的共同作用下，个体形成的心理状态、心理品质与心理承受能力的总和。心理素质的好坏不仅体现在心理状态的正常与否、个体心理品质的优劣、心理承受能力的强弱等几个方面，还体现在个体的行为习惯和社会适应状态中。一个人心理素质如何，关系到能否正确地认识自我，能否在工作和生活中充分发挥主观能动性，以适应社会环境。因此，求职者应在融入职业活动之前，努力调节和提高自己的心理素质。

青年就业群体正处在独立人格的形成时期。求职前，来自学习及社会各方面的高压力，很容易导致其心理障碍的产生，有时甚至会影响到健全人格的形成。外部的客观压力是不可避免的，但个人主观上的心理承受能力是可以提高和调节的。青年就业者应学会观察和分析社会各方面的状况，尽量降低外界压力对自我心态的影响，以平和的心态去观察事物，以平和的心态承受压力，以平和的心态和现代就业观念面对即将要去适应的职业岗位。只要有了良好的心态，就可以增强心理承受能力，克服心理挫折，培植愉悦的心理环境、健康的心理品质和良好的人际关系，就能振奋精神，正确驾驭自己，战胜各种困难。

三、就业人员应具备的知识结构

随着当今科学技术的迅猛发展，社会生产已发生了天翻地覆的变化。与此同时，各类现代职业岗位，除了要求就业者具备较高的道德品质和修养外，对其文化素质及综合能力的要求也越来越高。

1. 宽厚扎实的基础知识

基础知识是知识结构的根基。求职者无论选择何种职业，无论准备向哪个领域发展，都少不了宽厚扎实的基础知识。

2. 广博精深的专业知识

专业知识是知识结构的核心，也是专业人才知识结构的特色所在，无专业特色就不能被称为专业人才。所谓广博精深，是指求职者对自己所要从事专业的知识和技术的了解和掌握要达到一定的深度，对所要从事专业的体系、研究方向、学科历史、现状和国内外最新信息等有所了解和把握，对相关学科和相关专业的知识和技术有所了解。

3. 大容量的新知识储备

现代职业要求从业者所具备知识的构架是程度高、内容新、实用性强。因此，求职者应在学习和从业过程中特别注意高、新知识的储备。

4. 要有科学的思维方式

思维是人脑对客观事物间接和概括的反映。思维能力是一个人能力结构的核心，是各种能力中最重要的一种能力。思维能力的高低，反映了一个人的智力水平，在一定程度上决定着一个人事业的成败。因此，应十分重视科学思维方式的培养。

（1）增强哲学思维的素养：哲学是关于自然、社会和思维发展的一般规律的科学，是人们认识世界、改造世界的思维的指导，哲学对于人们培养科学的思维方式是至关重要的。

（2）注意积累丰富的知识和经验：丰富的理论知识和有益的工作经验是敏捷思维和科学思维方式的基础。一个人掌握的知识和经验越多、越丰富，他的思路就会越广越深，思维的成果就会越全面、越准确。

（3）学会独立思考问题：独立思考的关键是"独立"。善于独立思考的人，既能集中别人的智慧，又能超越别人的思想。"独立思考"要求人们要学会静下来思考问题，不仅要多思，同时要多学、善问，富于钻研。

（4）不断调节自己的思维方式：一个人的具体思维过程是十分复杂的，在得到某一正确认识或决策之前，总会犯各式各样思维方式上的错误，有时是概念不清，有时是判断错误，有时还会因为缺乏灵活变通而造成不良的结果等。随时整理自己的思路，总结思维方法上的经验教训，可以不断地完善自己，逐步培养起科学的思维方式。

5. 要有一定的经营管理知识

经营管理知识是一门综合性的知识，并不是从事经营管理工作人员的专利。现代职业，无论是属于何种领域、何种岗位，要想在职业活动中充分体现人生价值，使其职业活动能取得成果和业绩，就必须具备一定的经营管理知识。例如，管理一所学校，无论是小学还是大学，都需要管理者善于管理和经营。又如，管理图书馆，不仅要求管理者要具备图书管理方面的知识、信息技术知识等，还要具备一定的管理和经营能力。

四、就业人员应具备的能力

不同学科领域或职业、行业对就业者的能力要求是不同的。因此，求职者要想顺利就业并尽快有所成就，在学习期间无论学的是什么专业，属于哪个领域，准备就职于何种岗位，都必须具备一些共同的能力。

1. 决策能力

决策能力是指对未来行为目标的决断和选择的能力。良好的决策能力可以实现对目标及其实现手段的最佳选择，对于准备求职的青年就业群体来说，开始步入职业生活是走向人生的一大转折点。求职的过程是对自己决策能力的一次考验。因此，训练和培养自己的决策能力是十分重要的。

2. 适应社会能力

适应社会和改造社会是对立统一的两个方面。一个人适应社会的能力是其素质和综合能力的反映。适应社会能力与就业者的道德品质、知识技能、活动能力、创新意识、处理人际关系的能力以及健康状况是紧密相连的。对社会及客观环境应抱着主动和积极的态度去适应，而不应是消极的等待和对困难的屈服，更不是对落后、消极现象的认同，甚至同流合污。适应要同改造和发展结合起来。如果只是片面地讲适应，不讲进取和改造，社会和个人都不会进步。

3. 表达能力

表达能力是指运用语言阐明自己的观点、意见或抒发思想感情的能力。表达能力包括口头表达能力、文字表达能力、数字表达能力、图表表达能力等多种能力。在职业活动中表达能力的重要性是不言而喻的。培养表达能力，关键在于要努力提高表达的准确性、鲜明性、生动性和感染性。

4. 人际交往能力

人际交往能力实际上就是与他人相处的能力。在现代职业活动中，人际关系远不如学校中同学、师生关系那么简单。青年就业群体步入社会后，必然要与各种各样的人发生这样或那样的关系，能否正确有效地处理、协调好职业活动中人与人之间的各种关系，不仅影响一个人对环境的适应状况，同时还影响着上岗后的工作效率、个人心理健康、生活质量及事业的成败。

5. 组织管理能力

组织管理能力是职业活动中一种较高层次的能力。任何从业者都有可能成为一名管理者或领导者，因此，必须逐步培养自己的组织和管理能力。对于初涉社会的青年就业者来说，培养和锻炼组织管理能力是今后事业发展的基础条件。

第二节 面试前的准备

一、准备转换角色

大学生活即将结束，在离别母校踏上社会之前，最重要的是求职就业的心理准备，即转变角色。所谓转变角色，主要是指由一个大学生转变为一个现实的社会求职者，即将走出校门步入社会，抛开浪漫，抛开幻想，认识自己所处的真实地位和社会现实，实事求是地面对求职就业这样一个现实。要想正确地选择职业，就必须转变角色。

（一）调整心态

对于绝大多数学生来说，大学阶段过的是一种单纯而有保障的生活，学习、生活、交际、娱乐都较有规律。在这样的环境里，容易萌发浪漫的情调和美好的理想，但是这样的生活与现实社会自然存在一定的距离。此外，不能把学校、家庭、亲友及同学所给予的关心、呵护、尊重当成社会的最终认可。要得到社会的认可还应该做许多艰苦的努力。

（二）摆正位置

认识社会了解社会，摆正自己的位置，要认识到自己在就业前，只是千万个求职者中的普通一员，要客观、冷静地进入求职状态，以自身的实力，积极主动地去适应社会需要。在选择社会职业的同时，也接受社会的选择，正确地迈出人生这关键的一步。

二、认识自我

认识自我就是要充分了解自己的个性特征。个性是个体统一的心理面貌，是人的心理活动中那些稳定的、具有个人特色的心理特征和心理倾向组合成的、有层次的动力整体结构。它以个体稳定的行为模式与态度体系表现出来。个体特征包括气质、性格、兴趣、爱好、能力、特长。由于个性特征左右着个体的行为表现，个性特征的职业适应倾向是十分明显的。如何选择职业，要根据自身的个性特征来决定。

（一）气质和性格

气质是心理活动的动力特征，包括心理活动的速度、心理活动的强度、心理活动的倾向性等方面，是一种典型而稳定的个性心理特征。性格是人对现实的态度和行为方式中比较稳定的独特的心理特征的总和。

气质和性格对选择职业和事业成功有很大影响。在知觉速度或思维的灵活程度上是快还是慢，在意志努力或情感发生上是强还是弱，心理活动是倾向于外部还是倾向于内部，是认真负责还是轻浮粗心，是活泼热情还是好静羞涩，是机智敏捷还是呆板迟钝，是沉着冷静还是冒失鲁莽，是勇敢爽朗还是怯懦沉默，是镇定自信还是疑虑自卑，是温柔细致还是暴躁粗心，是刚毅实干还是办事拖拉，是喜欢安静还是喜欢热闹等，都有很大不同。比如黏液型气质者较为适合流水线的工作，而抑郁型气质者不适合做推销员。气质和性格可通过科学的心理测量等方式来进行。全面了解自己的心理特点是选择职业的重要前提。

（二）兴趣和爱好

兴趣是爱好的推动者，爱好是兴趣的实行者。人们对职业的选择往往以自己的兴趣爱好出发，这就更需要认真分析自己的兴趣和爱好。当人们选择自己喜欢的工作，满足了自己的兴趣和爱好，就会更加努力地工作，兴趣和爱好就会成为个人事业成功的内在动力。但是，有时兴趣和爱好与职业选择相矛盾，这就需要有一个"磨合"过程，逐渐适应职业的要求，或者采取"先就业，后择业"的做法，为未来的理想岗位积累工作经验。

（三）能力和特长

能力和特长是求职择业以及事业成功的重要保证。能力和特长包含的内容很多，主要有两个方面：一是思维能力；二是工作能力。择业以及事业成功思维能力主要包括思维的独立性、抽象性、敏锐性、广阔性、批判性、创造性、灵活性等诸方面。工作能力主要包括语言表达（包括外语）的能力，写作的能力，计算的能力，学习的能力，劳动的能力，专业的能力，发明创造的能力等。能力和特长应包括教育培训的程度，因为教育和培训可以转化为能力、特长。如果是重新谋求职业者，还应分析自己的工作成绩和缺点，以便在求职时扬长避短。

三、择业就业过程中的心理素质

人们时常把当今的世界称为竞争的时代，大到国与国之间的对抗，小到人与人之间的竞争。竞争冲击着人们的事业和生活，冲击着人们的意识和思想，在求职择业上亦是如此。

（一）敢于竞争，善于竞争

1. 敢于竞争

大学生强化择业的竞争意识，首先，要在正确自我评价的基础上去达到理想的目标，这是一种魄力。其次，必须在心理上同"铁饭碗、大锅饭"的传统观念告别，这是一种理性。应该从社会进步和深化改革的角度来加深对竞争机制的认识，强化自身的竞争意识，自觉地正视社会现实转变观念，做好参与竞争的心理准备。

2. 善于竞争

要想在求职与择业中取得成功，仅仅敢于竞争还不够，还必须善于竞争。善于竞争体现在具备良好的心理素质、实力和良好的竞技状态。

在求职与择业竞争中，应注意期望值是否恰当。期望值是个人愿望与社会需求的比值，期望过高会使心理压力加大，注意力难以集中造成焦虑，影响正常水平的发挥。在求职面试时一定要轻松自如，克服情绪上的焦虑和波动，有自信心就有可能在竞争中获胜。

要善于竞争，还要做到在面试时仪表端庄举止得体，给人留下良好的第一印象；表现出较好的口才，交流时口齿伶俐、表述清晰；了解目前社会求职的有关行情，合理利用有关规则等。

（二）正确对待挫折

人们在求职择业中遇到挫折是正常的，切不可因此而自卑。一个心理健康的人对人生总保持着自信心，如果丧失了自信心，就失去了开拓新生活的勇气。人生中总是有顺境和逆境相伴随，顺境中有自信心不足为奇，逆境中更需要自信心的支持。

生活中的挫折是造就强者的必由之路，挫折是锻炼意志、增强能力的好机会。遇到挫折后应放下心理包袱，仔细寻找失利的原因，调整好目标，脚踏实地前进，争取新的机会。尤其是理想的或热门的职业更是存在着激烈的竞争，职业理想的追求与实现，并不一定取决于职业本身。在中外众多的伟大科学家们的成长过程中，我们常常可以看到他们当初职业的起点并非那么"理想"。

女大学生求职择业比男大学生挫折更多，这是现在一种普遍的社会现象。从某种意义上说女生择业难，并不是社会对女生的需求量小。女生们要顺利地择业，从根本上说在于自身的素质和综合实力，并以其优势去参加竞争。

第三节　面试礼仪

面试求职不仅要有较高的政治素质、较强的业务素质，还要具备良好的职业礼仪。然而在参加面试时，多数求职者只重视专业能力的展示，忽略了基本的职业礼仪，因一些不被重视的细节导致面试的失败。一个人如果在面试中有失礼之处首先就会给面试官留下一个非常差的印象，这大大降低面试官对你的好感，即使在面试中表现良好，也会因为"首因效应"而难以赢得面试官的青睐。所以面试之前我们有必要了解面试中需要注意的礼仪。

一、面试的谋面礼仪

整个面试中，与主考官见面的时间通常只有 1 小时左右甚至更短，如何把握这 1 小时非常关键。我们可以把它想象成为一个舞台剧：戏里的主角是主考官和求职者，角色只有两个，但剧情是千变万化的。作为扮演求职者的一方，一定要把握求职礼仪上的分寸，不要过火或不到位，别把"好戏"给演砸了。

（一）与主考官见面礼节要有分寸

讲文明礼貌，讲究礼节是一个人素质的反映、人格的象征，会给他人留下良好印象。因此，与主考官见面时的礼节要有分寸：在开始面试之前肯定有一段等候的时间，切忌在等待面试时到处走动，更不能擅自向考场里探头观望。应试者之间的交谈也应尽可能地降低音量，避免影响他人应试或思考。

切忌贸然闯入面试室，应试者一定要先轻轻敲门，得到主考官的许可后方可入室。进出面试办公室时，注意进退礼仪，入室时不要先把头探进去张望，而应整个身体一同进去，一定要保持抬头挺胸的姿态和饱满的精神。走进室内之后，背对考官，将房门轻轻关上，然后缓慢转身面对主考官，并向主考官微笑致意，并说"你们好"之类的招呼语，在主考官和你之间创造和谐的气氛。

若非主考官先伸手，你切勿伸手向前欲和对方握手；如果主考官主动伸出手来，就报以坚定而温和的握手。在主考官没有请你坐下时，切勿急于坐下；请你坐下时，应说声"谢谢"。

面谈时要尽可能记住每位主考官的姓名和称呼，不要弄错；要注意和主考官保持目光接触，以表示对主考官的尊重。切忌目光游移，躲避闪烁，这是缺乏自信的表现。若主考官有几位，目光主要看首席或中间的那一位，同时也要兼顾其他主考官。

主考官示意面试结束时，微笑、起立、道谢，说声"再见"，无须主动伸出手来握手。出去推门或拉门时，要转身正面面对主考官，再说声"谢谢，再见"，然后轻轻关上门。如果在你进入面试房间之前，有秘书或接待员接待你，在离去时也一并向他（她）致谢告辞。

（二）与主考官交谈要有礼仪和技巧

与主考官交谈时，如何在短短的时间内最大限度地树立起自己的良好形象，掌握良好的交谈技巧是重要因素。主考官一般较欣赏谈吐优雅、表达清晰、逻辑性强的应试者。在与主考官交谈过程中，注意不要紧张，表述要简洁、清晰、自信；要注意使用敬语，如"您""请"等；不要随便打断主考官的说话，或就某个问题与主考官争辩，除非有极重要的理由；交谈时注意观察主考官的表情变化，也就是做到察言观色，尽快掌握主考官感兴趣的在哪些方面，再根据事先的准备做着重表达。要特别注意主考官的形体语言，比如，自己说得太多了，就要注意主考官是不是面露疲态或者心不在焉。如果是的话，你就要悬崖勒马，迅速将发言权交给对方。

要切记，在与主考官的意见不一致时，不要据理力争，那会导致一时嘴快而满盘皆输，要知道生死大权皆掌握在主考官手上，即使你不同意他的看法，也不能直接给予反驳，可以用诸如"是的，您说得有道理，在这一点上您是经验丰富的，不过我也遇到过一件事……"的开头方式进行交流。但在下结论时不要主动说与主考官的观点完全相反，要引导主考官自己做结论，这样就避免了与主考官直接发生冲突，又巧妙地表明了自己的观点，特别是在回答情景面试问题时，稍不注意，容易处理失当，过度自信而忽略了场面控制。

（三）面试结束后礼节要善始善终

面试结束时，不论是否如你所愿被顺利录取，或者只是得到一个模棱两可的答复："这样吧，××先生／小姐，我们还要进一步考虑你和其他候选人的情况，如果有进一步的消息，我们会及时通知你的。"我们都不能不注意礼貌相待，而要用平常心对待用人单位，况且许多跨国公司经常是经过两三轮面试之后才知道最后几个候选人是谁，还要再做最后的综合评估，竞争是相当激烈的。如果得到这样的答复，我们应该对用人单位的人事主管抽出宝贵时间来与自己见面表示感谢，并且表示期待着有进一步向主考官学习的机会。这样既保持了与相关单位主管的良好关系，又表现出自己杰出的人际关系能力。当用人一单位最后考虑人选时，能增加你的分数。

面试之后，回到家里，应该仔细记录整个面试经过，每个面试提问、每个细节都要记载在面试记录手册里。面试成功与否并不是最重要的，最重要的是从这一次面试中分析各种因素，学到经验，下次面试才会更强。面试之后，24中时之内向主考官发出书面感谢信。

求职礼仪事实上是每个人在求职的过程中所表现出的由里到外的一种涵养，外表的礼仪是对招聘单位和招聘人员最起码的尊重，而内在的礼仪更是一名当代大学生所必备的修养。要记住：凡事预则立，不预则废。有充分的准备，方能战无不胜，攻无不克。

二、面试的应对礼仪

（一）"随便"的要求不能随便地应对

面试中，如果主考官问你喝什么或要你提出选择时，一定要明确地回答，这样会显得有主见。最忌讳的说法是："随便，您决定吧。"有人认为这样回答表示谦虚有礼貌。其实，"随便"是应聘中一种最忌讳的回答方法，主考官在招聘时，非常不愿意被征求意见的一方说"随便，您决定吧"一类的话。一方面，这使主考官不知道该如何满足你"随便"的要求；另一方面，主考官也不太喜欢这种缺乏主见的应聘者，这种人在将来的合作中会浪费大家的时间，降低工作效率。

（二）注意你的非语言表达

1. 握手

握手温暖而有力。握手是你与主考官的第一次接触，当主考官伸出手来，如果他（她）握到的是一只软弱无力、湿乎乎的手，这绝对不是一个好的开端。你与主考官握起手来应该是坚实有力的，但不要太使劲，你的手应当是干而暖的。

2. 姿势

姿势应当是站如松、坐如钟。这里不是在说要"推弹杆"姿势，只不过让你表现出精力和热忱。没精打采的姿势看上去疲惫不堪。更不要坐立不安，没有什么比抚弄头发、按笔帽、脚拍地、抖腿或不由自主地触摸身体某部分更糟糕的了。平时可照照镜子或拍段录像审视一下自己。

3. 眼神

要用眼神与主考官交流。眼神要自然，不要瞪视，因为它显得太有进攻性。当主考官说话的时候，你的眼神要专注主考官；当你说话时，你的眼神要关注主考官。如果你在说话的时候总是不停地环视房间，则显得缺乏自信或对所谈话题感觉不舒服。

4. 手势

说话时做手势要自然。避免说话时手舞足蹈或下意识做小动作。当你在打电话时在镜子里看一下自己，你很可能在面试中用的就是这种手势。另外，面试时太专注于手势可能会分散人的注意力，可平时训练，形成习惯。你准备说什么很重要，而身体力行的表现更重要。因此，非语言的交流比语言交流更能说明问题。

此外，在面试时，要重点利用面试的前3分钟充分表现自己，给主考官一个良好的印象。自我介绍时要逻辑清晰，内容新颖有趣，可分为三部曲进行，第一步应首先感谢公司给予机会；第二部分是自己精心准备的自我介绍；第三部分是结尾，表达自己对加入公司的向往和打算。重点是第二部分的自我介绍，充分介绍自己的过人之处。在回答开放性问题时要有艺术。总的宗旨是要根据所谋职位的特点来组织答案。

第四节　职场沟通技巧

冲过一道道关卡，终于获得自己喜欢的工作。从此，你即由一个轻松浪漫的学子，变成了肩负责任的社会人。刚开始工作时，角色转换是一件困难的事情。面对社会中的种种压力与困难，你首先必须进行必要的心理调整，做好迎接和战胜各种困难和挑战的心理准备。

一、进入职场的心理准备

（一）严格守时

俗话说"好的开始是成功的一半"，按时到用人单位报到和遵守上班时间是至关重要的。大学生活相对来说是比较轻松自在的，上班后，你必须对时间有一个重新认识，养成至少提前 5 分钟上班、正点下班的好习惯。若迟到、早退会给领导和同事留下懒散、自由散漫和缺乏时间观念的印象，甚至会失去他们对你的信任。为做到严格守时，出发前必须把诸多影响你正点到达的因素都考虑进去。比如临行前接到电话、路上遇到熟人、交通阻塞等。

（二）服从安排

作为新员工，你提前到办公室还可以做做卫生清洁工作，如拖地、擦桌子等。有些人似乎不屑于做这样的小事，其实这些小事总要有人去做，既可以培养自己良好的劳动习惯，又可以谋得老员工的好感，所以千万不要因为"善小而不为"。

一般新来的年轻人，都会从最基层的工作干起，不管领导分配你做什么，你都要愉快地接受，尤其是那些其他同事不愿意干的工作。不挑剔工作，交给你什么工作都能够很好地完成，任何领导都会喜欢这样的年轻人，以后领导才能把责任更大、任务更重的工作交给你。

（三）责任感强

作为一个新人，学习和建立负责任的观念，会让主管、同事觉得孺子可教。抱着多做一点、多学一点的心态，很快就会进入状态。新人进到公司，往往不知如何利用团队的力量完成工作。现在的企业很讲究团队工作，这不但包括依托团队、寻求资源，也包括主动帮助别人、以团队为荣。新人由于对自己的人生目标还不确定，常常三心二意，不知自己将来做什么。设定目标是首先要做的功课，然后就是坚韧执着地前行。途中当然应该停下来检视一下成果，但变来变去的人，多半是一事无成。

最后，所有求职的新人一定记住，第一份工作不要太计较薪资，要将眼光放远，抱着学习的心态，才会有更光明的未来。

二、职场的处世技巧

美国著名成人教育家卡耐基说："一个人事业上的成功 =15% 专业技术 +85% 人际关系和处世技巧。"可见后者对一个人成功的重要性。刚踏入新的工作单位，应该学会与上司和同事沟通，懂得一些新员工的处世技巧。

（一）与上司相处

新员工给上司留下一个良好的第一印象，是非常重要的。初到一个单位，是否对工作认真，是否兢兢业业，是否能吃苦耐劳，在工作中的表现很快就会给上司一个评价的标准。

首先，新员工要以谦恭有礼的态度赢得领导的好感。刚工作的新员工，对职位高于自己、年长于自己的上司，要表现出谦恭礼貌的态度，真心实意地尊敬他们。在称呼对方时要用尊称，如"张经理""刘主任"，不能直呼领导"老张""老刘"。言谈举止应有礼有节。比如领导与你谈话时如果你是坐着的，你就应该起立，请领导就座，而不应该毫不在乎地坐在那里和领导交谈。当然，对领导讲礼节礼貌，态度一定要真诚，不真诚的"多礼"，是不能赢得上司好感的。

其次，以创新的工作业绩赢得领导的赏识。在新的工作岗位，尽可能地发挥你的聪明才智，将所学知识应用于实际工作之中。所以，你如果能在工作中有所发现、有所发明、有所创新，用较短的时间、高质高效地解决问题、完成工作，一定会令领导刮目相看的。创新精神还表现在，在执行任务的过程中，要根据情况的变化，变通地执行上级的命令。因为上司更注重于最终的结果，由于你灵活变通，而取得了良好的工作结果，一般而言，上司会格外赏识你，认为你是可用之才。

（二）与同事相处

在人际关系中，同事关系是比较复杂的，远不如同学关系那么便于梳理。那么作为一个新员工与同事相处应注意以下几点。

1. 性格开朗些

如果你很开朗，有你的世界就会拥有快乐，同事们会主动拉近与你的距离。过于压抑的环境往往会给人带来心理上的不适，如果你能促进这种环境的转变，那么你就会有一种号召力。孤僻的人不但会遭非议，而且会被孤立。融入新的工作环境的最有效方法便是主动出击，热情待人。积极参加各项活动，以主人翁姿态出现，例如球赛、晚会等，这些活动能融洽彼此的关系，有利于使你和同事和睦相处。

2. 礼仪周到些

文明礼貌程度是展现你个人素质的最重要方面。和同事相处，要不卑不亢，谦恭有礼。同事家有婚嫁喜事，送上一份合适的贺礼；同事生病，应及时去探望。礼尚往来乃人之常情，过重的礼物却不要轻易出手，免得人家心生他想。

3. 竞争含蓄些

职场新人不要过于锋芒毕露，面对晋升、加薪，应抛开杂念，不要手段、不玩技巧，但绝不放弃与同事公平竞争的机会。面对强于自己的竞争对手，要有正确的心态，面对弱于自己的，也不要张狂自负。如果与同事意见有分歧，则完全可以讨论，但不要争吵，应该学会用无可辩驳的事实及从容镇定的声音表达自己的观点。

4. 作风正派些

作风正派应包括勤奋、廉洁的工作作风和正派的生活作风。只有勤奋工作并尽可能把工作做出色的人，才不致被同事看作累赘。很多新员工为了适应新的工作环境，采取了从众的态度，即看别人怎样做自己就怎样做，这样很容易失去自我。总之，你工作中要坚持自己正确的原则，保持自己的优点，不随波逐流。唯有如此，最终你才能显示出自己的人格魅力，赢得更多的同事和朋友。

第五节 办公礼仪

一、办公人际礼仪

人际关系礼仪是办公室日常工作礼仪中的重要组成部分。良好的人际关系是舒心工作的必要条件，也是发展工作所必须掌握的。在工作场所，一般需要处理的人际关系包括与上司的关系、与同事的关系和与下属的关系等。

（一）与上司的关系

上司往往是自己工作的引导者和指导者，与上司之间关系的好坏将直接影响到个人的工作能否顺利开展。在处理与上司的关系中，要时刻保持谨慎、细心、全面。

1. 明确角色

无论是在工作中还是在日常的交往中，都要明确与上司之间的关系及领导与被领导的关系，时时刻刻对自己的所作所为有所约束。不仅在刚工作的时候要这样，在工作稳定之后也要这样做。在取得上司的信任后，不要忘乎所以，应该更加本分、努力，做好本职工作。一定不要越过上下级的界线，言辞要时刻注意礼貌，不要在上司面前非议其他的同事，真正的好上司是非常反感你在他面前非议别人的。与领导相处时，应把握好距离，不可太近，不能太远。太近会使人产生"媚上"的感觉，破坏自己的形象；太远会让领导觉得你高傲、冷漠、目空一切。因此，必须把握好"度"。

2. 尽职尽责

一个合格的公司职员，应是将公司分配给自己的工作任务圆满完成，做一个尽职尽责、本分的人。所有上司均会对认真工作的职员赏识有加。但日常的工作办公社交过程中，要正确对待上司与下属职员的关系，本该由上司管理的事务，下属职员则不可主动插手，可就相关工作事务向上司请示、汇报，但注意不可插手他人事务，逾越自己的工作范围；当上司在说话时，下属职员则不可随意抢话、插话或说话太多。

3. 了解上司

在办公场所中，可以通过寻找与上司相同的乐趣、爱好等方式来拉近与上司之间的关系，通过共同的爱好来尽快地熟悉上司。因为共同的兴趣可以使你在短时间内拉近你和上司之间的关系，以让你更快地了解你的上司，了解上司之后就可以准确把握上司对你的态度和意见，不致在工作中产生误会，同时也可以掌握更好的办法，准确有效地配合上司的工作，使自己的工作卓有成效。

4. 对待上司

在给领导提意见和建议时，应该讲究方式、方法。"金无足赤，人无完人"。领导是人不是神，也有说错、办错的时候，作为下属来说，应讲究提意见或建议的方式、方法，既能达到目的，又不使领导反感或恼怒。作为下属对领导的失误不能采取消极态度，应出于公心，敢于谏言。但是要注意选择适当的场合，利用适当的时机，采取适当的方式，不要急于否定，要因人而异。

5. 方式方法

向领导汇报工作情况时，需要注意：认真准备；遵守时间，不能失约；用语准确，句子简练；语速适中，音量适度；汇报时间不宜过长；实事求是，有喜报喜，有忧报忧；汇报结束后，不能匆匆离开，应注意退场礼仪。

（二）与同事的关系

同事之间工作各有分工，同时又讲究"团队精神"，需要互相配合和协作。因而处理好与同事之间的关系也是十分必要的。

1. 透明平等，不玩弄权术

随着现代社会的发展，一个公司中往往聚集了众多高素质、高文化学历的青年才俊，而其较为关心的则是以何种合作方式来进行资源重组，以获取最大的效益。他们认为，新型的同事关系是可以通过互惠互动来来达到最大化效益的，只有对同事间的沟通了解进一步加深，才能使彼此相互和谐相处，从而从中享受新型同事关系所带来的乐趣与好处。除此之外，在生活中，他们亦如此。

大家在一起工作，都讨厌那些搬弄是非、玩弄权术或拉帮结派的人，愿意与那些有才气且志趣相近的同事相处。许多行业需要的是团队的密切配合，同事之间时常一起加班研讨，长时间的共处，彼此更为了解，往往成为知心朋友。这点与传统的办公室人际关系完全不同，不应抱着同事是"冤家"的成见互相戒备，因为那样的结果是将使你在工作中难以立足、发展艰难。

2. 相互支持，加强团队精神

在同事之间，要团结、友好、支持、真诚地互相帮助。在发生误解和争执的时候，一定要换个角度，站在对方的立场上想想，理解一下对方的处境，千万不要情绪化，把不该说的话说出来，任何背后议论和指桑骂槐，最终都会在贬低对方的过程中破坏自己的形象，受到别人的排斥。现在单位都讲究团队精神，要正确恰当地处理好和同事之间的关系，使自己尽快地容纳到团队中。单枪匹马的时代已经过去，不善于协作的人，纵然是天才也无法获得真正的成功。

3. 交友有度，不涉及个人隐私

在日常的工作社交中，不要过多地侵入同事的私人"领地"，更不可随意打听同事的隐私问题，除非同事本人主动提及。因为在现代的工作社交中，每个人的思想观念与生活方式，较以往来说大多比较前卫，其隐私也不想让他人知晓，哪怕是关系紧密的至交好友，也不会将自己的隐私问题和盘托出。一般情况下，过分关心他人隐私，或背后议论他人私密问题是没有修养的低素质行为。这就说明，在与同事相处之时，应注意社交尺度，在关心的基础上，不涉及其个人隐私。而对个人而言，隐私本就是一个相对而言的概念，在现实的工作环境中，只谈公事几乎是不可能的事情，因此，在工作环境中若想与同事谈及一些私密问题，应在考虑言语是否得当的基础上进行沟通交谈，以保护自己处于安全地带。但最为重要的是，把握好同事间平和、互助、有距离关系的尺度，以宽容、平和的心态对待别人的隐私。

4. 寻找相近的乐趣，增加亲密度

当代的企业职员们工作时不怕加班，闲暇时也懂得享受。他们想挣更多的钱，然后让自己的生活过得更有乐趣。因而，在闲暇之余，喜欢与同事一起出去分享快乐，郊游、蹦迪、泡吧等，内容丰富多彩。所以，不妨多找些与同事相近的爱好和乐趣，邀他们一起行动共同分享，借此增加彼此间的了解与亲密。这不仅可以从中获得更多的快乐和放松，缓解内心的压力，更有助于培养和谐的人际关系，促进工作上的友好合作。

5. 经济往来，AA 制是最佳选择

对于现代的工作人员来说，其大多数均有稳定的经济收入，并可以用其享受生活。因此，在闲暇之余，同事间也会组织聚会、旅游或其他新型活动来充实生活，经济上的往来也随之增多。在处理经济往来关系时，AA 制就是最佳的处理选择方式。在活动中采取 AA 制的方式，既没有经济负担，又可在同事间的社交中体现出平等相待。但若是遇到有同事主动提出做东，也应与之配合，在聚会、活动中说一些祝贺的话语，并在聚会、活动结束时向做东的同事表示感谢。在与同事相处的过程中，以礼仪规则进行交流，不仅可以营造出轻松、有趣的氛围，融为团结的统一体，而且对生活与事业的发展有诸多益处。

（三）与下属的关系

曾经有一份调查显示："仅仅得到上司的赏识，而没有得到下属的支持，那只能说明你成功了一半，没有下属的尊重和支持，你的发展前途是有限的。"这就充分说明在事业发展的过程中，处理好与下属关系的重要性。

1. 尊重下属

在员工及下属面前，领导者是一个领头带班的人。尊重下属其实是尊重自己，因为员工们的积极性发挥得愈好，工作就会完成得愈出色，也可以让你自己获得更多的尊重，树立开明的形象。在工作方面有地位和职务的高低，但在人格上都是平等的，因而下属也有独立的人格，领导不能因为工作中的上下级关系就不顾及下属的人格，不能因为是下属，就可以随意地指责或让其受到不公正的待遇。要想得到别人的尊重，你就要首先尊重别人；同样，你想得到自己下属的尊重，就应该先尊重他们，使下属变成自己忠实的拥护者，变成自己发展的一个后备团体。

2. 宽待下属

作为领导，应正确看待员工的失误与失礼行为，以开阔的心胸去应对，且尽力帮助员工纠正错误，切不可一味地批评、处罚，更不可挟私报复。对于自己下属犯的错误，要多多体谅，在公司领导面前应该考虑下属的利益，从下属的立场

出发为下属多争取机会，而不是仅仅就是指责惩罚。在互相交往中，要注意多使用"我们"来代替"我"，这样可以缓和你与下属职员的关系，使他们感受到你对他们的爱护。

3. 深入了解下属

领导要经常深入群众，倾听他们的心声，体谅他们的困难，了解他们的要求。在合适场合下，领导者应当采取公开的、私下的、集体的、个别的等多种方式引导下属发表意见，了解下属的愿望。这样既可提高领导的威信，又可避免上下级关系的紧张化。在遇见问题时要召开部门会议，让员工参与到公司或部门的活动中，体现主人翁的精神。

4. 爱护下属

作为领导对下属的长处应及时地给以肯定和赞扬。例如，接待客人时，将本单位的业务骨干介绍给客人；在一些集体活动中，有意地突出一下某位有才能的下属；节日期间，到为单位做出重大贡献的下属家里走访慰问等，都是爱护下属的表现。这样做可以进一步激发下属的工作积极性，更好地发挥他们的才干。相反，如果领导嫉贤妒能、压制人才，就会造成领导和下属的关系紧张，不利于工作的顺利开展。

5. 选择适当的心理调节方式

当生活或工作中遇到困难或挫折时，常常会出现心理困难甚至障碍，这就应该进行心理调整。作为领导，应主动地去对员工的处境进行了解，理解他们、关心他们。适当了解下属员工的情绪变化，根据现有工作情况，采取劳逸结合的措施，在工作之余，可以组织一些文娱活动，以积极的方式使员工的不良情绪得到有效的宣泄。有条件的单位，可以为入职员工建立心理档案，定期安排进行心理检查与疏导。

二、办公沟通礼仪

办公室沟通是建立良好人际的关系，舒畅的工作环境的关键，要善于使办公室环境处于一种良好的沟通状态中。这并不意味着要喋喋不休地主张和表达什么，而在于与周围工作人员之间的沟通，在沟通的时候要注意沟通的恰当时机，用适当语言和适当的态度说话。

（一）认清自我是管理工作的基础

自我管理的第一步，即是认识自己，包括控制自我情绪、确立工作效率、建立个人处事风格等方面。而自我管理的重点主要体现在为自己与外在工作环境的融洽共处提供帮助，因此，在日常工作中，切不可过于表现自己，与其他同事形成对峙的局面。除此之外，在言谈中，也要注意多以"我们"相称，使交谈对象可以感受到你愿意与他同舟共济的诚意。而在工作中，少言"我"，以免让对方对你有过于自我、无法接纳他人意见之感。

（二）向上汇报工作

作为一个管理者，在做好对下传达工作的同时，也要处理好对上的汇报工作。若一个管理者，只成功地对下属员工进行整合，而不能得到上级领导的支持与允诺，这无疑是不成功的，充其量仅是成功了一半。同样，也需让你的领导感受到你是能够与他同心协力的工作伙伴，而不是动不动就"挑刺"的同事。要经常向上级汇报请示工作，经常沟通思想和情感。善意地沟通与勇敢地提出见解，才能构建你与上司的良性互动。

（三）语言表达要得体

一个人说话，不仅是思想的表达，也体现出一个人的修养和文明程度。在办公室与人交流时，既要注意环境，又要注意对象身份，更要注意把握尺度分寸，同时还要考虑对方的理解和接受程度等，尽力做到表达恰当得体。得体是指言语、行动等恰如其分。语言表达的得体是指根据沟通的语境使用语言，也就是根据沟通的外部语境、内部语境选用恰当的语句来表情达意。得体是语言表达的基本要求，也是最高要求。说话得体可以改善人际社交的关系，强而有力的语言表达力是办公室沟通成功的重要因素。提升个人的应对沟通能力，改善说话表达的技巧，增强自信，有助于工作、社交及人际关系的发展。

第八章

社交礼仪与中国传统文化

第一节　寿诞礼仪

中国传统礼仪十分完备，古人自生到死的全过程都伴随着一系列的礼仪。下面主要围绕老百姓的出生礼仪进行介绍。

一、报喜

诞生是人开始进入世界的大喜事，历来为人们所重视。按照传统礼俗，生育子女称为"添喜"；婴儿降生，女婿须前往岳父母家通报，称为"报喜"。报喜的方式因地域不同，略有差异。浙江地区的风俗是报喜时，生男孩用红纸包毛笔一支，生女孩则附花手帕一条。大多数地区报喜时要送上煮熟并染成红色的鸡蛋。生男，蛋为单数；生女，蛋为双数，而岳父母收下"喜蛋"后还要加倍送还，女婿再将这些返回的"喜蛋"分送给亲友。

二、洗三朝

洗三朝是婴儿出生 3 天时最重要的礼俗，此日，会集亲友替婴儿洗身，叫作"洗三朝"，又称"贺三朝"，其用意在于洗净秽污，使其洁白入世，也可增加婴儿胆量，增进婴儿健康。这一礼俗唐代即已盛行，南宋孟元老《东京梦华录》更有具体记载，且一直流行至今。

三、满月礼

婴儿出生一个月后，要为其举行庆贺礼，家长要请亲朋好友喝满月酒，宾客携贺礼赴宴。做满月的礼俗中，有一项重要的内容是为婴儿剃"满月头"，又称"剃胎发"。其仪式严肃而隆重，但各地对执剪者要求不一。浙江绍兴是请剃头师傅剪发，剪前先将一把嚼碎的茶叶抹到小儿头上，说是日后不生疮，长出的黑发如茶树般浓密。剃头时，小儿由祖父或亲友中的德高望重者抱在怀里。满月头的发型，一般是在头顶留一小圆圈头发，其余剃光，也有的在脑后留一小块铜钱大的头发不剃，称"孝顺毛"。落下的胎发不能随便处置，杭州习惯挂在堂屋高处，有的挂在床檐正中。落发后，还要设案祭神，给小儿穿戴一新，抱其走街串户，叫"兜喜神圈"，这样做的用意在于使小儿见世面。

四、周岁礼

孩子满周岁，家长要盛宴亲朋宾客，还要举行富有特色的"抓周"活动。"抓周"旨在检测周岁幼儿的性情、志趣，并据此预测其未来。通常在男孩面前放上弓箭、纸笔、算盘、珠宝、饮食、玩具等，在女孩面前再加上刀剪针线，看孩子抓取何物。古时候，父母最希望儿子抓纸笔、弓箭，盼望儿子长大后"文能治国，武能安邦"。其实，孩子抓取何物并不能决定其一生，家长也不必太在意。但观看幼儿摸爬玩耍的天真神态，倒是别有情趣。

第二节　乔迁礼仪

一、乔迁礼俗

乔迁"即迁居，是指举家从原宅迁入新宅，新宅既可以是新建的房子，也可以是装修一新的房子。人的居住条件改善了，此时又要寄托对未来美好生活的向往，自然是大喜临门，要行庆贺仪礼，从古至今皆然。

搬迁，民间也叫搬家，是指从原宅搬至新宅的过程。搬迁礼俗各地都有，是一件很庄重的喜事，但也存在地方性差异。

搬迁要选择吉日。搬迁时，主人在旧居送搬运东西的人，请一个福运好的人在新居迎接从旧居搬运来的东西。搬迁中最注重的一桩事是"过火"，即是把火种从旧居移迁到新居。届时请亲朋出力，先行仪式，开始是从旧居用火盆或火炉带火种至新居，如果是在晚上，还要由人打着火把从旧居走到新居，不能让火种在迁移中熄灭。此外，建灶时，民间也有相应的庆贺往来礼仪及表达彼此喜悦之情的特殊的行为方式。

民间忌孕妇参与搬家，说怕动了胎神，实际是保护孕妇的一种措施，以防劳累过度流产。还有搬家时不可生气，不可说不吉利的话，不可打碎碗、盆、镜子之类的物品，这不过是求个平安吉祥的征兆罢了。

摆庆贺酒宴是搬迁礼俗的重点。城市中，庆祝迁居的宴会一般是设在酒店。乡村庆贺酒宴一般是摆在自家新宅。有些地方摆宴席时要专门为建宅的工匠师傅摆席，叫"谢师酒"。坐在"谢师酒"席位上的工匠有木匠、铁匠、石匠、瓦匠、砌匠、漆匠，等等，坐最尊位子的是石匠。

二、乔迁礼仪

1. 新居乔迁请帖

新居落成，乔迁之喜，设宴庆贺。称暖房酒宴。邀请亲朋好友及工匠、师傅前来参加，则发请帖。这种请帖除需符合请柬的一般要求外，内容上要说明新居落成乔迁和宴请地点。在语言上要古朴典雅，在形式上有横排竖排两种。

2. 新居乔迁喜幛与镜屏

祝贺新居乔迁之喜，还可赠送喜幛和镜屏，尤其镜屏更为适宜，它悬挂于新居之上，不但有祝贺之意，还有装饰之用。喜幛除上下写款外，尚宜题词，而镜屏则可题也可不题。喜幛、镜屏，横式、竖式均可。

喜幛与镜屏用语（也可作为建屋迁居横批）：

瑞气云集	竹苞松茂	华屋增辉	人勤家兴
家和人乐	万事胜意	满院春光	吉星拱照
高第莺迁	本固枝荣	紫气东来	人杰地灵
富贵花开	燕贺新居	天宝呈祥	富贵花开
安居乐业	喜气盈门	日映华堂	物华天宝

3. 新居乔迁贺电

示例如下：

（1）新居落成恭贺乔迁之喜；

（2）恭贺新居落成祝金玉满堂宏图大展；

（3）恭贺乔迁之喜，祝人宅大吉长发其祥；

（4）祝贺喜人新居干祥至欣迁嘉屋万福来；

（5）谨祝新屋落成千般喜合家和睦万事兴。

4. 新居乔迁喜联

吉日降宏福，利时呈嘉祥。

新春迁新宅，福地启福门。

人杰地灵有福，物华天宝呈祥。

德贤安且吉，和善寿而康。

茂林莺语闹，新屋燕声喧。

甲第新开美景，子孙大展宏图。

共庆乔迁喜，同吟致富诗。

欣逢盛世千般盛，喜进新居万象新。

新地新居新气象，好山好水好风光。

喜建华堂春风入座，乔迁新屋佳客盈门。

紫阁祥云物华天宝，朱轩瑞气人杰地灵。

丹桂有根独长诗书门第，黄金无种偏生勤俭人家。

乔木好音多远闻莺迁金谷晓，上林春色早近看花报玉堂开。

祥云绕吉宅家承沾世添福祉，瑞霭盈芳庭人值半午增寿康。

第三节　交往礼仪

古人重礼，主要反映在人们的相互交往、待人接物、言谈举止之中。虽然在这方面没有形成一套严格的礼仪制度，人们却自觉遵循"礼"的规定，按"礼"行事，以"礼"待人。

一、仪表举止

古人无论在社会交往，还是家庭生活中，都十分注重言谈举止的文明。所谓"礼貌"，就是对人要恭敬有礼。貌是指相貌、样子，彬彬有礼的样子才称得上"礼貌"。要做到礼貌，首先便是仪表礼貌，仪表是指一个人的容貌姿态。古人着装讲究"正""洁"，即冠正、衣洁。凡已行冠礼的男子，即成年男子，出门若不戴冠，或戴冠不正，都被视为无礼之貌。唐太宗曾提到，"以铜为镜，可以正衣冠"，以此保持自己的礼貌。若是当众免冠（摘去帽子），则用以表示请罪、谢罪。

其次便是礼节。古人极重视行礼，但行礼也有一个尺度，即在不同的场合中，面对不同的人，施以不同的礼，以恰如其分地表达恭敬、谦逊之情，否则也会被视为无礼。在见面的礼节中，古时规定有各种用于交际的拜礼和揖礼。按照周代的规定，根据当时跪拜的动作和对象，跪拜礼共有九拜，分别是稽首、顿首、空首、振动、吉拜、凶拜、奇拜、褒拜、肃拜。

稽首，是九拜中最隆重的拜礼。行礼时，施礼者屈膝跪地，左手按右手，拱手于地，头也缓缓至于地。头至地须停留一段时间，手在膝前，头在手后。稽首通常用于臣子拜见君王。后来，子拜父、拜天拜神、新婚夫妇拜天地父母、拜祖拜庙、拜师、拜墓等，也都用稽首大礼。

顿首，是拜礼中次重者。行礼时，以跪的姿态，先拱手，下至于地，然后引头至地就立即举起。通常用于下级对上级以及平辈间的敬礼。如官僚间的拜迎、拜送，民间的拜贺、拜望、拜别等。

空首，是拜礼中较轻的一种礼节。行礼时，两手拱地，低头至手而不着地。

振动，这是一种用于丧事时的礼节。行礼时，不仅要跪拜、顿首，而且拜后还要"踊"，即捶胸、顿足、跳跃而哭，表达极度悲哀之情。

吉拜，是先拜而后稽颡，即将额头触地。

凶拜，是先稽颡而后再拜，头触地时表情严肃。

奇拜，先屈一膝而拜，又称为"雅拜"。

褒拜，是行拜礼之后，为了回报他人的行礼而进行的再拜，也称"报拜"。

肃拜，是古代军队中以及女子的一种跪拜礼。拜时跪双膝后，两手先到地，再拱手，同时低下头去，到手为止，故又称"手拜"。

汉代以后，随着高座、凳椅等的先后问世，人们不再"席地而坐"，于是，见面的礼节也发生了一些变化，但是，跪拜礼作为等级差别的标志而依然存在于官场之中以及民间某些特别活动中。除这九种拜礼之外，在日常生活中还行鞠躬礼，以屈身表示致敬。

最为常见的是揖礼。揖礼，也称为"作揖"。这是古代宾主相见的最常见的礼节。揖礼起源于周代以前。具体姿势是双手抱拳前举。在周代上层统治阶级内部，作揖的形式当时已有很多种，如王者之揖有土揖、时揖、天揖、特揖、旅揖、旁三揖之分，具体用哪种要视双方的地位和关系而确定。此外，还有长揖，即拱手高举，自上而下向人行礼。这是一种古代不分尊卑的相见礼。拱手礼也是两手合抱，所以又称为"抱拳"，但它只合手于胸前，没有推手的动作。如果表示敬重之意，拱手时常附以躬身。如是一般性的行礼，则只抱手。较晚出现的请安礼，在相见行礼时，男女皆一足跪，一足着地，垂手近踝关节。

在主宾谈话之中，古人也注重仪表的庄重，不允许出现轻浮、放荡的举止。即使是笑，也以不露齿的微笑为宜，凡人大笑则露齿本，中笑则露齿，微笑则不见齿。少仪若大笑露齿，久笑牙齿使感到冷，所以古人以"齿冷"讥讽那些贴笑他人者。今天我们依然提倡保持"笑不露齿"的举止。

二、坐立行卧

坐、立、行走、躺卧等日常生活中的小事，在中国古代也极受人们的重视。古人不仅从卫生、保健的角度，提出坐立、行、卧的正确、科学的姿势，"坐如钟，立如松，行如风，卧如弓"，也把它作为一种社会交往的礼节，作为一种社会公德。

走亲访友，常要进入他人居室。席地而坐是古人的起居习俗，其由来已久，远在商周时期就已如此。其延续时间也很长，至少保持到唐代。所谓席地而坐，就是在地上铺张席子坐在上面。席又分为"筵"与"席"两种。筵是竹席，形制较大，是为了隔开土地，使地面清洁而铺设的，故只铺一层。"筵"用竹子编织而成，它铺在席的下面，"凡敷席之法，初在地者一重即谓之筵，重在上者即谓之席"（《周礼·春官·司几筵》），筵、席合用，其实是说地上铺的二重席，只不过后来专指酒席而言了。因为室内满铺着筵，整洁美观，所以人们进屋之前必须先脱鞋等即"入席"，以免将污泥尘土带入室内，踏脏铺筵。这就形成一种礼节，在室内是不应穿鞋的。不仅是鞋，古人为了表示对主人的尊重，入室连袜子也不能穿。这说明古人对入室脱袜的礼节也十分看重。

古人入席之后，对"坐"的姿势也十分讲究，即跪地，两膝着地，臀部落在脚跟上。若两膝着地，臀不沾脚跟，身体挺直，则为跪。如跪而挺身，挺腰，又称为跽（长跪）。若变坐为跪或变跪为跽，则含有起身告辞之意。但如果"箕踞"而坐，则是一种轻视对方、傲慢无礼的举动。所谓箕踞，是指坐时臀部着地，两腿前伸，身体形似畚箕（簸箕）。在一般的场合下，尤其是在朝廷、官府中，人们很注意坐的姿势与周围环境的协调一致，即所谓"坐有坐相"。若是处于庄重严肃的环境下则正襟危坐（整理好衣襟，端坐不动）；若是在比较随和的场所，人们坐的时候身体可稍稍向后坐；在宴饮时，则应尽量把身体往前挪以方便进食。

古人对站立要求"立如齐""立勿跛""立不中门"，是说站立必须不跛不倚，取立正姿势，而且不能站在门的中间。如果接受别人的礼物，则必须站着，不可坐下，以示尊重。至于走路规矩则更多。"堂上接武，堂下布武。室中不翔。"（《礼记·曲礼上》）"武"即足迹，"接武"指向前迈的一只脚在紧挨着后一只脚处落地，也就是脚印一个接一个，"布"即散布、分布，布武"指足迹不相连接。堂上面积小，走路不能迈大步；堂下地方大，不必有所顾虑。"翔"的本义是飞翔，这里是比喻的说法，意思是在室内走路时臂的摆动要小，不要像鸟飞那样挥动双臂，这也是因为室内空间小，"翔"则会碰到别人。这些礼俗的规定最初来源于生活，是跟室内、堂上、堂下的空间状况相适应的。

古人既重坐相，也重走相（走路时的姿势）。"趋"是快步行走，这在古代是对尊者、长者、贵者、宾客及行朝拜礼时表示敬意的一种走相。孔子有一次受鲁国国君之召接待外宾，领命之后，他神色庄重，拱手弯腰，"趋进，翼如也"。不仅快步行走，其姿势如同张翅的飞鸟。

三、交谈礼仪

在言谈话语中体现恭敬、谦逊，古人是十分重视的，也被视为一种礼貌的表现。如在对方讲话时，要专心致志地"洗耳恭听"，而不能漫不经心，更不能打断别人的话题。自己讲话时，眼睛应注视对方，语调平缓，不能强词夺理，摆出一副盛气凌人的架势。在语言交谈的礼节上，乃至在谈话的艺术上，古人都曾做过具体的规定，这些都记录在《礼记·少仪》之中。如"请见不请退"，即对于尊长者，可以请求会面，但谈话结束后，不要马上请求离去，要等待尊长示意后再告辞。"不窥密，不旁狎，不道旧故，不戏色。"意思是与别人交谈时，不能窥探人家的秘密隐私。陪同长者坐时，不要与其他人相互逗闹或亲热。谈话时，不要总絮叨以往的旧事，神情应庄重严肃。"侍坐于君子，君子欠伸，运笏，泽剑首，还屦，问日之蚤莫，虽请退可也。"意思是陪年长且有一定地位的人谈话时，如果他已经打呵欠、伸懒腰，或手中摆弄朝笏、摩拭剑柄，或把鞋拿到自己的身边，或询问时间的早晚，这些都是困倦或不耐烦的表示，在这种情况下，是可以请退的。

平时谈话时要注意礼节，但也不是一味地阿谀奉承，不讲原则，古人即使是对待帝王君主，也十分注意以诚相待。"为人臣下者，有谏而无讪，有亡而无疾；颂而无谄，谏而无骄；息则张而相之，废则埽而更之，谓之社稷之役"（《礼记·少仪》意思是作为臣子，对君主应该当面劝谏，不要在背后讥讽、嘲笑。如果劝谏没有被君主接受，则离开他，但不能因此而心生怨恨。如果是称颂君主，也要实事求是，不可谄媚取宠。劝谏一定要出于诚心，不能傲慢轻视。君主有时出现怠惰，不能勤于朝政，在劝谏时要加以鼓励，并倾力相助。如果制度有所败坏，要劝说君主加以肃正和改良，这样才叫为国家效力。

四、拜访礼仪

人与人之间相互拜访是最为普遍的社交活动，在这样的活动中，主人与客人之间也有很多的礼仪规范需要遵循，否则就会显示出自己的失礼。

在现存最早的礼仪典籍《仪礼》中，有《士相见礼》一节，详细描述了初次拜访地位相同之人，或者地位低者拜访地位高者所持的礼节，礼节比现代社会要隆重、复杂得多。

拜访之前，拜访的人一定要准备拜访的礼物。因为古代的很多礼仪中都规定，初次求见所尊敬的人，一定要带见面礼，以表示诚敬。《士相见礼》中规定，士与士相见、士见大夫、新臣初次见君王都带雉前往，下大夫之间相见以雁做礼物，上大夫之间相见以羊为礼。选用哪种礼物，与所选用之物的特点以及受访者所应该具备的品行相关。士之所以用死雉，是看中它不为食物所引诱，不为威力所慑服，宁死而不被畜养的品行，以此象征士所应具有的行威、守节、死义的品格；用雁，则"取知时，飞翔有行列"；用羔，"取其从帅，群而不党"。

拜访者拿着雉前往，到了主人家门外，通过摈者（即协助主人行礼，导引宾客、传递话语的人，类似于后来的门童）传达求见主人的愿望，而主人则会表示不敢让客人屈驾登门，请拜访者先回府，自己当亲自登门拜访。同样的行为要经过两次，主人便答应相见。

见面之前，主人还要再三推辞拜访者所带的礼物，客人说："某人若不带着礼物而来，就不敢见所尊敬的人。"此时，主人要"再辞挚"，说："某人实在不敢当此大礼，谨再次辞谢。"客人说："某人如果不凭借礼物来表达敬意，就不敢前来拜见，所以再次请求收下。"在再辞挚之后，主人方可以正式同意接见来宾。主人说："某人一再推辞而不能得到您的允许，岂敢不恭恭敬敬地从命！"三次之后，主人表示无法推辞，恭敬不如从命，于是出门迎接拜访者。主人揖请拜访者进入大门，行再拜礼，接过拜访者手中的雉，拜访者交上雉后也行再拜礼，然后出大门。这是为了体现君子行礼有节之意。既然已经拜见，就不敢再打扰。此时，主人为了表示希望与拜访者结交之意，便让摈者到门外请拜访者再次入内，与主人叙谈。这时，拜访者和主人再次会面，进行叙谈，然后告别。主人送到大门外，向拜访者行再拜礼。至此，相见的礼节还没有结束，主人还要进行回访，士相见礼才能完成。

士大夫阶层在登门拜访时要先投刺，即投"名帖"。"名帖"投递后，得到主人允许就可在主人家人的引领下进入拜访。

但是，到别人家做客，言谈举止都要有所约束，不能够像在自己家时那么随便。《礼记·曲礼上》就记录了许多做客的规矩，如登堂入室要高声探问，看到门外有两双鞋子，听到屋内说话声，才可进屋，没有听见说话声就要在门外等候。进屋后目光下垂，不可东张西望；房门原先开着的仍让它开着，原先关上的也要关上；主人不先开口问，客人不可先开口说话；等等。

拜访礼是人们社交活动中应该遵守的礼节，主人是否殷勤周到也体现了客人受欢迎的程度。

五、招待礼仪

好客，是中华民族自古以来的传统习俗，孔子曾说："有朋自远方来，不亦乐乎！"好客也体现了中华民族的美德和风尚。所谓好客，不仅要礼貌待客，更要宾至如归，因而热情、坦诚、友好、融洽便成为好客的一种文明举止，世代相传。

古人十分重视人际交往，"来而不往，非礼也"，既有来访，必要回访，这才称得上有礼节。迎来送往，是表现好客的一种礼节。从迎接宾朋好友的到来，直到送他们离去，其间始终处在一种热情好客的气氛之中

每逢有宾朋好友来访，主人首先迎于门外。向客人施礼，互致问候后，再进入门内，这是古人常用的见面礼。之后，主人前引客人登台阶，进到堂屋中去叙谈。在登台阶时，古代又有"拾级聚足"的礼节。"主人与客让登，主人先登，拾级聚足，连步以上。"即主人前足先登上级，后足再与之并齐。而后再登上一级，再并足。这样登台阶的目的，是照顾客人，使他能跟上主人，而不使客人感到冷落与紧张。待登上台阶，将要进堂屋时，古时又有两种礼节：一是"将上堂，声必扬"，即说话的声音要适当提高一些，以使堂屋内的人知道客人已到；二是"将入户，视必下"，这是客人应遵守的礼节，即在进入堂屋时，眼睛应往下看。因为主人家虽知道客人到来，恐还有未及收拾的东西。这样做，可以避免给主人造成难堪和尴尬。

进入堂屋后，主人与客人便入席而坐。但在座次，即席位的安排上，古人颇有讲究。按照礼制的规定，若在室内会客，则以面朝东的座位为尊；若于堂中会客，又以面朝南的座位为尊。来客当然要被请于尊位落座。对于座次的排定，古

人是十分重视的，它不仅表现了主人对客人的尊敬，也说明尊座是全部席位的核心，坐在这个位置上的人便自然成为其他人敬仰的人物。古人在室中举行礼仪活动时，座位次序非常重要，它显示了宾与主，显示了尊与卑。通常面东背西是最尊之位，即所谓东向坐（在室的西墙前）；其次是面南背北之位（在室的北墙前）；再其次是面北背南之位（在室的南墙前）；最卑之位是面西背东的席位。在中国历史上，文武百官上朝，也曾有"文左武右"的礼制规定，即文官侍立于帝王的左侧，武将侍立于帝王的右侧，也就是文东武西。这是因为帝王们认为，以武打天下，以文治天下。政权建立后，自然以"文治"为重，于是就出现了朝廷上文官位于武将之上的排次。这一礼制的规定，也在明、清两朝北京城的布局上得到反映。在承天门（后改称天安门）、南正阳门（即前门）的左边（即东边）建有崇文门，右边（即西边）建有宣武门。

不仅古代这种席地而坐的宴饮活动中有座次礼仪，在后来的八仙桌和圆桌上进行的宴饮活动也依然有座次礼仪。八仙桌一般呈四方形，是旧时厅堂的主要家具，至今已有一千多年历史。一般被放置在客厅的大条案前，左右置太师椅，显示着庄重的气派。八仙桌的四围常饰以灵芝、铜钱及花草等吉祥图案，做工精巧，美观性很强。如果用八仙桌来进行宴饮活动，那么，通常正对大门一侧的右位为主位尊位，如果不正对着大门，那么，面东的一侧右席为主位尊位。然后，主位左手边坐开去为2、4、6、8，右手边为1、3、5、7。圆桌通常是不分座次的，但在某些特殊情况下也显示着尊卑。

总而言之，在古代分主宾的宴饮活动中，座次礼仪是"尚左尊东""面朝大门为尊"；而家宴中则是辈分最高者坐首席。

古人在招待过程中若设宴招待，待宴饮结束，客人便告辞离去。此时主人还要为客人送行，通常是要送到大门外，宾再次答谢，方离去。

客人告辞时，主人通常要婉言相留；客人执意要走，主人则需起身送客，根据主客关系的不同以及客人的身份，送别的远近也有所不同，或送至屋门，或送至家门，或送至路口等。

古时招待客人的礼节在今人看来，正体现了热情好客的风尚和文明礼貌的风范，种种细微的待客礼仪不仅能让宾客产生宾至如归的感觉，也能让客人有受到尊重的心理感受。作为中华民族的一种优良传统，在漫长的历史发展中，虽在待客的形式上不断变化，但热情的程度丝毫未减。在历史上，我国曾与周边及邻近国家有过友好的交往。当外国使臣奉命出使来到我国后，当时的朝廷对这些远道而来的客人，无不表现出极大的热情，并给予周到的款待，不失文明大国的风度。时至今日，中华民族热情好客的传统，仍为各国所称道。

六、宴会礼仪

从古到今，宴会都被作为一种特殊的交际活动，广泛流存于民间，人们通过宴会，追求物质和精神的享受，表达友好和情感，甚至以宴会作为平台和工具，进行公关或交际，从而达到一定的目的。

中国古代宴会名目繁多，不同的宴会往往表达不同的思想情感，有着不同的礼仪要求。

源于周朝、沿用至清末的乡饮酒礼，以尊老敬贤、营造乡里祥和气氛为主题，酒宴上，依照长幼贵贱的标准来规范礼仪，入席、排座、敬酒、分菜等，都表现出长幼有序的思想，培养乡民重老尚幼的伦理道德。

源于唐代的鹿鸣宴是地方官员宴请乡试新科举人的宴会，宴饮中必奏《鹿鸣》之曲，唱《鹿鸣》之歌，表现了古人尊重知识、重视人才的思想。

唐代曲水流觞宴，将宴饮活动融入大自然中，文人雅士环渠而坐，按照事先约定的规矩，咏诗论文，饮酒赏景，这种饮酒咏诗的雅俗历经千年，体现了古代文人雅士"醉翁之意不在酒，在乎山水之间也"的雅趣，同时也引导人们维系遵规守矩的礼仪。

清代千叟宴，系清代宫廷为数千位年老重臣和各地贤达耆老举办的高级宴会，宴会礼仪烦琐讲究，宴中来宾以年龄排序，千叟宴将古代尊老敬贤推向极致。

清代满汉全席，撇开奢侈浪费的成分，单就礼仪而言，其食礼之讲究、程序之复杂、菜品之丰盛，将中国古代宴席推向顶峰。值得一提的是，集满族和汉族食品和礼仪于一体的满汉全席，在当时社会，成了促进满汉民族团结的纽带。

总之，重情感、守秩序是古代宴会礼仪最主要的特点。

七、饮酒礼仪

无酒不成席，在宴会上主人与宾客之间互相敬酒是必不可少的。在宴饮开始后，席间，宾主不仅相互敬酒畅叙友情，主人还要用"投壶"来助酒兴，既显示主人的盛情之意又能活跃了席间气氛，使客人感到轻松愉快，同时也使客人能多喝一些酒。投壶是一种十分有趣的游戏活动，既能融洽宾主间的关系，又活跃宴席的气氛，使宾客处于热闹欢快之中，所以深受人们的欢迎。其普遍出现在社会各阶层人士的宴会上，一直到唐代仍十分流行。

古人设宴时，还有一种行酒令的游戏，也用于助兴取乐，活跃气氛。行酒令前，宾主要共同推选一人为令官，其他人都要服从令官的决定，或依令做游戏，或依令作诗词，违者或诗词不佳者，就要受罚饮酒。由于有行酒令的游戏，所以在宴饮中也没有高下尊卑的区分，使宾主没有拘谨之感，谈笑风生，气氛活跃、融洽，宾朋也无"客人"之感。主人与宾客的友情也因此更为深厚。

酒是一种特殊的食品，它具有明显的两重性：既能造福，也能惹祸；既能给人们带来乐趣，也能给人们造成危害。正因为如此，古人特别强调饮酒礼仪。

清人张芠在其所著的《仿园酒评》中，提出数十种饮酒忌讳，基本概括了古人在饮酒场所应遵循的饮酒礼仪，在此，摘其"九忌"，以见一斑。

一忌"摆架子"。凡人至诚相邀，理不应推辞。同时，赴饮还不宜迟到，否则，众宾皆已就座，唯独你一人迟迟不来对人不礼貌。

二忌"久饮不休"。饮酒要有所控制，喝好为止，切忌打疲劳战、持久战。况且久饮易醉，醉不成欢，又生是非，所以，饮酒要有节制。

三忌"苦劝"。要敬酒，可劝酒，但不能逼酒。饮酒要从实际出发，酒量小的，不要强其所难；酒量大的，也不要炫耀自己。

四忌"不诚恳"。酒场上弄虚作假，以水代酒、人口不咽、能饮不饮、泼酒暗吐、后发制人等，都是不诚恳的表现。

五忌"骂座"。众人饮酒，本来图个欢乐，如果酒桌上骂座，借酒报复，挑起事端，则会弄得主人不安、客人不快。

六忌"争执"。酒桌上难免要议论某事，甚至高谈阔论，各抒己见，彼此之间有不同看法也是自然的，切忌怀抱成见、争论不休。

七忌"当场呕吐"。一旦饮酒过量，应赶快离桌，切不可当场呕吐，那样既不卫生，又不雅观。

八忌"不遵令"。众人饮酒，人人要守规矩。特别是飞觞行令时，酒令大如军令，一定要遵令而行。

九忌"打瞌睡"。与亲朋好友聚饮，要精神饱满，不能无精打采，这样显得对主人或客人不礼貌。

以上九忌，概括了古人对赴宴饮酒的基本礼仪要求，这些礼仪要求对今人也非常有用。

八、饮茶礼仪

中国有着悠久的饮茶历史，中国人自古以来就有以茶待客的风俗，即凡有客来，主人定会送上一杯热气腾腾的清茶，这一传统礼仪至少已有上千年的历史。以茶待客非常讲究真诚。首先要注重茶的质量。有宾客上门，主人往往将家中最好的茶叶拿出来款待客人。敬茶以沸水为上，用未开的水冲茶，茶叶会浮在杯面，这是不礼貌的。其次要讲究敬茶礼节。敬茶时必须恭恭敬敬，用双手捧住茶托或茶盘，举到胸前，说"请用茶"。这时客人应轻轻向前移动一下，道一声"多谢"或者用右手食指和中指并列弯曲，轻轻叩击桌面，表示"双膝下跪"的感谢之意。

要说中国古代饮茶礼仪，明代冯正卿的《岕茶笺》中提出的品茶"十三宜"和"七禁忌"应该是最全面、最精辟、最集中的饮茶礼仪阐释。

所谓"十三宜"是指："一无事"，有品茶的功夫，"神怡务闲"；"二佳客"，品茶要选好茶伴，品饮者趣味要高尚，懂得领略茶中"三味"；"三独坐"，品茶时要心地安适，自得其乐；"四吟诗"，以诗助茶性，以茶助诗思；"五挥翰"，指边品茶边挥洒泼墨，有茶助之，更尽清兴；"六徜徉"，庭院小径，信步闲行，时啜佳茗，幽趣无穷；"七睡起"，一枕酣梦后，吸之啜之，神清气爽；"八宿醒"，宿醉未醒，茶能破之；"九清供"，有清淡茶果，以佐品啜；"十精舍"，精致雅洁的茶室，渲染出空灵肃穆的气氛；"十一会心"如书法创作时的偶然欲书，贵在自然，使茶功德圆满；"十二赏鉴"，不是为饮，而是为品，品茶的色、香、味、形；"十三文僮"，有文静伶俐的茶童，以供茶役。

所谓"七禁忌"，分别是："一不如法"，烹煮泡茶不得法；"二恶具"，茶具不洁净；"三主客不韵"，主人或客人举止不文明，没有教养；"四冠裳苛礼"，官场中不得已的应酬，使人拘束；"五荤肴杂陈"茶贵在"清"，一染腥膻，不能辨味；"六忙冗"，没有品茶所需的时间，为了应付；"七壁间案头多恶趣"，指茶室环境恶劣，难有品茶趣味。

明人提出的品茶"十三宜"和"七禁忌"，集中体现了古人饮茶礼仪的讲究。现今日本流传的"和、敬、清、寂"的茶道，即源于此。

九、名帖礼仪

在现代生活中，人们初次见面，常常要互相递上名片，名片上一般注有姓名、职务、单位的名称、单位及家庭的地址、电话以及邮政编码等项内容，以此进行自我介绍，也是一种见面时的礼节。古代也有"名片"，只是名称不同，称为"名帖"。较早的名帖被称为谒、刺，由于当时纸还没有普遍使用，因而谒、刺是用竹木削制而成，上而写有自己的名字。要拜访谒见时，先呈上谒或刺，以通报姓名。

造纸术发明以后，纸的使用越来越普遍，东汉以后出现了纸名帖，称为名或名纸、名刺。上面书写的内容有姓名、乡里，有的还写有官爵名称。名帖除用以通报姓名外，有时还用于问候对方。唐宋时期，下级官吏晋见长官时、和文人交往中多使用"公状""门状"。门帖除书写自己的官职、乡里、姓名之外，有的还写有呈递对方的"字"及问候语。登门拜访时，先交给主人家的仆人，请他人告主人。主人见到名帖，便知来访者，若同意会面，即令仆人唤其入内，或自己亲迎于外。明清时期，名帖有了进一步的发展，不仅使用得更加普遍，使用的范围更广，而且开始注意名帖外表的装帧。纸帖一般较长而折叠成方形，首尾都衬有硬纸，加以保护，外面再包以布或绫面作为装饰。

名帖也曾用于节日祝贺，成为节日的专用礼物，这在宋代已十分常见。每到逢年过节之时，如果自己不能亲自去朋友或亲戚家拜年，便让人持名帖前往致贺。这种在节日里投送的名帖，与平时登门拜访所呈递的名帖性质不太相同，前者更侧重于节日的祝贺和问候，与今天的贺年片（卡）的作用是一样的。每逢节日，向自己不能亲自登门拜访的亲朋好友送去一份名帖，其实也是向对方献上自己的一片心意，这也不失为一种文明的礼节。这一礼仪沿用至今，送礼时派人携带礼物的同时又拿着名片，就等于自己亲自送去，显得更为礼貌郑重。

此外，明清时期请客赴宴、请医生来家治病等，也用名帖。让人拿名帖去请，就如同自己亲自去请。对方收下名帖就是接受亲自去请；而退回名帖并不是不接受邀请，只是不敢承当亲自去请的礼节。

古人视名片为见面时的礼节之一，所以往往认为名帖越大越精美，礼也就越重，古代因此曾出现过大小不等的名帖。"昔日投门状，有大状、小状。大状则全纸（一整张纸），小则半纸"。也有"大不盈掌"（意指比手掌小）的名帖，说明中国古代曾使用过很小的名帖，还不如手掌大，这和今天人们普遍使用的名片大小差不多。

十、馈赠礼仪

在中国古代社会，社交活动中送礼是必不可少的。发展到后来，其中奥妙越来越多。给别人送礼，因亲戚有远近、友情有厚薄、礼物有轻重，要估量厚薄、权衡轻重，掌握其尺度就要有一番斟酌。因为"来而不往非礼也"，不但需权衡送出去的，而且要估计人家送来的。估计对方可能送什么，考虑如何回礼、赏送礼的人，这又需要有预见性，更非易事。

邓云乡著《红楼风俗谭》把其中的送礼分为八类。一是纯属友谊情感的馈赠。二是初次见面的馈赠，即常说的见面礼。其中有为友情的，有因礼貌的，还有另存目的的，情况较为复杂。三是红、白喜事的送礼。娶亲、聘女、过寿是红喜事；死人是丧事，但白寿也当喜事办，叫"白喜事"。此外尚有盖房上梁、乔迁新居、做佛事等，都当喜事送礼。各种红白喜事送礼，除关系特殊者外，一般是"礼"的成分多而"情"的成分少了。四是生日送礼，一般生日与整寿祝寿的礼不同，所送礼物也因过生者的身份、地位而有区别。五是节礼，过年、元宵、清明、端午、中秋、冬至、腊八等大小节日都要送礼。节礼亲友之间要送、上下级之间要送，宫廷也要回王公贵戚家送，不过不说"送"，而叫"赏"。六是送土特，过去叫"馈送土仪"。古代旅行不易，长途跋涉到外地，总要带些地方特产回来送礼。七是穷富亲友之间的礼物。送点不值钱的礼物却得到了更多的回礼和资助。八是钻营的送礼，即以送礼为手段去结交权贵，拉拢关系，进而达到投机钻营的目的，得到更大好处。以上八种，概括了送礼的大体类型。送礼的礼仪大多沿用至今，钻营的送礼今天作为不正之风，受到社会唾弃，也不符合现代道德。

一般红白喜事、各种大礼，送礼要有礼单，收礼要有礼账。送厚礼讲究四色、八色，不能送单数。呈上礼单后，收礼的人可以照单全收，也可全不收。而大多数情况是收几样退几样，把礼单上所列的，在收的物品下注明"敬领"，在不收的物品下注明"敬谢"，然后把礼单交送礼的人带回给其主人。记礼账的目的主要是为了预备将来对方有事还礼时查考。这一礼尚往来的礼仪也沿用至今。

第四节　传统节日礼仪

节日礼仪是指各个国家、各个地区、各个民族庆祝传统节日活动的礼仪。它是节日与礼仪的统一。节日是指各个国家、各个地区、各个民族在生活中传统的庆祝和宗教祭祀的日子。节日是民族习俗的一部分，是民俗文化的重要组成部分，也是民族文化的组成部分。

在各个国家、各个地区、各个民族的发展历史中，人们往往把对自己国家（或地区）、自己民族的生存、发展和变革最有影响、最有意义的日子记录下来。每逢这个日子，便以不同的心理、仪式、活动、规模等，予以庆祝，以示纪念。斗转星移，这种对特定日子的纪念心态便积淀下来，变成了习惯，最后形成各个国家（或地区）、各个民族的传统节日，被一代一代地继承下来。

有人统计，中国的节日有 100 多种。其实不止，还有许多具有地方特色的节日没有统计进去。如广东龙川一带的农村里过"二月二"的习惯，这个"二月二"节日，时间是农历的二月初二，标志春耕生产的开始。再如广东兴宁一带正月初九到十八的"赏灯",也是隆重的传统节日,"赏灯"是客家方言"添丁"的谐音,即"添丁"的意思,虽然有"重男轻女"之嫌,但它也是流传已久的传统节日,其礼俗主要有:拜祠堂、放鞭炮、宴请亲戚朋友。且以正月十二、十三日两天最为隆重。像这样地区性的节日,数不胜数。下面主要来介绍我国的传统节日礼仪。

一、春节

(一)春节的起源

春节是中国民间古老且隆重的节日,是农历的新年,故春节俗称"新年"。相传在古时候有个名叫"年"的孩子,为替乡邻驱除腊月三十晚上必来村中夺食人畜的"夕",不畏艰险,用其聪明和智慧终于赶走了"夕",为人们争来了一个欢天喜地的正月初一。为了纪念这个叫"年"的孩子,人们就称农历正月初一为过年,而腊月三十晚被称为"除夕"。这就是"过年"和"除夕"的来历。那么,"春节"之名义从何而来呢?

很久很久以前,节令很乱,弄得庄稼人无法耕种。相传有一位名叫万年的青年,决心把节令定准。万年在树影移动的启发下,制造了一个日晷,测日影计算一天的长短。可是,云阴雾雨,影响测记。后来,他又受崖上的泉水有节奏滴落的启发,制成了五层漏壶。从此,他测日影、计水滴、算时令,终于发现每隔三百六十多天,天时长短就会从头重复一遍。那时的天子叫祖乙,由于节令的失常,就召集百官,朝议节令失常之因。节令官叫阿衡说是人们做事不慎,得罪了天神,只有虔诚跪祭,才能得到天神的宽恕。于是乎,祖乙斋素沐浴,领百官去天坛祭天,并传喻全国,设台祭天,但祭来祭去,不见收效,时令照样乱,百姓为建祭台更是苦中加苦。这时,万年看在眼里,痛在心头,毅然带着他的日晷和漏壶去见天子,并讲述了日月运行的周期。祖乙听罢,心中大喜,即令在天坛前修建日月阁、日晷台和漏壶亭。有一天,祖乙让阿衡去日月阁询问制历的情况,万年指着草历说"日出日落三百六,周而复此从头来。草木枯荣分四时,一岁月有十二圆。"阿衡听后,甚觉在理,但又怕失宠,就起歹心要除掉万年。于是，阿衡派人把一个善射的刺客请到家里，设宴款待，并许以重礼，刺客答应当晚就去行刺万年。天交二鼓，刺客趁酒兴向日月阁奔去。万幸的是，刺客喝酒过多，眼睛不好使，飞箭只射中万年的胳膊。服侍万年的童子见状急呼抓刺客，卫士闻声赶到，捉住刺客，扭送给天子处理。祖乙问明实情，传旨将阿衡收监，又立即出宫登上日月阁看望万年。万年非常感激，指着申星说："申星追上了蚕百星，星象复原，夜交于子时，旧岁已完，时又始春，望天子定个节吧。"祖乙说："春为岁首，就叫春节吧！"万年说："太阴历虽然草创，但还不十分准确，岁尾还剩有点滴时辰。如不把这岁末尾时润进去，日月如梭，过来过去又会错历。臣负众所望，深受天子之恩，愿潜心日月阁，细心推算，把草历定准。"

星移斗转，年复一年，经过万年的不懈努力，终于把岁尾时长积日成月润了进去，通常说"闰月"或"闰年"，制成了太阴历，并把它献给天子——祖乙。祖乙望着日夜操劳的万年，眉也白了，须也白了，深受感动，于是就把太阴历定名为万年历，还封万年为日月寿星，后来，人们把"春节"称作年。每每过年之时屋里悬挂上寿星图，象征新岁添寿，也是对功高德重的万年寄以怀念之情。

（二）春节的主要礼仪

春节的时间：一是指农历正月初一那天；二是指从农历十二月二十三日到正月十五日。腊月二十三日，民间称为"小年"，从此人们开始进入过年的准备阶段：大扫除，洗被帐，办年货，做新衣，排节目，写春联，买年橘，蒸年糕，炸油果，磨豆腐，宰猪羊等，城市和农村都呈现一片准备过年的繁忙景象。

几千年来，中国春节已形成了形式多样、内容丰富的节日礼俗，主要有以下方面。

1. 贴春联

春节来临，无论是城市，还是乡村，都有张贴红色春联的习惯，表达对来年的祝福。

2. 贴年画

新春佳节，家家户户在居室大门、墙上张贴年画，以示辞旧岁，迎新春。年画的题材十分广泛，如"关公把门""金童玉女""招财进宝""迎春接福""一帆风顺""五谷丰登""六畜兴旺""花开富贵""竹报平安"等，都反映了人们美好的祝愿，具有浓厚的生活情趣。

3. 贴福字

除夕那天，"福"字倒贴于大门、房门或墙上，以示"福到了"。在中国民俗中，人们最理想的幸福生活包括五个方面：长寿、富贵、康宁、好德、善终，俗称"五福"。民间有许多以"福"为主题的吉祥图案，如"五福临门""福寿双全""多福多寿"等，充分体现了人们追求幸福生活的良好愿望。

4. 拜年

春节期间，男女老少，互相走访，祝贺新年。晚辈向长辈拜年，祝愿长辈健康长寿，长辈们通常要给孩子发"压岁钱"。古代压岁钱用来压恶驱邪，现代变成一种祝福，通常叫"利是"，祝孩子新的一年顺顺利利，平平安安。它也是亲友之间团结和睦的象征。

5. 买橘买花

春节前，家家户户都有买年橘买花的习俗，把橘和花摆放在厅的适当位置，既增添节日的气氛，又增加家庭的温馨。年橘意味新年大吉，桃花象征着来年好运，康乃馨祝愿家人健康，兰花以示富贵，竹塔表示步步高，等等。各种花卉均有良好的祝愿和深刻含义。岭南的"广州迎春花市"，更是春节期间一道亮丽的风景线。

6. 欢度除夕

腊月三十的晚上是农历除夕，这是一年中最隆重的一个夜晚，全家欢聚一堂，吃团圆饭，熬夜守岁，叙旧话新。古时守岁还进行猜谜、下棋、打扑克、弹琴、跳舞、唱歌、行酒令、赋诗作词、对对联等活动，热闹非常。现代人也沿袭了古人习俗，在除夕之夜开展各种形式的文化活动。改革开放以来，随着人民生活水平的不断提高，城里人有到酒楼预订席位吃团圆饭的习惯，使酒楼生意兴隆。吃罢团圆饭，各自回家。家人围坐在电视机旁，收看中央电视台现场直播的"春节联欢晚会"节目或其他电视台欢庆春节的节目，用这样的形式来欢度除夕之夜，等待新年的钟声。

春节期间，我国农村文体节目更加丰富，如舞狮子、耍龙灯、骑竹马、踩高跷、划旱船、扭秧歌、唱大戏、对山歌、打武术，等等，锣鼓喧天，载歌载舞，节日的气氛较城市更加浓烈。

二、元宵节

（一）元宵节的起源

元宵节也称上元节。我国从唐代起，每逢元宵节必张灯结彩，故又称灯节。元宵节源于汉武帝时对一名叫"泰一"的天神的祭祀活动。相传汉武帝迷信神仙，对超越众神以上的"泰一"神大为祭祀，且在正月十五日祭祀时，自黄昏始，通宵达旦，灯火通明，辉煌如昼。到汉明帝时，为了弘扬佛法，敕令在正月十五日夜晚"燃灯礼佛"，从而形成神仙方术与佛教礼仪相结合的正月十五张灯结彩的习俗。这一习俗一直流传至今。

（二）元宵节的主要礼仪

1. 吃汤圆

元宵节既是春节的尾声，又是新年的高潮，因为这天晚上是大地回春，一元复始的第一个月圆之夜。这一天南方吃糯米粉包馅的小团子，俗称"汤圆"；北方吃摇成的小圆子，俗称"浮圆子"，寓意团团圆圆、圆圆满满。

2. 观灯会

元宵灯会是全国各地重要的文化娱乐活动。民间常从春节开始到元宵节前夕，人们用竹、藤、麦秆、绫绢、纸等材料制成各式各样的灯笼。灯的制作十分讲究，加上利用现代科学技术，各式彩灯，千姿百态，形象生动，灯会已成为展示中国传统艺术的平台，人们观灯会是一种美的享受。此外，灯会设有猜灯谜的活动，更增添灯会的文化气息。

3. 闹灶火

元宵节在民间有"闹灶火"的习俗。形式多种多样，活泼有趣，热闹非常。如：舞狮子、耍龙灯、骑竹马、踩高跷、划旱船、扭秧歌、唱大戏、对山歌等等，给节日增添了欢乐的气氛。

4. 看节目

当今的元宵之夜，各地电视台隆重推出"元宵晚会"。节目丰富多彩，人们观看元宵晚会已成为一种习俗。

5. 探亲戚

中国农村元宵节有探亲戚的习俗，到正月十六为止。探完亲戚后，意味着春节结束，准备春耕。农村中小学大多过了元宵节才开学。

三、清明节

（一）清明节的起源

清明节在每年的阳历 4 月 5 日前后，是二十四个节气之一。旧时在清明节前一天，为晋文公哀念介子推这位忠臣而定的"寒食节"。相传晋国发生内乱，公子重耳被迫逃亡国外，介子推是当年晋国的贤臣，他不畏艰难困苦，一直跟随重耳。在流亡魏国途中公子重耳病了，贫病交加，十分困苦。平时，重耳靠从臣们采摘野果野菜充饥。这天他病了，野果野菜再也咽不下肚，病情加重。这时，介子推在自己脚上割下一块肉，熬成肉汤，献给重耳吃，使重耳渡过了难关。后来重耳做了国君，叫晋文公。一次，他对随从他流亡的功臣们进行封赏，竟然忘记了介子推。介子推十分难受，决心不再见这个忘恩负义的君主。于是，他便背着年迈的母亲，逃进家乡附近一个大山里过隐居生活。有一天，晋文公发现了自己左右少了一个介子推，并回想起自己忘了赏赐这个"割肉奉君"的贤臣，非常愧疚，便亲自去介子推隐居的山里寻找。他在山顶上呼唤，只听见山谷的回音，不见介子推出山相见。晋文公想，介子推是个大孝子，如果放火烧山，他一定会背他母亲逃出山外来，这样就可以带他回宫领取奖赏。于是，晋文公下命令放火烧山，烧了三天三夜，把一片青山烧成焦土，但仍然不见介子推出来。人们在山火熄灭后才看见介子推和他的老母亲相抱在一起，被烧死在深山老林中。

介子推宁死也不愿见晋文公的事传出后，人们都尊敬和怀念介子推。因为介子推是被火烧死的，人们在这天不忍心生火，而吃冷食，所以叫寒食节。最早时，寒食节为一个月，后来渐渐变成了三天。日久天长，加上人们不习惯吃冷食，寒食节的原义已被湮没，逐渐与清明节融为一体，所以悼念先人也成为清明节一项重要习俗。

（二）清明节的主要礼俗

1. 扫墓

战国时代，清明节前后，战国百姓家门上挂柳枝，人们还带上食品到介子推墓前野祭、扫墓、以表怀念。晋国为诸侯盟主，这些风俗很快就传到了其他诸侯国，从此以后，清明节扫墓习俗一直流传至今。旧时民间还通行携带煮熟的全鸡、猪肉、水果、酒、糯米糍等称"三生五贡"，到墓地祭供祖宗。北方则在坟头压上三张黄表纸以表示死者的后人对祖先的缅怀，南方还有烧纸钱、烧香、敬酒、跪拜之习惯。目前这些习俗在城乡还有保留。而学校、机关、企业单位常组织青少年集体去烈士陵园扫墓、送花圈，表达对先烈的哀悼和缅怀之情，这一习俗也成为中小学校爱国主义教育的一项重要活动。

2. 踏青

《东京梦华录》载："清明日，都市人出郊，四野如市，往往就芳树园圃之间，杯盘酬劝，抵暮而归。"这种活动后来被称作踏青。清明时节，若天气晴朗，绿草茵茵，人们三五成群来到郊外游玩，在春气中，舒展沉寂了一冬的身心，振奋精神。

3. 放风筝

在清明节，我国民间还有放风筝的习俗。风筝又称纸鸢、纸鹞，它的历史已超过两千年。山东潍坊市在清明节期间，举办"国际风筝节"，成为国内外风筝爱好者大展身手的平台。

除此之外，清明节还有吃青团子、抛球、拔河、荡秋千等习俗。

四、端午节

（一）端午节的起源

中国的端午节又叫端阳节，民间俗称"五月节"。

关于端午节的起源，近代学者闻一多先生认为，端午节是四五千年前居住在南方的吴越族的节日。吴越族的图腾是龙，为了得到龙的保护，表明龙子的身份，他们每逢农历五月初五这天，就要举行盛大的图腾祭。他们文身刺龙，将各种食物装在竹筒中，或裹在树叶里，一面往水中扔，献给龙吃，一面自己吃。为了给龙，也为了给自己取乐，他们还在锣鼓声中划着那刻成龙形的独木舟，在水面上做竞渡游戏。所以，端午节实际是一个龙的节日。在数千年的历史发展中，大部分吴越人已经融合到汉族中去了，其余部分就演变为南方许多少数民族，于是，端午节就成了中华民族的传统节日。大量出土文物和考古研究均证实了闻一多先生的考证。

当然，关于端午节的起源还有许多说法中，还是以纪念屈原一说流传最广。

屈原是两千多年前战国末期楚国的大臣，他学识渊博，治国有方，忠贞保国，深受楚国人民的爱戴。可是楚国的国王和王后只知道吃喝享乐，不知道治国安邦。屈原关于治国安邦的良策一直得不到朝廷的采纳。当时，秦国一心想吞并楚国，就设计把楚平王骗到秦国，逼他割地献城，楚平王后悔没听屈原的劝告，后来气死在秦国。楚平王死的消息传到楚国，屈原又上书新国王，提出自己的建议，但是，新国王不仅不采纳屈原的计策，反而宠信奸佞，听信谗言，把屈原削职，赶出朝廷，流放到今湖南汨罗江附近的地方。屈原在流放期间，想到奸臣当道，朝廷昏庸，国家危机，民不聊生，心里悲愤难平，每天在汨罗江边徘徊悲叹，写下了抒发自己忧国忧民情怀的著名诗篇《离骚》等。当他听说楚国都城郢都被秦国攻破，痛不欲生，于公元前278年农历五月初五早晨怀抱石块，纵身投入滚滚的汨罗江。后来，人们为了纪念这位伟大的爱国诗人，把五月初五这一天定为端午节。

（二）端午节的主要礼仪

1. 吃粽子

屈原投江以后，楚国人民对他非常怀念。为了悼念这位伟大的诗人，每逢端午节那天，大家都驾着船，带着饭，划到汨罗江中，把饭投入江里来祭祀屈原。这样过了一两年。有一天晚上，楚国人民同时梦见屈原来了：头上戴着高高的云冠，腰间挂着一把长长的宝剑，身体上还佩戴着一些珍珠和美玉。大家都很高

兴，一一向他行礼。屈原笑着赶上来，对大家说："乡亲们，你们对我的好意我
知道，非常感谢。从你们的行动可以看出我们楚国人民都是爱国的，都是爱憎分
明，坚持正义的。"大家见屈原仍很消瘦，就关心地问他：三闾大夫，我们给您
的米饭，您都吃了没有？""谢谢你们！"屈原感激地说，可是，接着又叹了一
口气，"你们送给我的米饭，都被那些鱼虾龟蚌等水族吃了。"大家听了很气愤，
说："不能让它们吃呀！"屈原苦笑了一下："我总不好和它们争着吃吧！"大家
就问："怎样才不致被水族吃掉呢？"屈原说："如果你们把箬叶包饭，做成有尖
角的角黍（即俗称"三角粽"），水族见了，以为是菱角，它们就不敢吃了。"次
年端午节，人们都做尖角的角黍来祭祀屈原。虽然这是传说，但年复一年，端午
节吃粽子祭奠屈原的习俗一直流传到今天。

2. 划龙舟、赛龙舟

次年端午节过后，屈原又给人们托了一个梦，说："谢谢你们送给我的角黍，
我吃到了不少；可是，还有不少仍然被水族吃了。"人们又问屈原："还有什么办
法可使？"屈原说："有，你们在用船送角黍时，把船装扮成龙的样子；因为一
切水族部属于龙王管辖，它们看见是龙王送来的，就一个也不敢吃了。"从此，
人们一年一年照着这样去做。于是就留下了端午节划龙船的习俗。

关于端午节吃粽子、划龙船的传说，只不过是表达人们对屈原的热爱和怀
念。其实，端午节本是一个龙的节日，它的习俗本来早已有之，与屈原没有关
系。但是，"节分端午自难言，万古传闻为屈原"。几千年来，人们却偏要盛
传着、相信着五月初五就是屈原投江殉难日，把划龙船、吃粽子等融入纪念屈
原这个能为广大群众所接受的美好愿望上。这就说明屈原已不只是那个作为楚
国逐臣的屈原了，他已被悠久的节日文化和民族心态推崇、升华成一种人格力
量。这种爱国忧民、刚正不阿的人格力量是铸造中华民族魂的重要组成部分。
端午节就是中国人民敬仰和向往这种人格力量、民族英魂的节日。端午节前后
我国有许多地方都举行"赛龙舟"的活动来纪念爱国诗人屈原。现在人们把
"赛龙舟"作为一项重要体育竞赛项目，有的地方还成立了"龙舟协会"，举办
"国际龙舟节"。

五、中秋节

（一）中秋节的起源

中秋节，时间在农历八月十五日，又称仲秋节，俗称"八月十五"。有些学者称之为"东方的情人节"。相传，远古时候，后羿娶了个妻子叫嫦娥。嫦娥心地善良，常把丈夫射来的猎物接济乡亲们。有一天后羿射猎途中碰见一位老道士。这位老道士钦佩后羿射下九个太阳的神力和同情受苦的百姓、为民造福的品格，赠给一包"仙药"，吃了之后，就能长生不老，成仙升天。可后羿舍不得自己心爱的妻子和父老乡亲，不愿自己一人上天，回家后，就把"仙药"交给妻子保存，嫦娥把药藏在了床头首饰匣里。

那时向后羿拜师学艺的人很多，其中有一个叫蓬蒙的，是个奸佞小人，想吃后羿的"仙药"，企图自己成仙。这一年的八月十五日，后羿又带着徒弟们出门射猎去了。天近傍晚，蓬蒙却偷偷回来，闯进嫦娥的家，逼嫦娥交出"仙药"。嫦娥在迫不得已的情况下，把"长生不老"的"仙药"全部吃下去了。即时，嫦娥身轻如燕，冲出窗口，直上云天。但她一心还是恋着自己的丈夫，就飞到离地球最近的月亮上安了身。后羿回家后，不见了妻子嫦娥，忙向侍女打听，才知道事情的经过。他焦急地冲出门外，只见天上的月亮比往日格外亮、格外圆，就像心爱的妻子在看着自己。他心如刀割，拼命朝月追去。可他追三步，月亮退三步；他退三步，月亮近三步，怎么也到不了跟前。后羿无可奈何，只得命令侍女在院内月下摆放桌子，上面摆放嫦娥最爱吃的各种水果，遥祭远去的妻子。乡亲们知道此事后，也都在各家院内摆桌子，并在桌子上摆放各种水果，遥祭善良的嫦娥。

第二年八月十五日晚上，是嫦娥奔月的忌日，月亮又是格外明、格外圆。后羿和乡亲们怀念善良的嫦娥，都早早地在院中月光下摆上水果祭月，寄托对亲人的思念。以后年年如此，世代相传。因八月十五日时值仲秋，所以，人们就把这一天定为仲秋节。这只是一种传说，根据有关资料记载，至宋代才确立了中秋节。

中秋节起源第二种说法是关于"吴刚与嫦娥的爱情故事"。除此之外，还有一种说法，相传农历八月十五日晚上月亮最明最圆，是天上银河两岸的情人相恋的日子。所以，有些学者称中秋节为"东方的情人节"。

（二）中秋节的主要礼仪

1. 祭月、拜月

每逢中秋佳节，人们在月光下，摆出丰硕的果品、月饼祭月。有的地方还进行拜月，表示对月中嫦娥的怀念，对美好生活的向往。

2. 赏月、吃月饼

中秋时节，正值桂花开放，花香四溢，加上十五月亮正圆，秋高气爽，分外明丽，由此，"花好月圆"是中秋节一大特色。早在唐代就有饮酒对月、泛舟赏月、登台观月的活动。现在人们每逢中秋之夜，全家老少，或与亲戚朋友到野外高处，或在院内或在门前或在阳台的月光下赏月，吃水果，吃月饼，或谈天说地，或打牌下棋，或高歌一曲，共度良宵。

六、重阳节

（一）重阳节的起源

古代以六为阴数，九为阳数。九月九日正好是两个阳数相重，所以，人们称九月九日为重阳节，也叫重九。相传很久很久以前，汝南县汝河两岸瘟疫流行，很多人都病了，轻的不能起床，重的丢了性命。尸体遍野，也没有人埋葬。汝南县有一位叫桓景的人，小时候听大人说，汝河里住着一个瘟魔，每年都要到人间走走，它走到哪里就把瘟疫带到哪里。他决心访仙求道学法术，战胜瘟魔，为民除害。后来打听到终南山中住着一个名叫费长房的大仙，他便收拾行装启程进山拜访。

桓景历尽千辛万苦，加上得到鸽子的帮助，终于来到"费长房仙居"。他虔诚地跪在门外，一直跪了两天两夜。第三天大门开了，只见一位白须飘飘的老人喜眯眯地说："弟子为民除害心诚意切，快随我进院吧。"

费长房给桓景一把降妖青龙剑。桓景不分昼夜地刻苦练剑。有一天，费长房走到他跟前，并对他说："今年九月九日，汝河瘟魔又要出来，你赶紧回乡为民除害，普度众生，我给你茱萸叶子一包、菊花酒一瓶，让父老乡亲登高避祸。"仙翁说罢，用手一指，古柏上的仙鹤展翅飞来、落在桓景面前。桓景跨上仙鹤向汝南飞去，回到了家乡。

九月九日那天，桓景领着妻子儿女、乡亲父老登上了附近的一座山，分给每人一片茱萸叶子，并说："带上这叶子瘟魔就不敢近身。"接着又把菊花酒倒到碗中，每人喝一口，并嘱咐道："喝了菊花酒，不染瘟疫，大家不要恐慌。"他把乡亲们安排好后，就带他的降妖青龙剑回到家中。

不一时，只听汝河怒吼，瘟魔出水走上岸来，走东家窜西家，不见一人。忽然抬头望见人们都在高山上欢聚，它迫不及待地窜到山下，只觉得酒气刺鼻，茱萸呛喉，不敢近前登山，又转身往村里走去。只见一人正在屋中端坐，它吼叫一声向前扑去，桓景舞剑迎战。斗了数个回合，瘟魔自知斗他不过，拔腿就跑。桓景用力抛出降妖青龙剑，直向瘟魔刺去，刺穿瘟魔的心脏，瘟魔顷刻间化为泥土。

从此以后，汝河两岸的百姓，再也不受瘟魔侵害了，而每年九月九日登高避祸的习俗却一直留传至今，这就是重阳节的来历。

（二）重阳节的主要礼仪

1. 外出登高

每逢农历九月初九，人们图取吉利、避祸、消灾、长寿不老，就有合家外出登高的习俗。近年来，随着我国人们平均寿命的增长，老年人数量迅速增加，国家又将重阳节确立为"老人节"。这天社会各界举行各类文体活动，如集体登高、球类比赛、文娱晚会、茶话会等，以各种各样的形式表示对老人的尊敬。

2. 佩戴茱萸

茱萸是一种草药。佩戴茱萸或插茱萸是为了防止恶浊气味的侵袭、防病健身，也有辟邪消灾的意义。唐代诗人王维在《九月九日忆山东兄弟》一诗中写道："独在异乡为异客，每逢佳节倍思亲。遥知兄弟登高处，遍插茱萸少一人。"这首诗是重阳节全家登高、佩戴茱萸（或插茱萸）习俗的佐证。

3. 赏菊、喝菊花酒

菊花是历史悠久的名花，重阳节正值秋季，是菊花盛开的时节。毛泽东同志在《采桑子·重阳》一词中写道："人生易老天难老，岁岁重阳，今又重阳，战地黄花分外香……"这首词说明了重阳节时"黄花（即菊花）分外香"，十分宜人观赏。菊花除供人观赏之外，还具有药用价值。喝了用菊花酿成的酒可以祛寒保暖、消除疾病。因此，观赏菊花、品尝菊花酒，是"九月九"重阳节的一项传统礼俗，也是一项利于身心健康的活动。

4. 吃重阳糕

重阳糕是用江米或黍米，杂以芝麻、胡桃肉、豆沙、白糖制成的一种节令美食。九月九日正是五谷丰登之时，农民怀着丰收的喜悦，制成美味糕团，平原地区的人们无山可登、无高可攀，吃重阳糕，以示登高（"糕"的谐音）避祸消灾之意。总之，重阳节新旧礼俗均寄托人们对美好生活的向往和追求，重阳登高使身心陶醉于自然之中，既可锻炼身体、强健体魄，又可陶冶性情、调节精神。因此，重阳节实在是一个使人心旷神怡的佳节。

第九章

社交礼仪与涉外往来

第一节　涉外礼仪概述

在经济全球化的大背景下，无论国与国之间，还是人与人之间，涉外活动均日益频繁。因此，涉外礼仪的重要性日益凸显。在现代社会中，了解和掌握基本的涉外礼仪具有重要意义。

一、涉外迎送规格的确定与安排

随着国际交流的发展，涉外活动日趋频繁。涉外活动内容不同，类别和级别不同，迎送活动的要求也就不同。明确交流目的，做好迎送的准备工作是对外交流能否获得成功的首要条件。

（一）确定对外宾的迎送规格

对外宾迎送的基本原则为对等原则，也就是说主要的迎送人员应与来客的身份对等，或者身份差距不大。按照国际惯例，对外宾迎送的规格要根据来访者的身份、来访目的与性质来决定，并在此基础上适当考虑交流双方的关系。在特殊情况下，为了交流双方关系进一步友好发展，也可安排超出常规的场面，给予较高的迎送礼遇。但这样有可能会造成其他国家产生厚此薄彼的不良印象，因此，除非必要，否则均应按常规进行。

在涉外活动中，除国家或政府部门之间的涉外交流之外，学校之间的涉外活动也日益普遍，此外还包括商贸交流、文化交流等。

1. 国家或政府部门之间的交往

对于国家、政府部门之间的交流往来，迎送规格的界定往往代表着对外宾的尊重度，是极其敏感的一个话题。无论来往国家是弱是强、是大是小、是富是穷，接待时均应平等看待。举例来说，对于外国元首或总理（首相）到地方进行交流访问时，理应由地方省长或市长亲自迎送，若其不在，则由副职代表迎送。再如，外国议长所率领的议会代表团到地方进行交流访问时，理应由省、市人大常委会的主任进行迎送，若主任不能出席，则由副职代表进行迎送。

2. 学校之间的交往

学校间的交往，应由来访人员的具体情况来决定迎送的规格。举例来说，学校首脑领导来访，迎送规格就应定为校级规格，要由校级领导出面迎送；如果是学科之间的学术交流，应视情况定为校级或院级规格；如果来访者是国际非常知名的学者，即使其不是什么"领导"，视情况也可安排分管外事工作的校级领导来迎送。

3. 商贸交往

商贸交往要视情况而言。如果是国家和地区间的商贸往来，应由相应主管部门来确定具体的迎送规格；如果是一般性质的商贸往来，则应根据来访人员的身份和来访目的确定迎送规格。例如，有投资意向的国外公司的决策人员到达时，接待方应根据其公司的规模、知名度、来访者的身份、投资额度大小、项目的重要性等因素来确定迎送的规格。规格可高至政府级，也可低至企业级。

4. 文化交流

文化交流的内容和形式很多，有一般性的接触交流，有目的性明确的交流；有代表国家或地区的交流，也有代表一个团体或一个部门的交流。同样，代表国家和地区的交流，可由国家或地区主管文化的相关部门确定迎送规格，其他形式的交流应根据具体来访者的身份和交流的内容及目的来确定迎送规格。例如，对为进行文化交流，由政府官员带队来访的代表团，可由政府文化主管部门负责人出面迎送。又如，进行商业演出的文化团体的访问，由承办演出的公司负责人出面迎送即可。

（二）迎送与接待安排

迎送规格确定后，应认真细致地制定迎送、接待方案。在制定方案过程中不仅要安排好整体的迎送规格和程序，同时还应注重细节问题。

1. 确定参与迎接活动的人选

参与迎接活动的人选视情况而定。一般情况下，迎接人员包含主要迎接人员和随从人员，主要迎接人员、随从人员的规格和人数应根据迎接规格的要求来确定。

2. 制订迎送及接待方案

迎送及接待方案要根据接待的规格来制定。方案要做到周到细致，不可疏忽大意。通常情况下，要根据客人逗留时间的长短，在安排好工作的同时，安排好客人的休息和参观游览等。从礼节上来说，客人下榻酒店后不宜马上安排活动，应留出充足的时间让客人休息，待客人休息后再安排活动。

3. 沟通

迎送及接待方案制定好后，应将与对方有关的内容提前传送给对方，与对方进行沟通。如果由于时间等原因无法将计划提前传送给对方，则应在外宾到达时将日程安排发给对方，以便让他们心中有数，做好配合。

4. 准备与接待

外宾到达之前，各相关部门应按照方案中的要求做好一切准备。在迎送和接待过程中，要尽可能根据接待对象所属国家和地区的习惯热情接待，做到不卑不亢、礼仪到位。例如，在机场、车站、码头接到外国客人时，可热情地为客人提行李，但如果工作人员是女性就不必这么做。在帮忙提行李时，千万不要去帮男士拿公文包或帮女士拿手提包等。总之，接待中既要体现对对方的热情、礼貌和尊重，也要充分体现接待方人员的文化修养和大度得体的气质，不能对外国客人卑躬屈膝、讨好奉承。

（三）迎送活动中的陪车礼仪

在接送外宾或陪外宾外出参观游览时，从机场、车站或码头到下榻酒店，以及从下榻酒店到机场、车站、码头或参观时，都应安排接待人员陪同乘车。陪车原则一般是主人坐在客人的左侧。如果是三排座轿车，翻译人员应坐在主人前面的加座上；如果是两排座轿车，翻译人员应坐在司机旁边。

上车时，主人应先替客人开车门，请客人从右侧上车，安排客人就座后，主人再从左侧上车；如主人为女性，则不必为客人开车门，可礼貌示意请客人先上车，而后自己上车；如客人没等主人示意就先行上了车，并坐在主人的位置上，则不必再请客人挪动位置。下车时，工作人员或翻译人员应快速下车，以便为客人开车门，特别是要为女性客人开车门。如没有翻译人员或工作人员陪同，或翻译人员、工作人员为女性时，驾驶员应将车停稳后快速下车为客人开车门。迎送过程中，上下车开关车门时应轻开、轻关，不要用力过猛，以免使客人受惊吓或碰伤客人。

二、涉外迎送中的身份介绍

涉外活动中，身份的介绍对于双方见面后的进一步沟通起着穿针引线的作用。由于每个国家或地区对于职务的称呼是不一样的，因此，在迎接外宾之前，应首先了解对方的特点，了解对方对我国领导职务的理解程度，以做到进行恰如其分的介绍。

（一）涉外迎送中相互介绍的方法

当外宾到达机场、车站或码头与我方迎接人员见面后，迎接的步骤如下。

1. 主方应热情地上前握手表示欢迎。如碰到外宾热情地上前表示拥抱时，要热情相拥，不能退让。

2. 由主方负责外事的工作人员或翻译人员，按身份高低顺序依次介绍主方前往迎接人员。如无工作人员或翻译人员在场，可由迎接人员中身份最高者先礼貌地将名片递交给对方，并同时做自我介绍，然后再向对方介绍其他人员。

3. 按身份高低顺序依次介绍来访人员。外方人员的介绍除可由我方外事工作人员介绍外，也可由对方自带的翻译介绍，或由对方做自我介绍。

在外方做介绍时，我方人员应仔细听，并做出相应表示。如果双方是初次见面，在介绍过程中可说"见到您很高兴"，或"认识您很高兴"等。如果遇到原来就见过面的朋友，应说"再次相见，十分高兴"等寒暄语。

（二）为外国朋友介绍我方人员

在为外宾介绍我方人员时，要考虑到对方国家的文化和习惯。按照国际惯例，一般称男士为先生，称女士为小姐、女士等。也可按职务、职称介绍，如：董事长 × 先生、总经理 × 先生、校长 × 先生等。特别注意，在我国"书记"是一个比较高的职务。而很多国家则认为"书记"只不过是一名作文书工作的记录员，因此，在介绍书记时，最好翻译成与"书记"职务对等的行政职务头衔，这样对方更容易理解和接受。

第二节　出访礼仪

现代人的生活和工作已不仅仅限于本地区和本国，出国访问和旅游已成为现代人工作和生活中的一部分内容，学习和掌握出国访问的礼仪是非常重要的。

一、乘国际航班应注意的问题

乘坐国际航班，乘客应在飞机预定起飞时间前 1 ~ 1.5 小时到达机场，因为在这段时间里，需要核查机票及订座，办理海关申报、行李过磅和装运等手续。

（一）办理海关申报及登机手续

抵达机场，首先是向海关申请办理有关物品的出关手续，如携带外币、金银制品、照相机、录音机、摄像机、文物、动植物等应如实填报，并办理相关手续，之后再办理乘机手续。

（二）登机时的礼仪

上、下飞机时，旅客应向站在机舱门口迎送乘客的航空小姐点头致意。机舱内分头等舱和二等舱（或称为商务舱和普通舱），头等舱（商务舱）较为宽敞、饮食较丰盛，服务周到。购头等舱机票的乘客，不论是否对号入座，都不要抢占座位。其他乘客，不能坐到头等舱的座位上去。

（三）乘机时的礼仪

国际航班上免费供应饮料、茶点、食品、早餐和正餐。用餐后，所有餐具和残留物要收拾好，由服务员收回，不要随意将餐具收起来带走；不能带走供乘客阅读的报纸杂志；乘客在飞机上不要大声说话和喧哗，以免影响他人；要注意飞机上的坐卧姿势，既不要影响他人坐卧，也不要有失雅观。

（四）下机后的礼仪

旅客到达目的地后，办理完入境手续即可凭行李卡认领托运的行李，不要将自己的行李放在过道或路口影响他人行走。旅客可以用机场为乘客准备的手推车靠右（或靠左）行走，将行李推出机场。如请行李搬运员协助搬运行李，必须付小费。

万一发现行李丢失，也不要慌张，可通过机场行李管理人员或有关航空公司寻找。如一时找不到，可填写申请报告单交航空公司。如行李确实遗失，航空公司会照章赔偿，千万不要在机场吵闹。国外旅店一般都不供应开水，往往会提供一瓶免费的矿泉水。有的旅店，酒或饮料一拿出冰箱即自动记账；也有的旅店，房间设有自动出售各种饮料或小食品的装置，只要按动开关，食品、饮料便自动出来，同时自动记账，结算时统一付款；旅客如要喝热饮料，可向服务员索取，但要付现金及小费。找服务员可在室内按电铃或打电话呼叫，服务员一旦上门服务，一定要致谢，并付小费。

二、进出房间要随手关门

进出旅店房间要随手关门。在室内休息可穿睡衣，但不能穿着睡衣、拖鞋、背心或裤衩到走廊或饭馆内的公共场所去游逛；在房间里收看电视，声音要小，不能影响别人；休息、睡觉时应将房门关好，有人敲门时，应先问清楚来客身份后再开门；如到别的房间找人，则应轻敲房门，不可高声叫喊，要待主人允许后再进入。

三、保持室内清洁

住旅店，应该始终保持室内整洁，衣服不要乱放，鞋袜不要乱丢，废纸或果皮等物应扔入废物桶内，或放在茶几、桌子上，由服务员来收拾；用淋浴洗澡时，不要弄得满地是水，不要有意或无意损坏房间里的任何设备；吸烟者要特别注意，不要烧坏地毯、家具等设备。

国外不允许在旅店卫生间内洗大件衣物，只允许洗少量的小件衣物。房间内一般提供专门的洗衣袋。旅客填好洗衣单，将要洗的衣物装入洗衣袋后由服务员送往洗衣房。

四、正确使用房间内的设备

房间和卫生间里的某些设备，如自己不会使用，应先请教他人，特别是外国旅店房间内的电气设备和洗澡用的开关，形式多种多样，应注意其不同的使用方法。使用旅店卫生间内的用品只要打开封条即可。旅店房间内提供的用品仅供在旅店内使用，除交费物品外，都不能带出旅店。

五、付小费的礼仪

付小费的礼仪在西方还是很常见的。而且付小费基本上是私下进行的。例如，将小费放在茶盘和酒杯下面，或者放在专放小费的盒子里，或者将小费直接塞在服务员手里，也可在付款时将找回来的零钱作为小费。

付小费的方式和金额，要根据当地的习惯和实际情况而定。例如，参加宴请，如我方宴请，小费可少给；如对方宴请，小费应多给。如希望服务员照顾周到，可在入座时就付给一定量的小费等。有些旅馆或酒店，其账单上就列有 10% ~ 15% 的服务费，遇到此类情况则不用再付小费，但如需要搬运行李、代叫出租车等其他额外服务时，还得付小费。因此，每去一个新的地方，可以事先向熟悉当地情况的人了解付小费的方法和金额。除考虑当地习俗外，还要考虑一些特殊的情况。

第三节　会面礼仪

在交往中，见面时行一个标准的会面礼仪，会给对方留下深刻而又美好的印象，直接体现出施礼者良好的修养的需要。在国家之间、学校之间、文化团体之间等涉外交流中，会面是最常见和重要的活动。会面过程中，双方都必须注重礼仪。

一、涉外会面的概念

（一）涉外会面

会面又称会见、会谈、接见或拜见。而一般来说，身份较高者去见身份较低者，或主人见客人，称为接见；身份较低者去见身份较高者，或客人去见主人，称为拜见。

会面有礼节性会面和实质性会面之分。礼节性的会面，时间一般较短，地点不限，形式比较随便，话题也较广泛。礼节性会面一般没有实质性内容，属礼节性的问候和寒暄，目的是增进双方感情。实质性的会面，会涉及一些双方都关心的内容。其中，涉及政治性内容的会面，一般话题比较严肃，会面形式正规，事先要安排好会面地点；涉及事务性内容的会面，一般包含双方的业务往来，有较强的专业性。

（二）涉外会谈

会谈是宾主双方就共同关心的问题，在一起洽谈业务或对具体的合作方案、合作协议进行谈判、交换意见。一般来说，会谈的内容较为严肃。国家之间高层次的会谈内容，主要涉及国家的政治、军事、经济、文化等内容；部门、公司之间较低层次的会谈，主要涉及双方之间的商贸往来、合作办学、合作研究及开发等内容。

（三）会面时的座位安排

1.会面时的座位安排

会面一般安排在会客厅、办公室或客人下榻的酒店。各国、各地区的会面礼仪程序不尽相同，通常为宾主各坐一边。有些地区的会面还具有自己独特的程序，例如，双方主要领导人致辞、互赠礼品、合影留念等。我国高层次的会面一般安排在会客厅。会面时，客人坐在主人右边，翻译和记录员坐在主人和主宾的后面。主客方的其他成员，按职位高低顺序分坐两侧。

2.会谈时的座位安排

会谈通常安排在会议室进行，多使用长方形和椭圆形会议桌。会议桌有横放和竖放两种摆放方式。

（1）会谈桌横放：主宾相对而坐，以正门为准；主人背向门落座，客人面向门落座；双方主谈人居中，翻译人员在主谈人右侧，记录员可在后排。如会谈人员不多时可在会谈桌就座。

（2）会谈桌竖放：以入门方向为准，遵循"以右为尊"的原则。右边为客方，左边为主方。

二、会面礼仪

在涉外活动中，涉外交流成功，会面和会谈起着十分重要的作用。因此，对于参加会面和会谈的人员来说，不仅要高度重视会面和会谈中的交谈礼仪，还要注意自己的行为举止礼仪。

（一）会面中的交谈礼仪

1.交谈时的礼貌和礼节

会面和会谈中的基本内容是交谈。交谈时要注意礼貌用语，表情要自然大方、态度要诚恳、语言和气亲切，还要注意交谈的方式方法。

参与会面和会谈的人员，要善于倾听外宾的发言，不能轻易打断对方的谈话；交谈时应目光注视对方，以示专心和尊重；尽管听不懂外语，也不能只听翻译讲话，而在外宾说话时表现出心不在焉、东张西望，甚至闭目养神，一副不耐烦的样子；谈话时，音量不要过大，能使对方听清楚就行，还要防止唾沫星四溅；交谈时，不要只顾自己讲得高兴，要给外宾说话的机会；如果没有听清楚外宾说的话，可以再问一遍；如发现对方对我方的谈话内容有不明白的神情时，应请翻译及时解释清楚，以免产生误会。

2. 把握好谈话内容

会面和会谈前，最好能事先了解清楚对方感兴趣的话题内容，尽量使谈话得体并有针对性。谈话内容要实事求是，自己不清楚或不知道的，决不要随便答复，没有把握的不能轻易允诺。

（二）涉外会面的行为举止礼仪

1. 见面与告别礼仪

"握手礼"是国际通用的相见与告别礼仪。但在国际交往中，除"握手礼"以外还有一些不同的相见与告别礼仪，例如，"拥抱礼""鞠躬礼""双手合十礼"等。当外宾以本民族、本地区的习惯表示见面及告别礼仪时，要尊重对方习惯，做出积极反应，不可躲避。

会面和会谈结束时，应起立向客人一一道别。由主要领导陪主宾先步出会客厅，其他客人随后，我方其他陪见人员在最后，将客人送出，目送上车，并挥手道别。

2. 基本举止礼仪

参加会面和会谈的人员，入座会面厅或会谈厅时，行姿应从容不迫、得体大方，不可缩手缩脚、弯腰驼背。坐姿要优美端庄，不可东张西望、坐立不安或摆弄其他东西。特别是女性，应表现出女性优雅、娴静的气质。入座和起立时不要将椅子弄出响声。

（三）涉外会面的服饰礼仪

根据会面或会谈的形式及内容，同时考虑到会谈者与来宾的关系程度，参加会面或会谈的人员，男性可穿传统服装，如中山装，也可穿西服。如果穿西服，要选配好西服衬衫和领带，配好皮鞋，皮鞋要擦亮；女士可穿旗袍、西服套裙，也可穿其他得体的服装。

对于礼节性的会面，与会者虽然可穿得随意一些，以此营造轻松和谐的气氛，但也要使其着装得体、大方并符合身份。

三、涉外会面禁忌

在交谈中，为了营造气氛、沟通关系、增进感情，除了谈与交流有关的话题外，少不了谈一些与正事无关的话题，但一定要注意话题的选择。有人认为，外国人没中国人那么深沉和含蓄，崇尚直来直去，与他们交谈可以海阔天空，畅所欲言，不必有太多的顾及，这种看法是片面的。

（一）话题选择要恰当

话题的选择反映着谈话者的品位。在涉外交流中，话题选择要恰当。例如，不管是哪个国家、哪个民族的人，都会对体育赛事、电影电视、风景名胜、烹饪小吃等内容感兴趣，这些话题适用于正式场合或非正式场合。

（二）不能涉及不愉快的内容

会面时轻松愉快的氛围，有助于双方会面的愉快进行。所以当与外宾交谈时，千万不要有意无意地在谈话中谈及与疾病、死亡、恐怖事件等不愉快的事情有关的内容。

（三）不要涉及对方的私生活

在与外宾交谈中，要注意避免涉及对方的私生活，例如，询问对方的婚姻状况、收入、家庭财产或衣饰价格等问题；不要对女士的年龄、婚否等感兴趣。与妇女谈话时，不要说妇女长得胖、身体壮、保养得好等话。遇到对方不愿回答的问题，不应究根问底；发觉对方反感的问题，应表示歉意，并立即转移话题等。

（四）交谈中不必过于关心对方

中国人很欣赏"关心他人比关心自己为重"的人品，而外国人一般强调的是个性独立和个人至上，因此不能将善意的关心滥用于外宾身上。例如，"你吃过饭了吗""天凉了，该加衣服了"等关心对方的语言，在中国人看来是出于好意，而在外国人看来却是干涉了他的自由。

（五）不要涉及宗教问题

在国际上，宗教问题向来都是一个很复杂、很敏感的问题。在这方面最好不要涉及，以免引起误会。

（六）不要议论当事国的内政

谈话中不要对当事国的内政大加评论，这样会引起对方的反感。涉及自己国家时，谈话要自然，既不可吹嘘，也不可为了讨好对方而贬低自己的国家。对国外的事物，凡是自己觉得好的，应该表示赞赏。

（七）不要谈自己不懂的话题

"人不可自欺。"在涉外交谈中，要尽量避免自己不懂或不熟悉的话题。一知半解，故弄玄虚，不懂装懂，非但不会给自己带来好处，反而会给对方留下不踏实的印象。若是班门弄斧，一旦遇上行家认真起来，那就丢人了。

在涉外交谈中，要坚持知之为知之、不知为不知的原则，不必不懂装懂。如外宾谈起自己不懂或不熟悉的话题，应洗耳恭听，必要时可如实相告、虚心请教，这样才会获得他人的尊重。

第十章

社交礼仪的跨文化传播

第一节　跨文化交际能力与文化习俗

一、文化与交际的关系

交际与文化二者是统一的。可以说，文化是冻结了的交际，交际是流动着的文化。具体来说，文化与交际的关系如下。

（1）交际受制于文化，文化影响着交际。交际行为是文化行为和社会行为，受到社会文化中世界观、价值观等文化核心成分的影响和制约。交际行为的译码活动也受制于文化特定规则或规范。交际双方共享一套社会期望、社会规范或行为准则时，才利于其交际的顺利进行。

（2）交际隶属于文化，并且是文化的传承媒介和编码系统。从社会学角度看，人们习得交际的能力是通过交际完成社会化的过程，又通过交际建立内外部世界。有了交际，人们的活动、文化才能得到存储和传承。

（3）交际在影响文化的过程中丰富着文化。二者相互依存、相互促进。另外，交际也给文化注入新的活力和增添新的成分。

（4）文化的差异性会使跨文化交际过程中，意义的赋予变得更加复杂，从而导致编码人传递的信息和译码人获得的意义之间存在差距。

二、跨文化交际的定义

"跨文化交际"一词对应的英文是 intercultural communication 或 cross-cultural communication。有时也可以用 trans-cultural communication 来表示。需要指出的是，intercultural 强调的文化比较，而 cross-cultural 则仅指交往。也就是说，前

者相当于跨文化交际研究，而后者相当于跨文化交际活动。有一种定义说道：本族语言使用者与非本族语言使用者之间的交际，也指任何在语言和文化背景方面有差异的人们之间的交际。而目前人们普遍认同的解释是：具有不同文化背景的人通过语言、信号、文字方式进行的思想、信息交流。它通常指的是具有不同语言文化背景的不同民族成员之间的交往活动，又指同一语言的不同民族成员之间的交际，更有人认为它是一切在语言文化背景有差异的人们之间的交际。简单地说，跨文化交际就是具有不同文化背景的人们从事的交际过程。

由于每一个人的文化和社会背景、生活方式、受教育状况、宗教信仰、性别、年龄、政治信念、经济状况，以及爱好、交友条件、性格等方面都存在或多或少的差异，所以在交际过程中说话人与听话人对信息的理解将很难达到百分之百的一致。不同的民族所处的生态、物质、社会及宗教等环境均有所不同，所以生长在不同语言环境下的人们就会产生不同的语言习惯、社会文化、风土人情等。因此，不同的文化背景铸成了人们不同的说话方式或语言习惯。从这个意义上讲，任何人之间的交际都是跨文化交际，差异仅是程度上的，而非本质的。在跨文化交际中，交际双方的文化背景，可能大致相似，更可能相去甚远。文化距离可能是国际、民族、政治制度等的差异，也可能是社会阶层、地区、教育背景、性别、年龄、职业、爱好或兴趣等方面的差异。

三、跨文化交际分类

跨文化交际通过下列两种形式进行：语言交际、非语言交际。

1. 语言交际

跨文化语言交往是指不同文化背景的人们通过言语进行表达和理解实现交际的方式。它是隐含在语言系统中的反映一个民族的心理状态、价值观念、生活方式、思维方式、道德标准、是非标准、风俗习惯、审美情趣等的一种特殊的文化因素，这种文化因素主要体现在语言的词汇系统、语法系统和语用系统之中。

2. 非语言交际

非语言交际是指除语言行为以外的所有交际行为。这种交际的实现主要通过体态语，诸如手势、面部表情、视线接触、身体姿势、穿着装束等来实现。非语言交际在人类交际活动中有着显著的地位。

四、跨文化交际原则

1. 尊重原则

尊重主权、尊重人格、尊重风俗习惯、尊重隐私等。

2. 礼貌原则

为了增加或维护双方的和睦关系，尽力减小对他人的贬损，尽力增加对他人的赞扬。

3. 度的原则

在国际交往待人接物中必须适"度"。所以，在涉外礼仪中遵循热情有度、不必过谦原则尤为必要。热情有度，就是要求人们在涉外社交活动中，不仅要热情，友好待人，更要把握好待人热情的具体分寸，即一切都必须以不妨碍对方，不给对方增添麻烦，不令对方感到不安、不快为限。如一厢情愿地过度热情，处处"越位"，必然引起外国友人的反感或不快。

4. 双赢原则

双赢强调的是双方利益兼顾。双赢思维是一种基于互敬、寻求互惠的思考框架与心意。只有在双赢思维下，才能实现冲突各方利益均衡，找到他们之间的利益支点。

5. 友善原则

友善是一种沟通与理解，一种平等、信赖与关怀。

五、文化习俗差异对跨文化交际的重要性

跨文化交际学的创始人、美国人类文化学者爱德华·霍尔认为，了解外国文化交际方式的最好动力是激起一种活力和意识感——唯有体验到强烈的对比和差异才会产生兴趣，也就是说不同语言背景下的文化对比可以帮助我们了解所学习语言的外国文化，从而顺利地完成跨文化交际活动。文化习俗作为文化的一部分，因国家、地区不同的地理位置和语言文化背景，其各自的习俗均具有鲜明的地域性和趣味性。众所周知，习俗现象是表面的生活风俗习惯和深层文化的统一体。

对比中西方的不同生活习俗及其背后的文化习俗差异，不仅可以提高中西方跨文化交际者的交际能力，而且可以帮助语言学习者和跨文化交际活动的参与者深刻理解所学习语言中的词语以及语法的形成过程，从而更深刻地理解这种语言。

中国文化历史悠久，博大精深。作为一名中国人，我们肩负重任，因为我们是中国文化的传承者和创造者。作为一名语言学习者和跨文化交际活动的参与者，如果要让我们详细说出日常生活习俗现象背后的深层次文化习俗的原因，并深究其根本，恐怕不是每个人都能做到的。因此，我们首先必须充分地了解我们自己国家的古今文化，然后尽力去学习有一定陌生感的西方文化，包括常见的文化习俗以及这些习俗背后的深层次传统价值观念及其在语言中的具体表现。文化差异问题是一个内容十分丰富和极其复杂的问题，跨文化交际中产生的误解、不快、关系紧张等许多问题，都是由于交际双方不了解对方的文化习俗造成的。因此，文化习俗方面的差异是跨文化交际中的重要障碍之一，或者说是跨文化交际能不能顺利进行的重要原因之一。

中西方习俗文化对比不仅可以帮助我们深入了解自身的文化、而且会让我们了解更多的西方文化，因此对于促进中西方的跨文化交际非常有帮助。同时，在具体的跨文化交际活动中，我们经常会遇到"文化定式"，即对于某一社会群体的某种文化一概而论，没有考虑个体差异或者是具体的交际情景。因此，在跨文化交际中我们一定要全方位考虑它们的文化内核的结构差异、传统文化的特征差异、宗教观念的不同及其在语言中的具体表现，从而避免犯文化定式的错误。这就要求人们在跨文化交际中，具备较深厚的文化功底，深刻理解不同文化之间的差异，建立良好的习俗差异意识。

第二节　对外交往中跨文化交际能力的培养

一、跨文化交往礼仪概述

1. 含义

跨文化交往礼仪是指不同文化背景的人们参与国际交往所要遵守的惯例和约

定俗成的做法。

2.分类

跨文化交往礼仪分为语言交往礼仪、非语言交往礼仪。

跨文化语言交往礼仪包括在与不同民族、地区、国度的人进行交往时，所遵循的称呼、交谈等方面的行为规范。

跨文化非语言交往礼仪是在与不同民族、地区、国度的人进行交往时，所遵循的姿势、服饰、时间、空间等方面的行为规范。

3.原则

（1）不卑不亢，热情适度。每一个人在参与国际交往时，都必须意识到自己在外国人的眼里是代表着自己的国家，代表着自己的民族。因此，言行应当从容得体，堂堂正正。在外国人面前，既不应该表现得畏惧自卑、低三下四，也不应该表现得狂傲自大、放肆嚣张。在涉外交往中坚持"不卑不亢，热情适度"的原则，是每一名涉外人员都必须给予高度重视的大问题。

在涉外交往中要求每一名涉外人员要努力表现得不卑不亢，因为这是事关国格、人格的问题。

（2）入乡随俗，求同存异。各国的礼仪与习俗存在一定的差异。涉外交往之中，要真正做到尊重交往对象，首先就必须尊重对方所独有的风俗习惯。在前往其他国家或地区工作、学习、参观、访问、旅游的时候，尤其要对当地所特有的风俗习惯加以认真的了解和尊重。当自己身为东道主时，通常讲究"主随客便"；而当自己充当客人时，则又讲究"客随主便"。从本质上讲，这两种做法都是对"入乡随俗"原则的具体贯彻落实。

要做到"入乡随俗"，必须认真做好"入境而问禁，入乡而问俗，入门而问讳"，充分了解并尊重交往对象的各种习俗。

（3）信守约定，失约致礼。"信守约定"的原则，是指在一切正式的国际交往之中，必须诚实守信，说话算数，办事讲究信誉。

要真正做到"信守约定"，须在以下三个方面身体力行，严格要求自己。

①许诺谨慎。不管是答应交往对象所提出的要求，还是自己主动向对方提出建议，或者是向对方许愿，都一定要深思熟虑，量力而行，一切从自己的实际能

力以及客观可能性出发，切勿草率从事。即使必须做出承诺或约定，也要慎之又慎。承诺时要字斟句酌，考虑周全，既不要含糊不清、模棱两可，也不要大而化之，信口开河。

②遵守约定。承诺一旦作出，就应当兑现。

③失约致歉。万一由于难以抗拒的因素致使自己单方面失约，应尽早向有关各方通报，如实解释，并且要郑重其事地为此事向对方表示歉意，按照规定和惯例给对方造成的损失加以补偿。

（4）谦虚适当，肯定自己。中国人待人接物讲究的是含蓄和委婉。在对自己的所作所为进行评价时，中国人大都主张自谦，反对自我张扬。但在对外交往中，要切记谦虚适当、静观其变的原则。

在对外交往中，下述情况不必过谦。

①当外国友人赞美自己的相貌、服饰、手艺时，一定要记住落落大方地说一声："谢谢！"这么做，既表现了自己的自信，也是为了接纳对方。

②当外国友人称赞自己的工作、技术或服务时，同样要大大方方予以认可。

③当需要进行自我介绍，或者对自己的工作、学习、生活、服务、产品、技术、能力、特长进行介绍时，要敢于并且善于实话实说。

④当自己同外国友人进行交往应酬时，一旦涉及自己正在忙什么、干什么的时候，无论如何都不要说什么自己是"瞎忙""混日子""什么正经事都没有干"。这样有可能被对方看作不务正业之人。

⑤当自己身为东道主，设宴款待外国友人之时，应当在介绍席上菜肴的过程中，有意识地说明"这是本地最有特色的菜"，"这是这家菜馆烧得最拿手的菜"，"这是我们为你特意精心准备的菜"。这样会使对方感到备受我方的重视。

⑥当有必要向外国友人赠送礼品时，既要说明其寓意、特点与用途，也要说明是为对方精心选择的。过谦的说法会大大地降低礼品的作用。

（5）不宜先为，静观其变。在涉外交往中，面对自己一时难以应付、举棋不定或者不知道到底怎样做才好的情况时，最明智的做法是不要急于采取行动，尤其不宜冒昧行事。

"静观其变"原则具有双重含义，一方面，它要求人们在难以确定如何行动

213

时，尽可能避免采取任何行动，以免出错；另一方面，它又提示人们在不知道怎么做才好而又必须采取行动时，可以先观察其他人的正确做法，然后加以模仿，或与绝大多数在场者在行动上保持一致。

（6）尊重隐私，尊重人格。个人隐私，指的是一个人出于个人尊严和其他某些方面的考虑，不愿意公开、不希望他人了解的个人秘密、私人事宜。在国际交往中，人们普遍讲究尊重个人隐私、尊重人格，并且将尊重个人隐私与否，视作一个人在待人接物方面有没有教养、能不能尊重和体谅交往对象的重要标志之一。

一般而论，在国际交往中，下列七个方面的私人问题，均被视为个人隐私问题。

收入支出。在国际社会中，人们普遍认为：任何一个人的实际收入与其个人能力和实际地位直接存在着因果关系，忌讳直接或间接地打听他人个人收入。除去工薪收入之外，可以反映个人经济状况的内容，例如，纳税数额、银行存款、股票收益、私宅面积、汽车型号、服饰品牌、娱乐方式、度假地点等，因与个人收入相关，都不宜提及。

年龄大小。在国外，人们普遍将自己的实际年龄当作"核心机密"，轻易不会告之于人。这主要是因为，外国人一般希望自己永远年轻，因而对于"老"字讳莫如深。中国人听起来非常顺耳的"老人家""老先生""老夫人"这一类尊称，在外国人听起来却感觉不爽。特别是外国妇女，最不希望外人了解自己的实际年龄。所以在国外有一种说法：一位真正的绅士，应当永远"记住女士的生日，忘却女士的年龄"。

恋爱婚姻。中国人的习惯是对于亲友、晚辈的恋爱、婚姻、家庭生活时时牵挂在心，但是绝大多数外国人对此不以为然。比如"有没有恋人""两个人怎么结识的""跟恋人相处多久了""结婚了没有""夫妻关系怎么样""婆媳关系如何""有没有孩子"等话题，很让人难堪。在一些国家里，跟异性谈论此类问题，极有可能被对方视为无聊之至，甚至会因此被对方控告为"性骚扰"，从而吃上官司。

身体健康。在国外，人们非常反感其他人对自己的健康状况关注过多。

家庭住址。在中国人的人际交往之中，大家对于自家的住址通常是不保密的。对于自己的家庭住址、私宅电话号码等，人们一般会有问必答，甚至会主动地告诉别人。而在国外，通行的做法却恰好与我国相反。外国人大多视自己的私人居所为私生活领地，非常忌讳别人无端干扰其宁静。一般情况下，除非知己和至交，他们一般不邀请外人前往其居所做客。为此，他们都不喜欢轻易地将个人住址、住宅电话号码等纯私人信息告诉他人。在他们常用的名片上，此项内容也难得一见。

个人经历。初次会面时，中国人往往喜欢问一下交往对象"是哪里的人""哪一所学校毕业的""以前干过什么"等。然而外国人大多将这些内容看作"秘密"，并且坚决主张"英雄莫问出处"，反对询问交往对象的既往经历，随随便便擅自查对方的"户口"被认为不礼貌。

信仰政见。在国际交往中，不宜询问对方宗教信仰和政治见解。

在涉外交往中，不管对方是什么国籍、民族、肤色，都应尊重其个人隐私，维护其人格自尊。

（7）女士优先、以右为尊。在各种类型的国际交往中，大到政治磋商、商务往来、文化交流，小到私人接触、社交应酬，确定主次尊卑时，"以右为尊、女士优先"都是普遍适用的。

"女士优先"主要适用于成年的异性进行社交活动之时。

"女士优先"原则还要求体现在尊重、照顾、体谅、关心、保护妇女方面。男士们对于所有的妇女都要一视同仁。

外国人强调"女士优先"的主要原因，并非因为妇女被视为弱者，值得同情、怜悯。最为重要的是，他们将妇女视为"人类的母亲"。

在国外的社交应酬之中，"女士优先"作为一条礼仪的基本原则，早已逐渐演化为一系列具体的、可操作的做法。它们不仅已为世人皆知，而且在社会舆论的督促之下，每一名成年的男子均须将其认认真真地付诸实践。

"以右为尊"原则。按照惯例，在并排站立、行走或者就坐的时候，为了表示礼貌，主人理应主动居左，请客人居右。男士应当主动居左，请女士居右。晚辈应当主动居左，请长辈居右。未婚者应当主动居左，请已婚者居右。职位、身份较低者应当主动居左，请职位、身份较高者居右。

应当说明的是，按照国际惯例，在接待外宾的过程之中，当主人前往外宾下榻之处进行拜会或送行时，主人的身份应当是"客人"，而外宾在此时此地则"反客为主"了。在有必要为二者并排排列时，应当使主人居右，使外宾居左。其实际含义是：外宾在主人为其提供的临时居所之中，理应被视为"主人"，而不是"客人"。从这一意义上讲，以上做法与"以右为尊"原则一点儿也不矛盾。

有时，进行国际交往的宾主双方往往不止一人，当有必要为之进行并排排列，如需要会见、合影时．仍需要恪守"以右为尊"的原则。只不过宾主双方届时需要在属于自己的一侧，再具体排定一下各自人员的位次罢了。

举行正式谈判时，假定谈判双方需要分别坐在谈判桌的两侧，而谈判桌竖放于室内的话，则谈判桌的两侧的位置仍有上下之分，奋进行确定时，"以右为尊"原则依旧有效。其具体方法是：面向室内，右侧为上座，使客方谈判人员右侧就坐；左侧为下座，主方谈判人员左侧就坐。谈判桌横放于室内时，以面对正门的一侧为上座，以背对正门的一侧为下座。

举行国际会议时，会议主席台上依次的排列也要讲究"以右为尊"。不仅如此，发言者所使用的讲台亦须位于主席台的右前方，这是给予发言者的一种礼遇。

乘车位次的确定。乘坐由专职司机驾驶的双排座轿车时，车上具体位次的确定，亦应遵守"以右为尊"原则。具体而言，通常以后排右座为第一顺序座，应请尊长或贵宾在此处就坐。接下来的第二顺序座、第三顺序座则分别应为后排左座、后排中座。至于位于轿车前排的副驾驶座，在由专职司机驾车时，一般被称作"随员座"，在绝大多数情况下，它是属于陪同、秘书、翻译或警卫人员的专座，这一位置从理论上讲安全系数最低，因此一般不应请尊长、贵宾在此就坐。参加社交性质的活动时，让妇女或儿童坐在随员座，显然也是不合适的。在三排座乃至其他类型的多排座轿车上，不论由何人驾驶车辆，在确定车上具体位次尊卑时，大多亦应遵行"以右为尊"原则。

上述种种实例表明，在国际交往中有必要排定并排位次的尊卑时，遵循"以右为尊"原则，就可以化繁为简，化难为易，以不变应万变，轻而易举地处理好种种难题。

二、跨文化交际能力培养的途径

对跨文化交际能力基本要素的区别和分析，可以看出跨文化交际能力的培养分为三个层面。第一个层面是在接触和了解他国语言和文化时，不断加强交际者的语言功夫，丰富其文化积累，克服交际过程中易出现的两大障碍，培养交际者的文化敏感性，以提高跨文化交际敏觉力。第二个层面强调对语言和文化的深层认知，增强对他国语言以及背后的隐性文化和价值观的理解，如西方文化价值观中的个性自由和独立竞争等，这些方面的理解和感悟有助于交际者在交际中策略的选择，针对对方文化的异质性以及个人特性，做到有的放矢。第三个层面是培养交际者灵活运用所学语言、文化知识应对和处理跨文化交际中出现的各种交集情景以及突发事件等，这是跨文化交际能力培养的最高层面和最终目标。要达到这一目标，必须培养交际者学以致用的能力，培养他们根据过去对外国相关文化的认知，积极参与跨文化交际实践，锻炼他们处理文化冲突的灵活性。由此可见，从跨文化敏觉力的培养到对语言和文化的深层认知再到跨文化交际实践行为的训练，这三个层面既有一定的递进关系，又相互融会贯通、相辅相成。

（一）培养跨文化敏觉力

关于交际者跨文化敏觉力的培养，首先要做的就是克服两大障碍。因为在跨文化交际的初期总是存在一些交际障碍。主要障碍之一是刻板印象。这些印象和看法可能是正面的，也可能是负面的。尽管大家都知道刻板印象不可取，要做到完全避免却不容易，刻板印象忽视个体区别，一旦形成便不易改变。它僵化了交际者的头脑，使得交际者不能客观地对待另一种文化，失去交际应有的敏觉力。在观察他国文化时只注意与自己的刻板印象相符合的现象，而忽略其他更重要的差异信息。它妨碍交际者与不同文化背景的人相处，不利于顺利开展跨文化交际。因此，必须尽量克服刻板印象带来的负能量。对教师来说，在文化课上应尽量避免用带有刻板印象的话语，并提醒学生注意普遍文化概念下的个性差别。因为在跨文化交际中交际者首先面对的是交际个体，然后才是其背后的民族文化。不能因为对整个民族的刻板印象而影响了交际者对具体交际对象的判断和决策。跨文化交际中的障碍之二是民族中心主义，即习惯以自己民族的价值观衡量其他文化，从自己的文化角度出发，以自己的评判标准评价对方交际者。一旦发现与自己的预期不同，就会对对方产生敌对情绪而引起文化冲突。社会中的每个人都无法避开民族中心主义，尽管我们努力克服隐藏在内心深处的民族中心主义，但是，我们都成长在一定的文化环境中，文化早已融进我们的心灵，指导着我们的行动，造成人们在观察别种文化时会不自觉地以自己的是非标准为依据，对于异质文化事物常会做出有失客观的判断。这些正是民族中心主义在作祟，要完全摆脱我们在社会化过程中获得的观念和看法是一个长期艰巨的任务，也是培养跨文化交际敏觉力的重要方向。

交际参与度是跨文化敏感度的最佳指示变量，意味着要想通过跨文化敏感度来提高跨文化交际能力，最有效的是加强交际参与度，从而对跨文化交际能力产生影响。因此，教师应鼓励学生积极参与具体的跨文化交际训练和实践，并努力为他们创造跨文化交际的机会，这是培养他们克服刻板印象和民族中心主义的最好途径。因为在具体的训练和实践中，他们能真切地感受到文化的多样性和同一文化不同个体的差异，逐渐形成多元文化观和开明的交际态度，从而尽量主动克服因刻板印象和民族中心主义而导致的交际障碍，形成良好的跨文化敏觉力。比如可以设计多个与中国人的思想和性格迥异的文化模式，由不同的人扮演，让他们分别与中国人交往。从这个活动中，受训者会体会到自身文化的某些特点和他国文化的一些特性，从而提高自己的文化敏觉力。在条件允许的情况下，带领学生或鼓励他们多参加各种小型国际会议、国际论坛以及跨文化聚会是一种更为直接的训练和培养他们跨文化敏觉力的高效方式。

（二）培养跨文化认知能力

跨文化认知是指交际者对他国具有独特风格和内涵的文化要素及文化特质等方面的认识和了解，其本质就是学习与把握异国文化。文化认知过程随年龄的增长会不断变化。培养跨文化认知能力需在培养交际者的跨文化交际能力上重点关注。培养跨文化认知能力首先要加强交际者的语言功夫，在教学中要使语言教学与文化教学齐头并进，在输入语言基础知识的同时，也不忘相关文化知识的输入，从而加强学生对文化差异的熟识、理解和评判，以提高学生对文化差异的敏感性和跨文化意识。语言功夫主要体现在用词、句子陈述与主题选择的适当性上。

培养跨文化认知能力除了要培养交际者的跨语言认知能力外，还要培养其跨文化认知能力，即跨文化意识。培养跨文化意识第一步就是要让交际者从观念上消除偏见和歧视，认识到文化没有优劣之分，以平等的心态对待各个民族的文化和人。培养跨文化意识的第二步就是拓展交际者跨文化知识和眼界，树立多元文化心态和宽容的文化态度。

（三）培养跨文化行为能力

无论是对跨文化敏觉力的培养，还是对跨文化认知能力的培养，最终都是为了使交际者在跨文化交际中能够进行灵活交际，亦即跨文化行为的灵活性，这三者不是彼此截然分开的，而是互相依存的关系。跨文化敏觉力的培养包含跨文化认知能力和跨文化行为能力，而跨文化认知能力的培养中也融入了跨文化行为能力，而跨文化行为能力的培养势必以跨文化敏觉力和认知能力的培养为基础，并且是对这两种能力的一种巩固和融合。

跨文化行为能力即跨文化行为的灵活性，是跨文化交际能力的核心要素。它首先包括交际者能够根据交际双方的文化背景和个性特点，灵活地调整自己的交际策略和行为，尽量向对方的交际规则靠近（以不违反自己交际原则为前提），减少差距，营造和谐交际氛围，同时，灵活处理因文化差异而引起的文化冲突，在处理冲突时，交际者要善于运用恰当的语言阐明自己的文化困惑，介绍本民族文化行为规范，弄清对方的文化习俗，找出冲突的解决途径，达成共识，完成交际任务。因此，教师分阶段、有层次地组织跨文化实践是培养学生跨文化交际行为能力最有效的途径。

第三节　社交礼仪规范与跨文化传播路径

一、跨文化社交礼仪规范

1. 跨文化语言交往礼仪

（1）称呼。称呼是人际间日常交往最常发生的沟通人际关系的信号和桥梁。跨文化交往时，代名词称呼文化差异最大、使用最为复杂。有的语言只使用一种代名词来称呼某一个体，英语就如此；而德语则使用两种代名词；罗马尼亚语使用三种代名词。使用的代名词越多，非对等式称呼使用的可能性越大；反之，对等式称呼使用的可能性会越大。在涉外交往中，称呼的运用与对待交往对象的态度直接相关，对此千万不要马虎大意，随心所欲。

在跨文化交往时，尤其是在比较正式的场合，应当选用的称呼主要有如下几种。

泛尊称。它几乎适用于任何场合。一般称男子为先生，称女子为夫人、女士、小姐。已婚女子称夫人，未婚女子称小姐。若不了解婚否，对女性可称为"女士"。在有的国家，"阁下"这一泛尊称也可以使用。许多时候，泛尊称可与姓名、姓氏或行业性称呼分别组合在一起使用。泛尊称一般用于较为正式的场合，或是初次应酬之时。

称呼头衔。在人际交往中，若交往对象拥有在社会上备受重视的学位学术性头衔、专业技术性头衔、军衔、爵位，例如"博士""教授""将军""公爵"等，均可用作称呼。有时，这类荣誉性称呼还可以与姓氏、姓名分别组合在一起使用。如"乔治•马歇尔教授""黑格将军"等。

称呼职业。在公务活动中，一般可以直接以对方的职务相称。这些头衔可加在姓（名）之前或之后，也可与职业相连，或单独使用，具体因文化而异。例如可称其为"部长""总理""总裁"等。不过，有的国家并不习惯采用此类称呼。平时，此类公务性称呼可以分别与泛尊称、姓氏、姓名组合在一起使用。如"施密特总理""桥本龙太郎首相"等。

特殊性称呼。它主要是指对于王室成员或神职人员的专门性称呼。例如，

"陛下""殿下""教皇"等。

称呼姓与名的一般性称呼适用普通场合。另外请注意，若与交往对象仅为一面之交，一般不宜直呼其名。

受文化差异的影响，中国社会的称呼相较于西方复杂，中国较习惯于非对等式称呼，而西方多用对等式称呼。

（2）交谈。在涉外交往中，与外国友人进行交谈，仅凭自己的常规经验肯定是行不通的。更重要的是要了解并遵守有关交谈的国际惯例。简而言之，涉外人员应当掌握有关交谈的礼仪规范，除称呼外主要涉及交谈态度、交谈内容、电话交谈常规等。

①交谈态度。交谈态度指的是一个人在与别人交谈的整个过程中的举止表情，以及由此而体现出来的个人修养和对待交谈对象的基本看法。从某种程度上讲，交谈的态度有时甚至比交谈的内容更为重要。在涉外交往中，尤其是在与某位外国人初次打交道时，交谈的态度通常会更受对方的关注。

对每一位参与涉外活动的中国人来讲，要想使自己交谈的态度符合要求，除声音外还应注意以下基本要点。

语言。与外国人进行交谈时，选择何种语言是大有讲究的。在一般情况下，可以使用通行于世界的英语，或是直接采用交往对象所在国的国语。而在正式的官方活动中，为了体现一个主权国家的尊严，则只能使用自己国家的国语，然后通过译员进行翻译。有些时候，不一定非要精通交往对象所在国的国语，在非正式场合哪怕是现学上几句，也可以令对方倍感亲切。需要注意的是，不要对交往对象使用低级、庸俗、不文明的语言，或者是对方根本听不懂的语言。

语态。此处所谓的语态，特指交谈时的神态，即表情与动作。与外国友人交谈时，在神态上要既亲切友善，又舒展自如。在自己讲话时，要注意不卑不亢，恭敬有礼。在对方讲话时，则要专心致志，洗耳恭听。不论是自己处于"说"的位置上还是处于"听"的位置上，都不要表现得心不在焉、敷衍了事，或是态度夸张、咄咄逼人，要特别注意自己的眼神与手势，不要双眼不敢与交谈对象对视，也不要张牙舞爪、指手画脚，对对方指指点点、拍拍打打。

语气。与别人交谈时，讲话的口气不可不慎。此即所谓语气问题。同外国友人交谈时，在自己的语气方面，一定要注意平等待人，谦恭礼貌。在交谈中，在不故作姿态的前提下，尽量多使用一些谦词、敬语和礼貌用语。不要在交谈时表现得居高临下、盛气凌人，也不宜在语气上显得奴颜婢膝，曲意迎奉，一味讨好迁就、附和对方。

声音。声音在语言中的地位相当重要。语言情感的语音表现主要集中在有声语言上，以声传意，以声传情。跨文化交往中，人们普遍对于交往对象的声音十分重视，不仅被视为一个人教养与素质的直接体现，而且与对交往对象尊重与否直接挂钩。在声音方面的基本礼仪规范是：音量要适中，与人进行交谈时，尤其是在大庭广众与人进行交谈时，声音不宜过高，音量大到让人听清即可，声音太低太轻不易让人听清楚。语调要柔和。在涉外交往中，一般以柔言谈吐为宜。尽可能使声音听起来柔和，避免粗粝尖硬的讲话。语速要适中，在对外交往中，不论是使用自己的母语，还是使用某一种外语，都要保持正常的语速，快慢适中，舒张有度，这样不仅可以使自己的语言清晰易懂，而且显示出自己成竹在胸、有条有理。语速过快、过慢，或者忽快忽慢，都是应当力戒的。

②交谈内容。进行交谈时，最重要的当推其具体内容。与外国友人进行交谈时，特别是与其进行较为自由的非正式交谈时，必须对其内容斟酌再三。

一般认为，与外国友人交谈之时，适合选择以下四个方面的内容。

对交谈对象的祖国表示敬意的内容。任何一个国家，都有自己光荣的历史传统、特殊的习俗、杰出的文化、突出的成就。与外国人交谈时倘若涉及这方面的内容，无疑会令对方感到自豪和愉快。

格调高雅的内容。世人皆知"言为心声"，一个人交谈时涉及的具体内容，自然与其思想境界相关。因此，与外国人交谈时，宜选哲学、历史、地理、文学、音乐、绘画、建筑等格调高雅的内容。

欢快轻松的内容。有些时候，特别是在非正式场合跟别人闲聊时，往往不宜选择过于深奥、枯燥、沉闷的内容，以防曲高和寡，令人不悦。此时此刻，不妨谈论一些令人感到欢快的内容，例如，娱乐、休闲、时尚、影视、赛事、烹饪，等等。有时，亦可以天气作为交谈的内容。

交谈对象确有所长的内容。在交谈中直接向交谈对象进行讨教，不仅可以找到对方感兴趣的内容，还可以借机向对方表达自己的敬意。只要讨教的具体内容确为对方之所长，通常会令其倍感重视。

与此同时，务请切记下列六个方面的内容是在与外国友人交谈时必须主动回避的。

一是涉及对方所在国家内部事务的内容。在国际交往中，既然讲究互相尊重国家主权，那么就不应该对别国的内部事务说长道短。

二是涉及对方自身弱点与短处的内容。任何一个有自尊心的人，都不会希望自己自身的弱点与短处被别人当众曝光。即使是对此表示关心，往往也会令对方深感不快。

三是涉及对方个人隐私的内容。外国人普遍讲究个人至上，隐私不容干预。在与之交谈时，对于此类内容切勿主动涉及。

四是涉及他人的内容。一般而言，在背后对其他人进行非议，是许多外国人深为忌讳的。他们认为，唯有品德不良的人才会在背后飞短流长地议论别人。

五是涉及庸俗下流的内容。与外国友人交谈时，对于一切低级下流，特别是与色情有关的内容，均不宜涉及。

六是涉及凶杀惨案的内容。在交谈时外国人通常对凶杀、惨案、灾祸、疾病等令人不快不安的内容均会避免涉及。他们认为，谈论这方面的内容，可能说明心理不健康，而且是对受灾受难者的不尊不敬。

③电话交谈。在国际交往中，电话是人们经常使用的主要通信工具。在涉外交往使用电话时，通常必须认真遵守下述几个方面的礼仪规范。

通话的时间。打电话应当注意时间问题，具体又可以分为两个方面：通话时间的选择和通话的时间长度。

在一般情况下，与外国友人通话时，不宜妨碍其工作、生活和休息。因公与外国人通话时，最好不要选择对方下班之后的时间；因私与其通话时，则尽量不要占用对方上班的时间。若无要事相告，千万不要在节假日或对方休息、用餐的时间给对方打电话。此外，还应当注意时差问题。

与外国友人通话时，在时间长度上应自觉地有所控制。应当做到有备而谈，长话短说，删繁就简。一次通话时间最好不要超过3分钟。没话找话、絮絮叨叨、随想随说、通话时间过长，都是打电话之大忌。

善用移动电话。在涉外交往中，使用手机等移动通信工具是非常普遍的。重要的是，使用它们时一定要注意以下三条：一不妨碍别人；二不有碍安全；三不招摇过市。

2. 跨文化非语言交往礼仪

跨文化交往不只是依靠单一的语言渠道进行。姿势、时间、空间等非语言要素在交流中同样具有重要的意义。

（1）身姿。姿势是非语言交往中非常重要的内容，除前面提到的基本规范外，还应注意文化差异的存在。不少姿势行为都是经过学习得来的，是从环境中学来的，因此他们是约定俗成的，为不同文化所独有，这就造成姿势行为因文化而异的现象。

譬如，美国人坐着时喜欢把一条腿放到另一条腿上，脚尖朝着旁边的人。这种"跷着二郎腿"的习惯是中国人难以接受的，这种姿势被认为是对客人的极大不礼貌。同一行为功能，因文化之间存在差异，可能以不同的非语言行为来完成，一般人们用握手的形式表示"问候"或"欢迎"，然而在东方，尤其在日本则以弯腰鞠躬的形式表示问候的功能，而且鞠躬弯腰程度也与对方的社会地位高低有关。

在相互谈话时采取什么姿势，是站立还是坐下，也会因文化而异。在很多场合，西方人对站有一种偏爱；中国人则喜欢请客人坐下，他们认为站着的客人不好答对。

（2）手势。不同手势表达不同的含义。运用手势要注意区域性差异。

"OK"的手势。这个在美国表示赞许和前进的手势，在许多国家都不能使用，因为它有不好的含义。在巴西、意大利南部和希腊，这是一个卑鄙下流的手势。在苏联和德国的一些地方，这也是不礼貌的手势。在日本，它表示"钱"。在法国南部它代表"零"或"不值钱"。在谈话中用三个手指表示"三"的时候，有些人会自然而然地用"OK"的手势。一定要注意，应当用大拇指压住小指，用中间三指张开来表示"三"。

两指交叉。在美国和欧洲，它表示"好运"或希望得到保护。在巴拉圭，用这个手势则会冒犯人。

手指呈"V"形。这个表示胜利的手势，如果手掌向前，在英国和澳大利亚则代表一种侮辱，它的意思是"滚开"或更糟。

拇指朝上。这个历史悠久的手势　有人认为它曾经被罗马皇帝用来表示角斗士是活着（向上）还是已经死去（向下）由于好莱坞电影中经常使用，所以在美国很流行。在美国它代表"干得好"、"很好"或者"不错"，但在澳大利亚拇指向上则是很无礼的举动，意思是骂人的脏话。

用手指指人。在中东和远东大部分国家和亚洲国家，用食指来指人被认为是不礼貌的。在俄罗斯，虽然人们也会这么指，但它还是被认为是不合适的。在介绍人或表示指示的时候，应当用整个手掌去指。在中东的一次海外培训上，美国商业礼仪教练和演讲人芭芭拉·帕切特曾伸出手指来演示手势的区别，虽然学生们知道这是演示，但被指中的人还是很不高兴。

示意近前。美国人会用一指向上、手心向内来示意让别人靠近，但在墨西哥、菲律宾和越南，这是一个令人不快的动作。在亚洲和南美的一些地区，人们会用手掌朝内侧晃动来让人靠近。

点头。在保加利亚摇头表示"是"，点头则表示"不是"。

响指。在法国和比利时，用双手同时打响指带有下流的含义。

与不同国家、地区、民族的人交往，需懂得他们的手势语言，以免闹出笑话，造成误解。

（3）服饰。跨文化交往中，服饰的基本礼仪要求是朴素、大方、整洁，得体而应景。

①依场合选择。国际社交场合，服装大致分为礼服和便装。正式的、隆重的、严肃的场合着深色礼服（燕尾服或西装），一般场合则可着便装。目前，除个别国家在某些场合另有规定（如典礼活动，禁止妇女穿长裤或超短裙）外，穿着趋于简化。

我国服装无礼服、便服的严格划分。一般地讲，在正式场合，男士着上下同质同色的中山装，或者上下同质同色的深色西服并系领带，配同服装颜色相宜的皮鞋；非正式场合（如参观、游览等），可穿各式便装、民族服装、两用衫，配颜色相宜的皮鞋或旅游鞋。

涉外人员所接触的各种场合大体上可以分为三类，即公务场合、社交场合和休闲场合。在这三类不同的场合之中，涉外人员所选择、穿着的服装，在款式、色彩、面料等方面应当有所区别。

公务场合。公务场合指的是涉外人员上班处理公务的时间。在公务场合，涉外人员的着装应当重点突出"庄重保守"的风格。

社交场合。社交场合通常是指人们在公务活动之外，在公共场所里与他人进行交际应酬活动的时间。观看演出、出席宴会、参加舞会、登门拜访、参与聚会等都是涉外交往中最常见的社交场合。

在社交场合，涉外人员的着装除了根据场合是否正式来考虑着装，还应当重点突出"时尚个性"的风格，尽可能使自己的衣着入时一些，并且使之充分地体现出自己与众不同的个人特点。

休闲场合。休闲场合是指人们在公务活动之外用于个人休息的时间，以及在公共场所里与不相识者共处的时间。最常见的休闲场合包括居家休息、健身运动、游览观光、街市漫步、商场购物，等等。

在休闲场合，涉外人员的着装应当重点突出"舒适自然"的风格。也就是说，在休闲场合的着装，最为忌讳的是正正规规，令人不适。

②衣着得法。所谓衣着得法，主要是指要掌握并且严格遵守穿衣之道，要在具体的方法、技巧上胸有成竹，不出丑，不露怯，不贻笑大方。在下列两个方面加以注意。

了解并遵守着装的正确方法。不同的服装，都有自成一体的穿着方法。在涉外场合中，着装必须严格地遵守规范的、正确的穿着方法。

了解并遵守着装的搭配技巧。服装的效果是搭配出来的，而不是穿出来的。掌握服装搭配技巧对涉外人员很有必要。

（4）礼物。跨文化交往中，交往双方往往会遇上对方以礼相赠的情况。一般而言，礼物馈赠主要包括礼物的挑选、馈赠的方法、礼物的接受三个方面的内容。

①礼物的挑选。挑选赠送给外国友人的礼物时，应考虑以下四点。

第一，突出礼物的纪念性。在涉外交往中，对许多国家公务人员都不宜赠送过于贵重的礼物，否则会让受礼者产生受贿之感。

第二，体现礼物的民族性。有人曾说："最有民族特色的东西往往就是最好的。"向外宾赠送礼物，中国人司空见惯的风筝、二胡、笛子、剪纸、筷子、图章、书画、茶叶，一旦到了他们手里，往往会备受青睐，身价倍增。

第三，明确礼物的针对性。送礼的针对性，是指挑选礼物应当因人、因事而异。因人而异是在选择礼物时，务必充分了解受礼人的性格、爱好、修养与品位，尽量使礼物受到受礼人的欢迎。因事而异则指在不同的情况下，向受礼人所赠送的礼物应当有所不同。

第四，重视礼物的差异性。向外国人赠送礼物，绝对不能有悖对方的风俗习惯，要了解受礼人所在国的风俗习惯，在挑选礼物时，主动回避对方有可能存在的下述六个方面的禁忌：一是与礼物品种有关的禁忌；二是与礼物色彩有关的禁忌；三是与礼物图案有关的禁忌；四是与礼物形状有关的禁忌；五是与礼物数目有关的禁忌；六是与礼物包装有关的禁忌。

②馈赠的方法。涉外交往中馈赠的方法。根据礼仪惯例馈赠礼物是指在礼物的包装、送礼的时机、送礼的途径等三个方面，必须表现得中规中矩，不乱章法。

重视包装。在国际交往中，礼物的包装是礼物的有机组成部分之一。它被视为礼物的外衣，送礼时不可或缺。否则，就会被视为随意应付受礼人，甚至会导致礼物因此而"贬值"。有鉴于此，送给外国友人的礼物，一定要在事先进行精心的包装。包装时所用一切材料都要尽量择优而用。与此同时，送给外国人的礼物的外包装，在其色彩、图案、形状乃至缎带结法等方面，都要与尊重受礼人的风俗习惯联系在一起考虑。

把握时机。在涉外交往中，由于宾主双方关系不同，具体所处的时间、地点以及送礼的目的不同，送礼的具体时机自然不能千篇一律。

依照国际惯例，把握送礼的最佳时机是要对具体情况进行具体的分析。

在会见或会谈时，如果准备向主人赠送礼物，一般应当选择在起身告辞之时。

向交往对象道喜、道贺时，如拟向对方赠送礼物，通常应当在双方见面之初相赠。

出席宴会时，向主人赠送礼物，可在起身辞行时进行，也可选择餐后吃水果之时。

观看文艺演出时，可酌情为主要演员预备一些礼物，并且在演出结束登台祝贺时当面赠送。

游览观光时，如果参观单位向自己赠送了礼物，最好在当时向对方适当地回赠一些礼物。

为专门的接待人员、工作人员准备的礼物，一般应当在抵达当地后尽早赠送给对方。

作为东道主接待外国来宾时，如欲赠送一些礼物，可在来宾向自己赠送礼物之后进行回赠，也可以在外宾临行的前一天，在前往其下榻之处进行探访时相赠。

区分途径。此处是指如何将礼物送交受礼人。在涉外交往中，送礼的途径，主要分为两种：一种是当面亲手赠送，另一种则是委托他人转送。这两种送礼的途径适用于不同的情况。有时候，它们各自还有某些特殊的要求。

在一般情况下，送给外国友人的礼物大多可以由送礼人当面交给受礼人。有些时候，例如向外国友人赠送贺礼、喜礼，或者向重要的外籍人士赠送礼物，亦可专程派遣礼宾人员前往转交，或者通过外交渠道转送。如果有必要，礼物可以提前送达受礼人手中。

通常，送给外国人礼物时，尤其是委托他人转送给外国人礼物时，应附上送礼人的名片。它既可以放在礼物盒之内，也可以放在写有受礼人姓名的信封里，然后再设法将信封固定在礼物的外包装之上。尽量不要采用邮寄的办法向外国人赠送礼物。

③礼物的接受。欣然接受。当外国友人向自己赠送礼物时，一般应当大大方方、高高兴兴地接受下来。没有必要跟对方推来推去，过分地进行客套。在接受受赠的礼物时，应当起身站立，面带笑容，用双手接过礼物，然后与对方握手，并且郑重其事地为此而向对方道谢。

启封赞赏。在国际社会，特别在许多西方国家，受礼人在接受礼物时大多习惯于当着送礼人的面，立即拆启礼物的包装，然后认真地对礼物进行欣赏，并且对礼物适当地赞赏几句。

拒绝有方。一般而言，外国人赠送的以下五类物品不宜接受：一是违法、违禁物品；二是有辱我方国格人格的物品；三是可能使双方产生误会的物品；四是价格过分昂贵的物品；五是一定数额的现金、有价证券。如果不能接受外方赠送的礼物，应当即向对方说明原因，并且将礼物当场退还。可能的话，最好不要在其他人面前这么做。若对方并无恶意，在退还或拒绝礼物时，还须向对方表示感谢。

事后致谢。接受外方人员赠送的礼物后，尤其接受了对方赠送的较为贵重的礼物后，最好在一周之内写信或打电话给送礼人，向对方正式致谢。

④送礼的禁区。由于"十里不同风，百里不同俗"，同一种礼品在不同国家、地区、民族往往会被赋予一些不同的寓意。因此，在外事交往中，为对方挑选礼品时，无论如何都不应冒犯对方的禁忌。根据经验，有如下九类物品在外事活动中不宜充当礼品，统称为"对外交往九不送"。

第一类，一定数额的现金、有价证券。不接受现金、有价证券或实际价值超过一定金额的物品，不仅是一项常规的职业禁忌，而且被视为反腐倡廉的应有之举。

第二类，天然珠宝、贵金属饰物及其他制成品。原因与第一类相同。

第三类，药品、补品、保健品。在国外，个人的健康状况属于"绝对隐私"，将与健康状况直接挂钩的药品、补品、保健品送给外方人士，往往不会受欢迎。

第四类，广告性、宣传性物品。若将带有明显广告性、宣传性或本单位标志的物品送给对方，会被误解为有意利用对方，或借机进行政治性、商业性宣传。

第五类，冒犯受赠对象的物品。若礼品本身的品种、形状、色彩、图案、数目或其寓意冒犯了受赠者的个人职业、民族或宗教禁忌，会使馈赠行为功亏一篑。

第六类，易于引起异性误会的物品。向异性赠送礼品时，务必三思而后行，切勿弄巧成拙，误向对方赠送示爱之物或含有色情的礼品。

第七类，以珍稀动物或宠物为原材料制作的物品。出于维护生态环境、保护珍稀动物的考虑，在国际社会中不要赠送此类物品。

第八类，有悖现行社会规范的礼品。现行社会规范不仅指我国现行的社会规范，还包括交往对象所在国家现行的社会规范，以免跨越法律、道德的界限。

第九类，涉及国家机密、行业秘密的物品。在外事活动中，我方人员要有国家安全意识与保密意识。对于外方人士，既要讲究待人以诚，又要注意防范。不可将内部文件、统计数据、情况汇总、技术图纸、生产专利等有关国家、行业的核心秘密随意送出。

（5）时间。时间是指人们如何对待时间及如何使用时间，在某种程度上属于心理环境。因为时间行为方面存在差异，所以，不同文化间交往，常常会使人们感到困惑。

时间对交际或人际交往的影响有时会比语言更直截了当。东西方在使用时间的方式上，有许多相似之处，但相对地讲，中国人使用时间比较随意，灵活性强，因此中国人如果听到一个朋友说"我大年初二去看你"，这很可能意味着你必须初二一整天在家恭候那位随时都可能来访的朋友。而西方会严格地恪守时间，因此在跨文化交往中应遵循国际惯例。譬如，重要的出访活动，按惯例均须由有关双方通过外交渠道商定。在一般情况下，出访的具体日期最好应当避开东道主一方重要的节假日与重要的活动时间，在正式出访之前，还需要以传真或电子函件的形式，将我方访问的日期与停留天数、抵离目的地的航班或车次通报给东道主。

（6）空间。跨文化交往空间非语言要素是跨文化交往交际者用空间传递的信息。美国人类学家 E.T.Hall 认为，在交际时，人们对空间领域有一定要求。根据惯例，在涉外交往中，人与人之间的正常距离大致可以划分为以下四种，它们各自适用于不同的情况。

一是私人距离。其距离小于 0.5 米。它仅适用于家人、恋人与至交。因此，有人称其为"亲密距离"。

二是社交距离。其距离为大于 0.5 米，小于 1.5 米。它适合于一般性的交际应酬，故亦称"常规距离"。

三是礼仪距离。其距离为大于1.5米，小于3米。它适用于会议、演讲、庆典、仪式以及接见，意在向交往对象表示敬意，所以又称"敬人距离"。

四是公共距离。其距离在3米开外，适用于在公共场所同陌生人相处。它也被叫作"有距离的距离"。

非语言空间行为的差异是十分微妙的。这几种距离虽然在很大程度上具有一定的普遍性，但不同的人在不同情况下应使用何种距离会因文化存在一定差异。如在美国，私人距离除适合于父母、子女、夫妻之间外，同性朋友交往时很少保持这样的距离。不然会使双方感到极度不安。他们把社交距离和礼仪距离当作处理个人事物时所使用的空间。这一空间既起到对隐私的保护作用又不会失礼，是相互间可以容忍、可以理解而且根据关系的变化可以随时调整的距离。而在中国，私人距离是常常出现的，并以此表示亲热。

此外，禁忌是跨文化交往中一个十分敏感的问题，在不同的文化中，甚至在同一种文化中，都存在着禁忌的差异。在同一种文化中，由于地区或者次文化的差异，禁忌有相同之处，也有不同之处。在不同的文化中，禁忌的差异很大。由于这一点，禁忌就更为人们的交际活动尤其是跨文化的交际设置了一个不大不小的障碍，使人们不得不注意它，不得不避开它，以期交际的顺利。禁忌存在于人类社会交往的各个方面，了解和研究不同文化的禁忌，能保障跨文化交往的顺利进行，消除和减少跨文化交往可能带来的误解和摩擦。

二、中外社交中跨文化交际的策略

1. 正确对待文化差异

在跨文化交际的过程中，首先应当意识到不同文化背景下的人进行交际，出现交际障碍甚至文化冲突的情况是不可避免的，也因其增加了跨文化交际的难度。但是事物往往具有两面性的特点，文化差异的存在可以使人们开阔眼界，丰富生活，调整自身的文化适应能力。文化之间既存在着差异，也有融合之处。因此应当在跨文件交际中正确对待文化差异，促进文化融合。

2. 采用非语言的方式提升交流有效性

非语言的交流方式也是跨文化交际中的重要方法，实际上，非语言的交流方式，并非单纯地指肢体语言。人们在穿着方面的某些特征也属于非语言交流的方式。因为通过一个人的穿着可以大致了解一个人的审美、喜好等。此外，香水、房间的摆设等也都是非语言交际中的因素。非语言交际范式在跨文化交际中有着很重要的作用，应当对这些因素进行充分的认识与了解，因此在很多情况下，同一体态，在不同文化下所代表的含义是相反的，只有加强了解，才能促进跨文化交际的顺利开展。

3. 注重思维方法遵守交际规则

不同的人有着不同的思维方式，但是人们往往是利用自己固有的思维来看待他人的行为与观点，这就造成了交际的障碍与文化冲突。因此为了促进交流，人们就应当注重思维方式的运用。首先，人们应当承认不同文化中的思维模式是存在很大的差异的，其次，要对不同文化背景下思维模式的认识与了解。在此基础之上，人们才能够在跨文化交际中摒弃自身的固有思维，以对方的思维来了解对方的行为或观点，在遵循互相认同的基础上，更好地应对文化差异下，跨文化交际中的冲突，进而有效地促进交流。

参考文献

[1] 刘雪松，王春芝.公务礼仪 [M].广州：广东人民出版社，2009.

[2] 金正昆.社交礼仪教程 [M].北京：中国人民大学出版社，2009.

[3] 程麻.中国风土人情 [M].北京：商务印书馆，2008.

[4] 黄菊亮.大学生礼仪修养 [M].上海：华东师范大学出版社，2007.

[5] 吕建文.中国古代宴饮礼仪 [M].北京：北京理工大学出版社，2007.

[6] 何浩然.中外礼仪 [M].大连：东北财经大学出版社，2006.

[7] 方明亮.商务谈判与礼仪 [M].北京：科学出版社，2006.

[8] 金涛.中国传统文化新编 [M].杭州：浙江人民出版社，2005.

[9] 祝西莹，徐淑霞.中西文化概论 [M].北京：中国轻工业出版社，2005.

[10] 尹雯.礼仪文化概说 [M].昆明：云南大学出版社，2004.